爱的哲学

高亮之◎作品

浙江大学出版社
ZHEJIANG UNIVERSITY PRESS

图书在版编目(CIP)数据

爱的哲学:这本书帮助你明白什么是爱/高亮之著.
—杭州:浙江大学出版社,2011.9(2012年1月重印)
ISBN 978-7-308-09058-2

Ⅰ.①爱… Ⅱ.①高… Ⅲ.①伦理学 Ⅳ.①B82

中国版本图书馆 CIP 数据核字(2011)第 185075 号

爱的哲学:这本书帮助你明白什么是爱

高亮之 著

责任编辑 谢 焕

封面设计 项梦怡

出版发行 浙江大学出版社

（杭州市天目山路 148 号 邮政编码 310007）

（网址:http://www.zjupress.com）

排 版 杭州大漠照排印刷有限公司

印 刷 杭州杭新印务有限公司

开 本 700mm×960mm 1/16

印 张 23

字 数 330 千

版 印 次 2011 年 9 月第 1 版 2012 年 1 月第 2 次印刷

书 号 ISBN 978-7-308-09058-2

定 价 38.00 元

高亮之简介

　　高亮之，1929 年生，福建长乐人。1946 年上海沪江大学附中毕业，同年考入浙江大学农学院植物病虫害系，并投身于革命学生运动。1947 年加入中共地下党，1948 年赴皖西解放区，参加人民解放战争。历任南京农业学校教导副主任，华东农林干部学校三部副主任，江苏省农科院研究员、院长、党委书记，中共江苏省七届省委委员，中国农业气象研究会理事长，江苏省科学技术协会第三、第四届副主席，江苏省老科协副理事长，墨西哥国际玉米小麦改良中心（CIMMYT）理事，并任中国农业大学、南京农业大学、南京气象学院兼职教授、博士生导师，美国俄勒冈州立大学客座教授。

　　高亮之先生的学术专著有：《江苏农业气候》、《水稻与气象》、《水稻气象生态》、《农业系统学基础》、《水稻栽培计算机模拟优化决策系统》、《农业模型学基础》、《高亮之文选》等；参与写作《中国水稻栽培学》。作为副主编的著作有：《中国气候与农业》、《中国农业气象学》。先后共发表研究论文 80 余篇，培养硕士生、博士生 14 名。曾获国家、省、部科技进步一等奖各一项，省科技进步二等奖一项，省、部科技进步三等奖三项和省科学大会奖一项。1991 年获得国务院特殊津贴。

　　高亮之先生在从事农业科学之外，又是哲学爱好者。他离休后，阅读了大量的古今中外哲学原著，形成自己的哲学思想。2005 后，先后出版《综合哲学随笔》、《漫游西方哲学》、《浅谈中国哲学》三本哲学著作，得到各地读者好评。

关于爱的名句

孔子：樊迟问仁，子曰爱人。

墨子：兼相爱，交相利。

孟子：爱人者，人恒爱之。

韩愈：博爱之谓仁。

张载：民吾同胞，物吾与也。

孙中山：博爱，吾人无穷之希望，最伟大之思想。

柏拉图：爱是人类幸福的来源。

爱是神灵中最幸福的，因为他最美，最善良。

奥古斯丁：比信和望更大的恩赐是爱。

休谟：仁爱，表达着人类本性所能表达的最高价值。

费尔巴哈：最高和最首要的基则，必须是人对人的爱。

弗罗姆：对人类存在的问题的真正全面的回答，是在于人际和谐，在于彼此之间的融合，在于爱。

基督教《圣经》：爱人如己。

伊斯兰教《古兰经》：信主行善。

佛教《地藏菩萨本愿经》：慈因积善，誓救众生。

本书若干要点

爱是人类情感与理智的综合,是人类的高级心灵活动。

爱出于人的本性,发自人的内心,是对所爱对象具有喜爱、关切、爱护,愿意为它奉献,以至于愿意与它融为一体的具有理智的情感。

爱给予人最大的幸福。

爱是给予,而不是索取。

对自爱应予肯定,但自爱必须与对他人与大众的爱(仁爱)相结合。

爱与真、善、美,都是人类的最高追求。

爱具有创造力,爱是人类创造真、善、美的强大动力。

人类自身与人类文明,都由人类之爱所创造。

爱是真、善、美的评判准则或条件。

自由、民主、平等、法治、公平、正义、和平等普世价值,都立足于人类之爱。任何国家的政府或政治领导人,如果是热爱人民大众的,都必然会承认、接受并积极推行普世价值。

经济发展,必须要从"爱民"出发,从人民大众的利益出发。市场经济与必要的政府调控都应立足于对人民大众的爱,创造让人民大众(包括农民、工人、知识分子和企业家)致富的条件。

经济发展必须与社会发展相结合,应建立健全的社会保障制度,特别要关爱弱势群体——基层工人、农民与农民工、贫困者、残疾者、无依靠者和老人。"仁者爱人"、"老吾老,以及人之老"的中国传统思想,依然应大力弘扬。

要积极提倡创新之爱,发扬创新精神,促进科技创新、管理创新、服务创新,这是经济发展的永恒动力。

爱是哲学与科学的共同语言。

爱是各种宗教的共同信念。

爱是东西方文化的共同信念,是人类的共同信念。

人类之爱将要推进全世界各国之间的政治和谐、经济和谐、文化和谐和宗教和谐,最终走向和谐世界。

中国国内,人与人之间的自爱与互爱的结合,政府与各界人士对于人民大众的关爱,不同阶层、不同民族之间的互爱,必将推进社会和谐,最终实现和谐中国。

每个家庭成员之间的夫妻恩爱、父母慈爱、子女孝爱、兄弟姐妹间的同胞爱,必然会推进家庭和谐,建立和谐家庭。

每个人的自爱、对他人之爱、对大众之爱、对人类与自然之爱,将使你达到内心和谐,最终领悟生与死的和谐,而感受到生命的永恒。

序一

戴文麟

爱与恨是人类普遍具有的两种感情,二者相互独立,又相互联系,相互渗透。然而二者对人类所起的作用完全不同。爱促使人们友好、团结、互助,共同创造幸福美好的生活;恨则导致人们斗争、倾轧、施暴,破坏现有事物的秩序。固然,在一定时期、一定条件下,仇恨不可避免,斗争不可缺少,然而它只是一种手段,而不是终极目的。人类最终总是要通过相互的爱建立起一个和谐美好的社会。这些道理几乎是人类共同一致的看法,并且世代传承。历史上大多数的哲学家、社会思想家、文学家、艺术家都竭力歌颂爱,赞美爱,主张以爱代替恨,让爱布满世界,充塞人间。

然而,我国多年来在极"左"思潮的统治下,形成一种与人类共识相反的看法,认为只有斗争才是事物发展的动力,大肆鼓吹仇恨与斗争,而不准讲爱,讲爱就被批评为资产阶级人性论。在这种错误思想的引导下,善良的人性遭到严重的歪曲,演变出一出出荒唐丑恶的悲剧。

高亮之先生《爱的哲学》一书,其突出之处首先在于它敢于和极"左"思潮相抗衡,敢于挑战权威,理直气壮的从哲学高度为人类这一高尚的情感正名,论证爱的根据,宣扬爱的作用与爱的伟大。高先生的巨大理论勇气表现出一个真正的共产党员不畏风险,唯真理是求的高风亮节。

论述爱的著作,古今中外早已有之。高先生《爱的哲学》一书的理论价值,在于它开创性地对哲学史上的这些论述进行一次大梳理,将它们加以罗列、分类、分析、比较,其资料丰富翔实,高先生做学问十分刻苦认真。除此之外,高先生还在大梳理的基础上,谈了自己对爱,对爱与本体、认识、伦理价值、美等关系的看法,大胆地进行理论探索,提出不少有创意的真知灼见。

高亮之先生以 80 余岁的高龄,继《综合哲学随笔》、《漫游西方哲学》、《浅谈中国哲学》之后,又完成一本力作《爱的哲学》,这是很了不起的事,值得庆贺,值得学习。在此我谨借本文祝高先生健康长寿,祝他在有生之年,在《爱的哲学》一书的基础上进一步深入研究,写出更高水平的新作。

"只要人人都献出一点爱,世界将变成美好的人间。"最后,以流行歌曲的这一句唱词,作为对《爱的哲学》问世后的最大期待。

戴文麟　南京大学哲学系教授,专门从事西方哲学的研究和教学,有多本著作和译著,主编《现代西方哲学本体论》等

序二

应克复

爱,作为人类生活中普遍和永恒的现象,是各类文艺作品中不衰的主题。但从哲学层面(即从情感提升到理性)作出系统的概括和阐述,《爱的哲学》一书是一个创举。两千余年来,各种流派的哲学家,讨论本体论、认识论、方法论,讨论真、善、美,却很少专门讨论"爱"。爱,这个与人类生活戚戚相关的话题,在哲学殿堂里至今没有应有的席位。《爱的哲学》开一代新风,填补一个空白,消除了传统哲学的缺陷。该书概述爱的含义,细说爱的类别,从西方与中国思想家以及宗教教义浩瀚的思想资料中提炼出爱的思想精粹,汇集于读者面前,这对爱曾经遭到严重创伤的民族,如甘露滋润心田。该书还论证爱的科学依据,爱在哲学体系中的地位,以及爱与人类生活的关系;全书文字简明、流畅、朴实、通俗,是我国第一部体系完整、雅俗共赏的关于"爱"的开山之作。作者撰写此书年已八十有余,不为功利,引航跨入哲学新领域,"老骥伏枥,志在千里",令人钦佩。

关于本书的意义,还要提及的是,20 世纪,人类在苦难中经历了战争、革命和残酷的斗争。这是爱受到蹂躏和践踏的世纪。人类在新世纪要开创美好的前景,必须吸取 20 世纪血的教训,在全球化的历史进程中,弘扬爱的崇高主题,使人类生活在爱的大家庭里。

应克复:江苏省社会科学院研究员,著有《西方民主史》等多部专著

介绍《爱的哲学》

李　锐

　　最近,江苏省农科院原院长高亮之又给我寄来《爱的哲学》书稿,我同他神交有年,至今无缘一面。

　　几年前,原杭州市市长钟伯熙将高亮之的《综合哲学随笔:一个中国科学工作者的哲学思考》(华龄出版社 2005 年版)一书推荐给我,读后使我大开眼界,许多思考过的问题得到进一步的启发。首先想到的是,我 1990 年写的《毛泽东晚年"左"的错误思想初探》那篇八万字的长文中,曾对毛的理论思想、哲学观点包括《矛盾论》、《实践论》作过探讨,剖析过他的"斗争哲学"思想。"动"与"斗"是他早年哲学思想的一个核心观念,既是宇宙观也是人生观。他认为差异就是矛盾,世界无处不存在矛盾、对立,办任何事情都要经过斗争,去克服其中的矛盾,从而形成一种从理论到实践的斗争哲学。他认为哲学概念中"综合"一词,就是"不是你吃掉我,就是我吃掉你"。世界事物无处不存在变化、存在斗争,只有靠斗争才能最后解决问题。这样把斗争性绝对化后,就完全忽视和排斥了同一性,只有斗争性了。于是,"阶级斗争,一抓就灵";"不斗则修,不斗则垮";"斗则进,不斗则退";"八亿人,不斗行吗?"老哲学家杨献珍因主张辩证法还应当讲"合二而一",大挨康生、陈伯达等人的批斗。当年在"斗争哲学"思潮的统治下,不仅从历次政治运动发展到"文化大革命",我们的哲学教科书也几乎看不到作为马克思主义哲学的另一个重要范畴——"多样的统一"了。

　　高亮之是有卓越贡献的农业气象专家,有深厚的自然科学基础。他从江苏农科院院长岗位上退下来后,以一种高度的历史责任感,潜心研究哲学,读了上百部古今中外的哲学名著。他发现,不论古代还是现代,东方还是西方,马克思主义还是非马克思主义,所有的哲学都有合理的部分,它们之间并非是互相排斥的关系,甚至可以有机地结合。他这本书的基本思想是:在当代中国,应促进"中、西、马"哲学的大综合。唐、宋两代,曾有过"儒、释、道"的大综合,推动了中国文化的辉煌。"中、西、马"的大综合,应该能推动中华民族在当代的振兴。当然,其中最重要的,是要认真吸收西方哲学中的自由、民主、法治、科学等积极因素。

我深深感到,不熟知自然科学,也难弄通社会科学;对人类历史发展的普遍规律,我们信仰的主义和理论,以及党本身的经验和怎样执政,都应有全面的反思。

高亮之1999年70岁离休后,除了写作《综合哲学随笔》这本书外,还写了《漫游西方哲学》、《浅谈中国哲学》,以《综合哲学随笔》影响最大。我向他要了十本,分别送给中央领导同志。后来我还为《综合哲学随笔》的再版写了序言。

《爱的哲学》是《综合哲学随笔》的姊妹篇。直到现在,党和国家都以马克思主义为指导思想。而马克思主义对于"爱"是持批判态度的,认为"爱"只是资产阶级的"人性",对于阶级斗争只有消极作用。在毛泽东的"以阶级斗争为纲"的"斗争哲学"中,更没有爱的位置。1949年以来的一系列政治运动,以至疯狂的十年"文革",提倡"六亲不认",将所有人类之爱(慈爱、孝爱、恩爱、情爱、师爱、友爱等)践踏殆尽。尽管中共十一届三中全会以来,对党的历史进行了反思,放弃了"以阶级斗争为纲"这一提法,如中共十一届六中全会通过的《关于建国以来党的若干历史问题的决议》(1981年6月27日)说:"十一届三中全会……果断地停止使用'以阶级斗争为纲'这个不适用于社会主义社会的口号,做出了把工作重点转移到社会主义现代化建设上来的战略决策。"但是,在实践中却往往重复过去的错误,"斗争哲学"的阴影并没有完全清除。上世纪80年代,周扬、王若水等提倡以人类之爱为基础的人道主义,遭到了批判。当前,各地政府强征农民土地,强拆居民房屋,有的官员甚至说:"没有强拆,就没有新中国!"各地拦截上访群众,甚至送入精神病院;从上到下,大小官员的腐败,已成普遍现象。

至今,人权、自由、民主、平等、法治、公正、正义、博爱等普世价值,还有人不予承认。我的理解,这些普世价值都是立足于人类之爱。普世价值有利于人类和人民大众的根本幸福,普世价值与人类之爱有密切的内在联系。

　　高亮之研读了两百多部古今中外的名著,著就《爱的哲学》,认真探讨人类的本质,探讨人的天性,探讨爱与真、善、美的关系,探讨爱在哲学中应有的位置。他认为,真、善、美是人类所追求的三个最高理想,爱也应列入人类的最高理想,柏拉图在《会饮篇》中,对爱有极高的评价:爱是人类一切最高幸福的源泉。但是,爱与真、善、美相比,有它独特的性质。真、善、美三者,主要存在于客观世界,同时也要与主观认识相结合。"真"是人的认识与客观事物规律的符合;"善"在客观上要符合社会利益,在主观上要使人满意;"美"在客观上有匀称、鲜明、活泼等特性,主观上要使人愉快。符合真、善、美的事物,主要存在于客观世界,它们本身,并不是人的一种感情。1+1=2,这是一个符合"真"的数学法则,但是它本身并不含有人的感情。而爱不同,爱主要并不来自于客观世界,而是来自人的内心,或者说来自人的感情。对于不真的事物,人是可以爱的。例如上帝,从自然科学来说,并不是"真"的。但是基督教信徒完全可以爱上帝。对于做了不善之事的人,人也可以爱。例如你的孩子说了一次谎话,你完全可以原谅他,教育他,决不会影响你对他的爱。对于不美的人或事物,你可以爱。例如你的母亲可能长得比较丑,但是不会影响你对她的爱。爱或不爱,并不决定于外部世界的特性,而是决定于你的内心,或你的感情。费尔巴哈说:理性、意志和情感(爱)是人的本质。他是将爱和感情看成同一件事。应该说,感情与爱的含义还是有一定区别的。感情中也包括仇恨、厌恶、嫉妒等负面的感情;而爱是一种正面感情,并且是最重要的正面感情。爱也不仅是感情,而是感情与理智的综合。人的感情有许多种。有些感情,不一定带有理智,例如喜悦,人见到一朵美丽的花卉,或听到早晨的鸟鸣声,会感到喜悦,这里并不要求有理智。又如厌恶,人见到一堆粪便,或听到烦人的噪音,会感到厌恶,这里也并不要求有理智。爱,就是一种含有理智的感情。这是爱的非常重要的特征。夫妻之间的爱是人一生中最重要的爱。夫妻会共同生活几十年,长时期的共同生活中,不可能没有矛盾,不可能没有不同意见的争执,不可能没有不同性格的冲突。但是,夫妻双方的理智会告诉他们,所有这些矛盾、争执和冲突,都只能以相互的宽容、相互的让步来对待,以维护夫妻之间的长远的爱。因此,夫妻之间的爱就是含有理智的爱。事实上,所有的爱,都是含有理智的。

书中谈人类爱的对象十分广泛,有自我、子女、父母、情侣、配偶、同胞、大众、家乡、祖国、艺术、科学、事业、自由、自然、人类等等。上述"爱的含义"中,最后提到"生命力"。怎样理解生命力呢?宇宙间物质的运动是由四种力推动的,引力、电磁力、强相互作用力、弱相互作用力。这是指的无生命世界。在生命世界中,各种生物的活动也是力所推动的,这种推动生命活动的力,可以称为生命力。生命力的根本来源是太阳能(属于电磁力),太阳能通过植物的光合作用,转化为植物和动物的化学能。对人类来说,人的各种本能性的欲望都会产生生命力,生命力驱动着人做出努力,去实现欲望。爱是一种生命力,这是爱的又一个重要特征。这个特征使它和真、善、美相区别。真、善、美,虽然是人类崇高的理想,但它们本身并不是人内在的生命力。而人对真、善、美的爱,就是一种生命力;这种生命力可以推动人类进行不懈的努力,去追求或实现真、善、美。前面提到,爱要对所爱对象进行爱护、帮助、照顾、奉献,这些都是要付出体力和心力的,是要付之于行动的。如果爱不是生命力,是做不到的。人的生命力有许多种。例如人有维持体温的生命力,有维持心跳的生命力,有走路或运动的生命力,有觅取食物的生命力,有追求并满足性欲的生命力等。但是爱这种生命力最有创造性。创造性是要创造出世界上原来没有的事物。人的生命力只有爱才有这种能力。例如将一个受精卵培育成为一个新生命,一个新的人,那就要依靠母爱、父爱、医生和护士的爱、老师的爱、社会的爱。书中谈到,人类的一切文化、科学和艺术(文学、音乐、美术、戏剧、建筑等),都是由哲学家、画家、导演、演员、建筑师对自己专业的热爱所创造。柏拉图说:"爱的力量是伟大的、神奇的、无所不包的。"就是指爱的无穷而伟大的创造力。

十年前,建党 80 周年之际,我写了《做人与当党员》一文,从自己一生三次同党发生矛盾冲突中写起。做人与做党员应当是统一的,响当当做人,响当当做党员。可是,两者却发生矛盾。我这样写出来是提出一个问题:我们总是强调党性高于一切是值得研究的。这来源于阶级性和阶级斗争,即过去所谓社会主义同资本主义两条道路的决战,胜负攸关,你死我活。从而"党员一切服从党","要做党的驯服工具","党指到哪里打到哪里"。可是,一方面,党是历史时代的产物,不能离开人类历史发展尤其是近现代历史发展的基本规律。我认为自由、民主、科学、法治和市场经济,过去是、现在是、将来也是(市场经济如何变化还说不清楚)推动社会合理前进的动力;人类已进入知识经济和信息时代,社会关系和国家关系起了很大变化,还将继续朝和平与发展的道路变化下去。因此,党离不开这个潮流,必须代表这个潮流,领导这个潮流。

另一方面,党是由人组成的,人是一个非常复杂的东西,他受社会环境尤其是学校、家庭、亲属、朋友、上下级的影响,也受书本、传媒和个人性格等等影响,处在不断变动之中。恩格斯说过,任何人要受三种限制:历史时代,个人知识经验,思维能力。我认为还应当加上一条:人的良知即品德。这就是说任何人都免不了要犯错误,从而党也会犯错误。20世纪社会主义历史告诉我们,第三国际的党无不由领袖当家,斯大林更做到极致。

过去我们只有党和党性,一切有关"人"的意义都是谈不得的,都是有违阶级性和党性的,如人性、人权、人道、人格、人情,等等,都属于资产阶级的东西。甚至在毛泽东的教育下,亲情、爱情都成为阶级斗争的工具。我的前妻范元甄就是一个典型,延安整风时,我因被怀疑关入保安处,她与我划清界限,并离婚;反右倾时,她不仅与我划清界限,还写了两大本揭发材料,和我断绝夫妻关系,试图从精神上彻底摧毁我。因此,1959年庐山会议形成的"反党集团",只有我被开除党籍。阶级斗争实际成为制造仇恨的学问。现在情况比过去好多了,尤其接受了市场经济,这是一大进步(原以为是资产阶级的东西):提出了科教兴国,依法治国。从而国家和社会、个人有了生气,经济在向前发展。可是关于"人"的问题,关于人的本质是追求自由的问题(精神自由与物质自由,这是马克思主义也追求的基本原理)。党性、人性、科学性、民主自由性(民主与自由分不开,是一对孪生子)是一个统一的整体,不能互相对立。以及关于治党治国要依靠民主、科学与法治的问题,这些最为根本的理论与实践,我们还远远没有弄清而至解决。

高亮之从小爱而论及大爱，即人类之爱，或曰博爱。卢梭提出"每个人都生而自由、平等"。这句话的意思，被写进 1776 年的美国《独立宣言》与 1789 年的法国《人权宣言》。当前，平等与自由，已经作为普世价值，为全世界各国所承认。这一句话，在人类历史上，应该说有划时代的意义。然而，在西方与中国的历史上，事实上并不是每个人生而自由、平等的。相反，人自出生以来，并不是平等、自由的。那么，为什么这句话得到世界各国人民的赞同呢？因为它是符合真理的，是符合人类的本性的。卢梭提出："要寻找出一种结合的形式，使它能以全部共同力量来卫护和保障每个结合者的人身和财产，并且由于这一结合而使得每一个与全体相联合的个人只不过是在服从其本人，并且仍然像以往一样地自由。这就是社会契约所要解决的根本问题。"这就是"主权在民"的思想。而"民主"的意义，就是"主权在民"。法国《人权宣言》第三条："整个主权的本原，主要是寄托于国民。"美国《独立宣言》中说："政府之正当权力，是经被治理者的同意而产生的。"中华人民共和国 2004 年修改的宪法中说："中华人民共和国的一切权力属于人民。"这些庄严的语句，都体现着"主权在民"的民主思想。关于"法治"，英国哲学家洛克是法治思想的奠基人。洛克认为，法治的目的是指导并保护每个人的自由和权益。归根到底，这些先驱者认为，为了爱护人类的利益、爱护每个人的利益，必须有民主与法治。民主与法治是人类爱的必然要求。自由、民主、平等、法治、公平、正义等现代世界普遍承认的政治原则或普世价值，全部都立足于人类之爱。任何国家的政府或政治领导人，如果是热爱人民大众的，而不是维护少数特权者利益的，都必然会承认、接受并积极推行这些世界所公认的政治原则，或普世价值。

　　我们现在上上下下还有一些人喜欢用阶级斗争的传统观念看问题，给普世价值贴上资产阶级的标签，以否定普世价值的存在。今年是中国共产党成立 90 周年，希望大家对社会进步的根本规律和主义、理论等问题有一个与时俱进的认识。

　　高亮之的《爱的哲学》洋洋 30 余万字，论及爱与个人、家庭、社会、人类、自然等方方面面的关系，我感到这些问题对我们认识世界与中国的问题具有非常重要的现实意义。我希望此书稿能尽快出版，能对正确认识问题、反思历史起作用。

　　李锐，湖南平江人。1917 年生于北京，曾参加一二九运动，为武汉学联秘密负责人。1939 年 2 月入党。战争年代在湖南、延安和东北等地从事青年工作和新闻工作。1958 年任水利电力部副部长，兼任毛泽东的秘书。1959 年庐山会议上受到错误批判，下放劳动。"文化大革命"时期关在秦城监狱 8 年。1979 年平反复职，任电力工业部副部长、国家能源委员会副主任。1982－1984 年任中共中央组织部青年干部局局长、常务副部长。中共十二大被选为中央委员。中共十三大被选为中顾委委员。其著述甚丰，主要有《窑洞杂述》、《热河烟云录》、《往事长短录》、《庐山会议实录》、《早年毛泽东》、《毛泽东早年读书生活》、《毛泽东的晚年悲剧》、《大跃进亲历记》、《龙胆紫集》等已公开出版书籍 18 部，各种选集 6 部。

目　录

前　言

　　本书的书名是《爱的哲学》。2009 年，美国的辛格教授出版了一本同名的书。该书所论述的内容，偏重于性爱。我这本书所谈的是人类广义的爱，涉及自爱、他爱、慈爱、孝爱、情爱、恩爱、同胞之爱、师生之爱、朋友之爱、祖国之爱、科学之爱、文艺之爱、事业之爱、自由之爱、自然之爱、人类之爱等。性爱是谈到的，但不是本书的主要内容。

　　本书是一本面向广大读者的学术著作。本书的副书名是"这本书帮助你明白什么是爱"，就说明本书是面向广大读者的。作者写作本书，是希望能回答广大读者关于爱的各种疑问，能帮助读者更全面地、更深入地认识：什么是爱？；帮助读者在自己的人生中真正地拥有爱；帮助读者能用爱的观点，来认识人生、认识社会，认识中国、认识世界。

　　这里简要介绍一下我写这本书的原因与经过，也谈谈我自己对于这本书的写作意义的理解。

　　我自幼到老，一个不变的性格是爱学习与爱思考，特别是思考一些关于自然与人生的哲理性问题。

　　我出身于上海大城市，少年时受鲁迅、陶行知等作家和教育家的影响，对中国最广大、最贫困的农民抱有同情，因此进大学时，选择了农学专业。我一生所从事的主要是农业科研和教育工作。

　　1999 年我离休后，身体、眼睛和头脑都比较好，有可能在比农业更大的范围（自然、世界和人生）内进行思考。因此，我在原来就有的爱好学习的基础上，系统地阅读了大量的中国和西方的哲学著作，并结合自己的独立思考，在八年时间内写出了三本哲学著作，即《综合哲学随笔》、《漫游西方哲学》、《浅谈中国哲学》。其中，《综合哲学随笔》一书，在全国范围内，博得了广泛的赞誉。德高望重的李锐先生，向我要了十本，分送给中央领导同志阅读；并亲自为此书的再版本写了序言。序言的题目是："综合哲学推进和谐社会建设"。

《综合哲学随笔》一书涉及的方面很多,包括哲学的本体论、认识论、方法论、历史哲学等等,而我自己最满意的是该书的第八章——"什么是人的本质和目标"。在这一章中,我在人类共同的最高理想——"真、善、美"之外,增加了一个"爱"。好几位年轻的读者,在读了这本书后,对我讲:"你提出:真、善、美、爱,非常好!"他们的话对我是很大的鼓励。

爱,在诗歌、小说、戏剧、歌曲中是一个常见的,甚至永恒的主题,但是在主流哲学或社会科学中,似乎并不占有重要位置。真、善、美三方面,都有专门的学问来进行研究,例如研究"真"的有逻辑学、数学、各种自然科学和社会科学;研究"善"的有伦理学;研究"美"的有美学。关于爱的研究,虽然西方有少数几本讨论"爱"的著作,但至今并没有出现"爱学"。

爱在人类生活中的重要性是不言而喻的。

人从出生,成长、恋爱、婚姻、生儿育女到死亡,无不充满着爱。人类的一切创造:科学技术、艺术作品、工程建筑、自然改造以至历史的前进,都有爱的推动。

人类的理想,不论是基督教的天堂、佛教的西天、柏拉图的理想国,马克思的共产主义,都是爱的乐园。

因此,爱是一个非常值得人们认真研究的命题。这就是我着手写作这本《爱的哲学》的出发点。

为了写这本书,我重新研读了中国传统哲学和西方古今哲学的许多著作,又专门阅读了西方关于"性"和"爱"的一些重要著作,还阅读了《圣经》、《古兰经》、《金刚经》等宗教著作(见本书的《参考文献》),加上自己一生的切身体会,经过4—5年时间的反复思考,写出目前这本书——《爱的哲学》。

写完这本书,我愈加体会到:爱的问题,博大精深。人类对于爱的理解,关系到人类生活的方方面面,关系到政治、经济、文化、社会、道德、家庭等;同时也关系到许多学科(哲学、政治学、经济学、伦理学、美学等)和许多艺术(文学、戏剧、音乐、美术等)。

在今天,提出爱的问题,我认为是符合人类历史与时代的大趋势的。

时代发展到 21 世纪,世界的经济与政治已经发生了许多根本性的变化。

16、17 世纪直到 19 世纪,可以认为是资本主义发展的前期。西方国家为发展本国经济,武力侵占殖民地,以掠夺资源、市场与劳力。20 世纪的第一次世界大战,是西方国家争夺各自利益的战争。此后,法西斯主义兴起,二次大战是世界人民反对法西斯主义的斗争。二战结束后,西方集团与苏联集团之间有几十年的冷战。1990 年苏联解体之后,冷战基本结束。

时代进入 21 世纪后,世界的主要变化是:① 科学技术的迅速进步,使各国生产力的提高主要依靠科技和管理,而不再依靠侵占殖民地(日本在战后的跃起是最明显的例子);② 世界已从工业社会进入信息社会。互联网的出现,使全世界成为一个地球村,世界人民间的联系空前加强;③ 科技进步与民主政治的双重推动下,许多国家的国内阶级矛盾大为缓和,阶级合作成为国家发展的基本趋势;④ 经济的全球化迅速发展,国与国之间的合作对任何国家都有利。和平和发展成为国际形势的主导方向。

但是,国际上的强权主义和恐怖主义都存在,成为当今世界和平和发展的重要威胁。

从中国的情况来说,上世纪 50－70 年代,在毛泽东的"斗争哲学"的思想指导下,国家治理"以阶级斗争为纲"。文革时期是"六亲不认",一切人类之爱(孝爱、仁爱、恩爱、友爱、师爱等),都被踩躏殆尽。

改革开放以来,政治环境较为宽松,经济得到快速发展,人民生活也有不同程度的提高;人与人之间的关系也有较大改善。但是官员腐败成风,贫富差距加大,环境污染严重,社会矛盾突出。上世纪 80 年代,周扬,王若水肯定以爱为基础的人道主义,还遭到过严厉批判。今天,"斗争哲学"的阴影并没有完全消除,

中国的进步还有赖于政治改革的推进,有赖于自由、民主、公正、正义、法治、人权等普世价值的落实,有赖于关怀民众福利的社会建设的加强,以及全社会道德水准的提升。

在这样的国际与国内的时代大背景下,人类之爱,这个问题的提出,不但

是适时的，并且是值得充分重视的。"爱的哲学"的阐述，是时代所需要的。

当然，本书的内容，并不只是联系国际与中国的政治与经济，它还涉及人的本性，人的家庭、人的道德，人的幸福等与每个人都有关的问题。

我这一本小书，不可能阐明关于爱的所有问题。我只是希望，这本书能引起人们，特别是年轻一代学者的兴趣，促使他们在更广的范围、更深的层次上，继续研究这个密切关系人类命运的重大课题。

我希望这本书，对于《爱学》的建立与发展，起到一定的推动作用。我预期，《爱学》必将是对人类的未来有重要贡献的一门新学科。

在本书出版之际，我要感谢应克复，戴文麟两位教授为本书写了序言。我特别要感谢德高望重的 94 岁高龄的李锐先生为此书写了介绍（已在《炎黄春秋》2011 年第五期刊登）。

我还要感谢浙江大学老校友雷道炎先生向浙江大学出版社推荐此书。浙江大学是我的母校，此书能在母校的出版社出版，使我感到由衷的欣慰。

最后感谢广大读者阅读此书。

2008 年 12 月 15 日初稿

2010 年 10 月 11 日定稿

第
一
篇　什
么
是
爱
？

一、爱与人类生活

研究爱的问题,首先需要探讨:究竟什么是爱?

要对"爱"给出一个明确的定义,并不容易。与其抽象地、纯理论地讨论这个问题,不如先看一看实际生活中哪里存在着爱,从中再归纳出爱的含义。

在个人和人类生活中,可以说,爱是无处不在的。

从人的一生看,生老病死,都有爱的存在。婴儿在还没有出生前,就受到母亲对胎儿的细心关爱。婴儿一出生,立刻生活在父母无微不至的爱护之中。一岁到三岁的儿童,特别令人喜爱;父母、哥哥、姐姐、祖辈老人,都会视为掌上明珠。进入幼儿园之后,又受到老师的悉心爱护。孩子上学了,从小学、中学到大学,又会在学校里接受老师和同学的爱。青春时期,会有爱情的萌动。你会经历一段热烈的恋爱,从而建立婚姻。夫妻之间的爱是人生最长久、最温馨的爱。你会和你的配偶互相关心,互相爱护,共同度过艰难而又美好的一生。你一生中,会有一些最知心的朋友,朋友间的友爱非常值得珍惜。在你中年和老年,子女晚辈们对你的孝敬之爱(孝爱),让你感到无比温暖。即使在你生命终止之后,你的后辈们,仍旧会怀着敬爱的心情将你永远纪念。

人的一生,从生到死,充满着爱。

在人类生活的天地中,爱也是最明亮的阳光。全部人类文明,都是爱的创造。

古希腊神话反映了人类早期文明的情况,其中有著名的普罗米修斯的故事。

普罗米修斯(Prometheus)是人类诞生前奥林匹斯山上的一个天神。他用泥土和水创造了人类,他对人类怀着热爱。他充当着人类的老师,凡是对人有用的,能够使人类满意和幸福的,他都教给人类。他教会人类使用文字、驯养家畜、驾船航行、使用药物等。但是,最高天神宙斯对人类并不喜欢。他只要求人类敬奉他,而并不爱惜人类。普罗米修斯为维护人类利益而触犯了宙斯。作为惩罚,宙斯拒绝给予人类最需要的的物品——火。普罗米修斯用一根长长的茴香枝,在烈焰熊熊的太阳车经过时,偷到了火种并带给了人类。宙斯大怒,派人将普罗米修斯用铁链缚在高加索山的悬崖上,让他永远不能入睡,还在他胸脯钉上钉子,让他忍受饥饿、风吹和日晒;他还派一只神鹰去啄食普罗米修斯的肝脏。但是,普罗米修斯没有屈服。日复一日,年复一年,直至一位名叫赫拉克勒斯的英雄将他解救出来为止。

普罗米修斯的故事,实际上反映了在人类诞生和进化的漫长历史中一种爱的力量。爱创造了人类,爱使人类学会了他们所需要的一切技能,爱使人类创造了以火为代表的文明。爱的力量是不屈不挠的,是可以忍受各种艰难困苦的。

在本书的有关章节中将要阐述的,是爱创造了科学、艺术等人类文明中最美好的事物,是爱推动了人类历史,推进了人类的进步。

当然,在个人生活中,并不是只有爱。每个人都会遇到各种"非爱",如嫉妒、排挤、仇恨、欺诈等;即使在亲人之间,也可能有遗弃子女、夫妻离异等不幸的事。在人类历史和人类生活中,有压迫、剥削、战争、屠杀、侵略等罪恶的事。

因此,不论是个人生活或人类生活,都是爱与非爱共存。但是,对大多数人来说,以及在整体的人类生活中,爱都是占主流地位的;否则,就不会有人类的进步。

二、爱的含义

爱在人的生活中无处不在,那么,究竟什么是爱呢?事实上,我们很难给爱提出一个确切的定义。

先来看一下西方哲学家对于爱的论述。

古希腊的柏拉图(公元前 427—前 347)的《会饮篇》和《斐德罗篇》都是以爱为论述主题的,其中多处描述爱,如:

"爱是人类一切最高幸福的源泉。"

"爱不断地使我们的情欲复苏,寻求与他人合为一体。"

"爱情像一座灯塔,指明人生的航程。"

"只有爱能使人为了挽救他人的性命而牺牲自己。"

"爱的力量是伟大的、神奇的、无所不包的。"

"一切生物的产生和生长所依靠的这种创造性力量就是爱的能力。"

"爱是对美的事物的爱。"

近代英国哲学家休谟(1711—1776)在他的《人性论》中有"论爱与恨"一章。他对爱的理解是:"爱和恨的对象显然是一个有思想的人,而前一种情感的感觉永远是愉快的。"

费尔巴哈(1804—1872)在《基督教的本质》一书中指出:"理性、意志和情感(爱)是人的本质,或人的本性。"他说:"爱是人的本质,我欲故我在。"

当代哲学家马尔库塞(1898—1979)发展了弗洛伊德的学说,在《爱欲与文明》一书中他提出:"在非压抑性条件下,性欲将成长为爱欲。""生物内驱力变成文化内驱力。爱欲的目标……还产生了爱欲自身的实现计划:消除苦役,改造环境,征服疾病和衰老,建立安逸的生活。""力比多的这种'文化'趋向……趋向于整个有机体的爱欲化。"

弗罗姆(1900—1980)也在他的名著《爱的艺术》中说:"对人类存在问题的真正全面的回答是要在人际和谐,在于彼此的融合,在于爱。""爱是一种主动性的活动,而不是被动性的情感。爱……首先是一种给予而不是索取。"

"爱的积极特征还明显地包含了……关心、负责、尊重和了解"。

中国传统哲学经典中,虽然没有对爱的定义的直接论述,但是爱是中国不同哲学学说的核心问题之一。

孔子(公元前551—前479)和孟子(公元前365—前304)都是提倡仁爱的。

"樊迟问仁。子曰爱人。"(《论语·颜渊》)

"仁者爱人。……爱人者,人恒爱之。"(《孟子·离娄下》)

"无恻隐之心,非人也;无羞恶之心,非人也;无辞让之心,非人也;无是非之心,非人也。恻隐之心,仁之端也……"(《孟子·公孙丑上》)

墨子(公元前468—前376)是主张兼爱的,在《墨子》一书中有《兼爱》一章。他说:"兼相爱,交相利。"(《兼爱下》)

关于西方哲学和中国哲学中爱的论述,在本书中将有专门的章节展开讨论。在这里提到这些论述,一是要说明,西方哲学和中国哲学中,爱的论述不少,但是还没有一个比较完整的定义;二是可以从中外哲学家的一系列珍贵思想中领悟到爱的特征和本质。

我也不可能给爱提出一个完整的定义。我只是试图归纳西方和中国哲学家对爱的论述,揭出对爱的含义的如下理解:

爱是人类的本质属性,爱出于人的本性,发自人的内心;爱是对所爱对象的喜爱、关切、爱护,愿意为它奉献,以至于愿意与它融为一体的具有理智的情感,以及由这种情感所推动的具有创造性的生命力。

三、对"爱的含义"的理解

对于上述"爱的含义",可以有以下的理解。

(一)爱是人的本质与本性。

"爱是人的本质",这句话的意思是:爱是人有别于其他动物的属性。"爱是人的本性",这句话的意思是:爱是人与生俱来的特性,是天赋的。这二者是有内在联系的,本质属性必然是天赋的。

孟子说，人有四端（恻隐、羞恶、辞让、是非之心）。按他的意思，没有这四端，就是"非人也"。他又说："人之有是四端也，犹其有四体也。"意思是：四端和四体（两手、两足）一样，都是人一出生就具有的，是天赋的，因此是人的本性。

孔子和孟子都说："仁者爱人。"在孔孟的哲学中，仁是一个核心的价值观。他们用"爱人"来解释"仁"。当然，在《论语》和《孟子》中，对"仁"有多种解释，"爱人"只是其中之一；"仁"并不等同于"爱"。但是，"仁"和"爱"毕竟有密切联系。孔孟讲的"爱"，就是"仁爱"。

孟子说："恻隐之心，仁之端也。"这句话很重要，在四端（恻隐、羞恶、辞让、是非之心）中，恻隐之心与爱心最吻合。孟子的意思是：对人的爱心就是仁的开始，或仁的源头。这样就将"爱"的重要意义突显出来了。

总之，孔孟的思想是：爱既是人的本质，又是人的本性，并且爱是各种仁的行为（仁义、仁政）的出发点。

在孟子之后两千多年之后的 19 世纪，费尔巴哈肯定地说："爱是人的本质，我欲故我在。"其意思是：爱是人所特有的属性，人的存在不能离开爱。

以上是中外哲学家的观点。他们的观点是否符合事实呢？

人们都会承认：母亲对自己生的婴儿有母爱；婴儿对母亲有依恋之爱；年轻男女对自己的情侣会有情爱。这种爱都是人的本性，不需要有人教导。

爱是不是人特有的属性呢？

应该说，动物也有初级的爱。狗是懂得爱的。一位动物心理学家林兹塞说："地球上爱你比爱自己还笃的东西，没有别的，只有一只狗。"狗会在别的狗的攻击前面保护它所依恋的主人。

许多动物都有母爱。有人观察到一只美洲母猴，细心地为她生下不久的小猴子驱赶苍蝇。有人见到一只长臂猴因小猴的死亡，不胜哀伤而死。

但是动物的爱只能是初级的，不可能达到人类的爱的水平；因为人类的爱是含有理智的。含有理智的爱是人类特有的。

因此，孟子和费尔巴哈认为爱是人的本性，也是人的本质的观点，是正确的。

（二）爱是人发自内心的感情。

真、善、美，是人类所追求的三个最高理想。我在《综合哲学随笔》一书中提出，爱也应列入人类的最高理想。不少读者赞同这个观点。柏拉图在《会饮篇》中，对爱有极高的评价，认为爱是人类一切最高幸福的源泉。从先哲柏拉图的论述来看，应该说，我的观点是站得住脚的。

但是，爱与真、善、美相比，有它独特的性质。

真、善、美三者，主要存在于客观世界，同时也要与主观意识相结合。"真"是人的认识与客观事物规律的符合；"善"在客观上要符合社会利益，在主观上要使人满意；"美"在客观上有匀称、鲜明、活泼等特性，主观上要使人愉快。

符合真、善、美的事物，主要存在于客观世界，它们本身，并不是人的一种感情。

1＋1＝2，这是一个符合"真"的数学法则，但是它本身并不含有人的感情。

不说谎，是符合善的要求的，是符合社会利益的，但是它本身也不含有人的感情。

一只色彩鲜艳的蝴蝶，人们会说它是美的，但是并不使人一定对它产生感情。

而爱不同，爱主要并不来自于客观世界，而是来自人的内心，或者说，来自人的感情。

对于不真的事物，人是可以爱的。例如上帝，从自然科学来说，并不是"真"的。但是基督教信徒完全可以爱上帝。

对于做了不善事的人，人也可以爱。例如你的孩子说了一次谎话，你完全可以原谅他，教育他，决不会影响你对他的爱。

对于不美的人或事物，你可以爱。例如你的母亲可能长得比较丑，但是不会影响你对她的爱。

爱或不爱，并不决定于外界世界的特性，而是决定于你的内心，或你的感情。

（三）爱是具有理智的情感。

费尔巴哈说:"理性、意志和情感(爱)是人的本质。"他是将爱和感情看成是同一件事。

应该说,感情与爱的含义还是有一定区别的。感情中也包括仇恨、厌恶、嫉妒等负面的感情,而爱是一种正面感情,并且是最重要的正面感情。爱也不仅是感情,而是感情与理智的综合。

中国清代哲学家戴震(1723—1777)说:"人生而后有欲,有情,有知。"(《孟子字义疏证》)也就是说,人是既有理智,又有感情的。

人的感情有许多种。有些感情,不一定带有理智,例如喜悦,人见到一朵美丽的花卉,或听到早晨的鸟鸣声,会感到喜悦。这里并不要求有理智。又如厌恶,人见到一堆粪便,或听到烦人的噪音,会感到厌恶,这里也并不要求有理智。

但是有些感情是和理智结合的。例如尊敬,你对你父母和老师的尊敬,是含有理智的。因为你知道父母养育了你,老师教育了你。

爱,就是一种含有理智的感情。这是爱的非常重要的特征。

夫妻之间的爱是人一生中最重要的爱。夫妻会共同生活几十年,在长时期的共同生活中,不可能没有矛盾,不可能没有不同意见的争执,不可能没有不同性格的冲突。但是,夫妻双方的理智会告诉他们,所有这些矛盾、争执和冲突,都只能以相互的宽容、相互的让步来对待,以维护夫妻之间的长远的爱。

因此,夫妻之间的爱就是含有理智的爱。

事实上,本书将要谈到,所有的爱,都是含有理智的。

即使是婴儿对母亲的依恋的爱,也有初级的理智,至少他(她)意识到从母亲怀里能得到温暖和乳汁。

有人也许认为,青年男女之间的恋爱是纯感情的。其实,一对热恋中的男女青年,如果真正相爱,就必然要有理智。如果缺乏理智,做出一些对自己、对方和社会都不负责任的事,例如殉情或情杀等,那只能是破坏了爱,甚至造成不必要的悲剧。

（四）爱与所爱对象的关系。

下一章将专门讨论爱的对象问题，这里只能说：人类爱的对象十分广泛，有自我、子女、父母、情侣、配偶、同胞、大众、家乡、祖国、艺术、科学、事业、自由、自然、人类，等等。

讨论爱的含义，要求我们回答：爱与所爱对象是什么关系？

在前文"爱的含义"中，有"对所爱对象具有喜爱、关切、爱护，愿意为它奉献，以至于愿意与它融为一体的具有理智的情感"的语句。它的意思是：爱与所爱对象有不同层次或不同程度的关系。

1. 喜爱。任何人对于他所爱的对象，首先是有喜爱的感觉或感情。父母天然地喜爱自己的子女。青年男女之间在产生爱情之前，首先必然要彼此喜爱。人们的爱家乡、爱祖国之心，首先来自对家乡的山水风土、祖国的美好河山的喜爱。

2. 关切。在喜爱的基础上，你会对所爱对象产生关心。父母会关心子女的健康、成长、学习的进步等。恋人或夫妻之间会有体贴入微的关切。你会关心你家乡的发展、你祖国的进步。

3. 爱护。如果你真的对该对象有了爱，你就不仅是关切，你还会尽你所能，给予所爱对象各种帮助。当所爱对象遇到困难时，例如你的孩子或配偶有病时，你会尽心地照顾。如果你有对于自然环境的爱，你一定会在你力所能及的范围内，给予自然以爱护，例如不任意折毁花木。

4. 奉献。真正的爱，是愿意为所爱对象作出奉献的。当你的亲人（子女、父母、配偶）因疾病而需要输血或移植器官时，你会愿意奉献你自己的血液或器官。你会愿意为你所爱的祖国奉献你的智慧、辛劳，以至生命。

5. 融合。柏拉图的《会饮篇》中提到这样的故事：宙斯既要利用人类，又要控制人类。他想出的办法是将人都劈成两半，让人寻找自己的另一半。因此男人要找女人，女人要找男人。当然这故事不是事实，但是它体现了一种思想：情侣或配偶都希望能与对方融合为一体。这种愿望可以认为是爱的最高境界。当你的爱达到最深的程度，都希望与所爱的对象融合为一体。

（五）爱是一种生命力。

上述"爱的含义"中，最后提到了"生命力"。那我们应该怎样理解生命力呢？

宇宙间物质的运动是由四种力推动的，即：引力、电磁力、强相互作用力、弱相互作用力。这是指的无生命世界。

在生命世界中，各种生物的活动也是力所推动的，这种推动生命活动的力，可以称为生命力。生命力的根本来源是太阳能（属于电磁力），太阳能通过植物的光合作用，转化为植物和动物的化学能。

对人类来说，人的各种本能性的欲望都会产生生命力，生命力驱动着人做出努力，去实现欲望。

奥地利心理学家弗洛伊德(1856—1939)在他的《性欲与文明》一书中说："性冲动与饥饿时的觅食冲动是相类似的。在我们现行语言中还找不到一个适当的字眼去表达这种相当于饥饿冲动的性冲动。在学术研究中我暂时以'原欲'(libido，'力比多'或'性力')一词来叫它。"

"力比多"是弗洛伊德学派的著作中应用十分广泛的名词。按弗洛伊德的原意，它主要是指性冲动。弗洛伊德的继承学者——马尔库塞和弗罗姆等将力比多的含义，从性欲扩展到爱欲。

弗洛伊德称"力比多"为"性力"，是性冲动带动的生命力。根据对爱的特征的考察，我们可以将"爱"理解为由爱欲带动的生命力。

爱是一种生命力，这是爱的又一个重要特征。这个特征使它和真、善、美相区别。真、善、美，虽然是人类崇高的理想，但它们主要存在于客观世界，它们本身并不是人内在的生命力。而人对真、善、美的爱，就是一种生命力，这种生命力可以推动人类进行不懈的努力，去追求或实现真、善、美。

前面提到，爱要对所爱对象进行爱护、帮助、照顾、奉献，这些都是要付出体力和心力的，是要付诸行动的；如果爱不是生命力，是做不到的。

（六）爱是具有创造性的生命力。

人的生命力有许多种。例如人有维持体温的生命力；有维持心跳的生命力；有走路或运动的生命力；有觅取食物的生命力；有追求并满足性欲的生命力等。但是只有爱这种生命力是有创造性的。

创造性是要创造出世界上原来没有的事物。人的生命力中，只有爱才有这种能力。例如将一个受精卵培育成为一个新生命、一个新的人，那就要依靠母爱、父爱、医生、护士的爱、老师的爱、社会的爱。

本书将要谈到，人类的一切文化、科学和艺术（文学、音乐、美术、戏剧、建筑等），都是由哲学家、科学家、作家、音乐家、画家、导演、演员、建筑师的对自己专业的热爱所创造。

柏拉图说："爱的力量是伟大的、神奇的、无所不包的。"这是指爱的无穷而伟大的创造力。

因此，我们在"爱的含义"中说：爱是一种具有创造性的生命力。

理解了爱的含义，我们可以接着讨论爱的范围、爱的对象和爱的类别等问题。

第二篇 爱有哪几种？

根据上述"爱的含义"，我们认为，爱的范围很广，爱的对象很多，因此，爱的类别也很多。

由于类别甚多，很难对爱加以分类。

如果根据爱的范围的大小来分类，大体上可以将爱分为五类；此外，还有一些文化类的爱的对象，它们无法以范围大小来分类。由此，我们将爱分为以下六类：

1. 自我之爱。

2. 家庭范围之爱——包括男女恋爱、夫妻之爱、对子女之爱、对父母之爱、手足之爱、亲戚之爱等。

3. 小社会范围之爱——包括朋友之爱、同学之爱、师生之爱等。

4. 大社会范围之爱——包括大众之爱、事业之爱、家乡之爱、祖国之爱、同胞之爱、人类之爱等。

5. 自然之爱。

6. 文化之爱——包括书籍之爱、哲学之爱、科学之爱、文学之爱、艺术之爱、业余之爱等。

以下对各种爱作一些简要剖析。

要对自己好一点（自我之爱）

古希腊有一个神话，说的是一个名叫奈煞西施（Narcissism）的少年，他与他自身在泉水中的影子产生恋爱，天天茶饭不思，对着自己的影子诉情，最后憔悴而死，变成了一朵花，后人称之为水仙花。心理学家借用这个词，描绘一个人爱上自己的"自恋"现象。

自恋是一种精神性的病症。有些人虽然没有达到自恋的程度，但是有自恋的倾向。例如有人对自己估价过高，过于喜欢在别人面前吹嘘自己；有人对自己的名誉看得过重，别人稍有批评，就暴跳如雷；有人特别喜欢抬高自己，贬低别人，等等。

自爱与自恋是不同的概念。自爱是一种值得赞许的美德。

弗罗姆在《爱的艺术》一书中，对自爱作了充分的肯定。他说："我自己跟别人一样也是我爱的对象。对自己生命、幸福、成长以及自由的肯定，根深蒂固地存在于爱的能力当中。"

弗罗姆的意见是正确的。

自爱的人必然能做到自尊、自重、自律和自强。

自爱包括对自己的身体与健康的爱，对自己的仪容的爱，对自己的学习和进步的爱，对自己的荣誉的爱，对自己家庭和亲人的爱，对自己的事业的爱，对自己的自由的爱。

你如果有对自己身体和健康的爱，你必然从少年到老年，都会注意锻炼身体；你也会少抽或不抽烟。你会远离一些有害于身体的恶习，如酗酒、吸毒、嫖娼等。

你如果有对自己的学习与进步的爱，你一定会珍惜每一堂课，认真听记老师的讲授；你会喜爱书籍，爱好阅读一些中外名著或其他有益的书。

你如果有对自己荣誉的爱，你当学生时，考试不会作弊；你走上工作岗位后,会忠于自己的职守,尽力做好你的本职工作。你一生都会注意品行和操守,决不去做损人利己的不光彩的事。

你爱自己,就必然会爱你的父母、伴侣(妻子或丈夫)和子女,因为是他(她)们给了你的生命、幸福和快乐。

你对于你自己的自由的爱,有着重要的社会意义。匈牙利诗人裴多菲有一首名诗:"生命诚可贵,爱情价更高,若为自由故,两者皆可抛。"就说明自由对于一个人的重要性。

每个人都珍惜、爱护和追求自己在国家宪法允许范围内的思想自由、学术自由、言论自由、出版自由、选择自由,居住自由、经营自由、创业自由等,是一个国家经济繁荣、政治文明和社会进步的基石。

有几个与自爱有关的问题需要讨论。

(一)有人问:自爱是否与他爱(爱他人、爱大众)相矛盾呢?

不,两者并不矛盾,而是密切联系的。

孔子说:"己所不欲,勿施于人。"(《论语·卫灵公》)

孟子说:"老吾老以及人之老,幼吾幼以及人之幼。"(《孟子·梁惠王上》)

基督教《圣经》说:"爱人如己。"

这些名言都说明,爱人是从爱己出发的,爱人是与爱己相结合的。

为什么爱人与爱己是结合的?原因是:

1. 爱己和爱人都出于人的本性。

2. 自己的成长、进步、生活的幸福和事业的成功,都离不开他人(包括亲人、朋友)和社会的帮助;因此,你爱自己,必须要爱他人,爱大众。

3. 一个人如果爱他人,爱大众,爱社会,他会感受到最大的幸福,他会感受到生活的意义,感受到自己生命的扩展和延续。相反,如果一个人只爱自己,对他人毫无感情,那么实际上他的生命的意义非常渺小,与动物相差不多。

(二)有人问:自爱和自私有什么区别?

自爱的人既爱自己,也爱他人,爱社会大众;而自私的人只爱自己,不爱他人和大众,甚至为了自己的利益而损害他人或大众的利益。

自爱应该肯定,自私不应给予肯定。但在不违反大众利益的前提下,顾及个人利益,不能称为自私。

当前中国社会中的贪官污吏和生产、销售伪劣商品的不法商人,就是极端自私的人。这种严重的自私,必须予以否定。

(三)有人问:自爱与无私是不是有矛盾?似乎要求无私,就不可能要求自爱。对这个问题,首先要问:无私是值得普遍提倡的吗?

无私的爱是一种很高尚的道德。社会上有为他人、为社会、为理想而英勇献身的人物和事迹,人们可以赞誉他们是无私的。

但无私并不是一个应该要求所有人都遵循的行为准则。

每个人都会追求自己的个人利益,这是人的本性,也是经济发展和社会进步的重要动力。英国经济学家亚当·斯密的理论是:每个人谋取自己的私利,会使全社会得益。近几百年来,世界经济发展的事实,证明他的理论是正确的。相反,完全否定个人利益的社会经济制度(如苏联和改革前的中国),经济发展都是滞后的,人民生活水平提高很慢。

中国在改革开放前,曾经在全社会大力提倡"大公无私"、"斗私批修",不断批判"个人主义"。口头上鼓吹这种"社会主义道德"最积极的人,事实上却在"文革"中做了许多报私仇、泄私愤的事。全社会批判"个人主义"和"个人利益"的结果,不论是干部、工人、农民,大家都是"干好干坏一个样,多干少干一个样",普遍地出工不出力,对经济发展、国家进步造成严重的不利影响。

要求所有的人"大公无私",是一种脱离现实的空想。一般情况下,在社会上不宜普遍性地提倡无私。

自爱,包括合法地谋取个人利益,应该得到法律和社会舆论的认可。

(四)有人问:爱人和爱己有时是一致的,但有时会有矛盾。遇到矛盾时,怎么办?

是的,爱人和爱己有时是有矛盾。例如在重大灾难面前,救了别人就不能救自己;又如在敌我斗争中被敌人捕获后,为了保护祖国或革命利益,有时不得不牺牲自己。

遇到这种情况,首先要理智地对待。在不损害他人和革命利益的前提下尽可能地保护自己。例如见到有孩子落水,如果你会游泳,下水救人是应该的。但如果你不会游泳,那么盲目地下水救人,并不是明智的做法。合理的举动是尽力用竹杆救人,或尽力呼唤他人来帮助救人。

在革命斗争时期或在"文革"期间,有一些老革命家(如陈独秀、方志敏、李锐等)长期被关在监狱中,他们既不向强暴屈服,又注意锻炼身体,并且坚持写作,就非常值得人们敬佩。

在爱人和爱己无法兼顾时,一个有高尚道德的人,会选择爱人重于爱己,为了保护他人、为了维护祖国或革命利益而勇于牺牲自己。

南宋末期的文天祥,坚守民族气节,最后英勇就义,留下的诗句是:"人生自古谁无死,留取丹心照汗青。"

这就是孟子所提倡的"浩然之气",是中国传统的优秀美德。

窈窕淑女,君子好逑(男女情爱)

采用"情爱"这个名词,是强调它是爱的一种,与人们通常用的"爱情"、"恋爱"是一个意思。在下文中,三者通用。

男女之间的情爱是人类各种爱之中最原始的爱,是出于人的本性的爱。

《孟子》中说:"食色,性也。"(《孟子·告子上》)

《礼记》中说:"饮食男女,人之大欲存焉。"(《礼记·礼运》)

这里的"性"或"男女",既有性欲的意思,也有情爱的意思。事实上,性欲和情爱很难严格分开。

柏拉图所提倡的纯精神性的爱,人间不能说没有,但是一般情况下,男女恋人之间的情爱,是有性爱或性欲因素的。

这种建立于性欲之上的雌雄间的亲密关系,在动物界就存在。

许多动物的性能力,大大超过人类。例如天牛,每天可以做爱9小时;雄性狮子在一天内可以性交86次。

但是地球上只有人类,在异性之间能产生浓烈的情感,即情爱。因此,情爱属于人类的本质特性。

在人类悠久的古代,歌颂人的爱情的诗篇非常多。

埃及文化比中国更早。埃及学家发现公元前1300年的莎草纸上的55首爱情诗,其中有一首《求婚对话》:

没有女人比她更可爱,

亮丽、完美。

新年里一颗星星升起在天边,

那是丰年吉兆。

灿烂的色彩,

勾魂魄于明眸流盼之间。

她的嘴唇如有魔力,

她的颈项长短相宜,

她的乳房是造化的奇迹。

……

为求一抱我情愿做她的奴隶。

中国的《诗经》形成于西周(公元前1045—前771)到孔子的时代(公元前551—前479)。其中有许多描写爱情的诗歌,以《静女》为例:

静女其姝,俟我于城隅。

爱而不见,搔首踟蹰。

静女其娈,贻我彤管。

彤管有炜,说怿女美。

自牧归荑,洵美且异。

匪女之为美,美人之贻。

诗的大意是:静雅的姑娘,在城头等我。她隐藏而不见,让我不安。她送我红色的管草,发着光辉,我很喜欢它。她从野外采来荑草送我,我感到实在很美。但不是因为花草的美,而因为是她的赠送。

这两首距今三千多年的古诗,说明了人类的爱情,自古以来都是人所最珍贵的感情。

与人类其他的爱相比,爱情有如下一些特点:

(一)爱情含有身体和精神双重的爱,因此,它带给人最大的愉悦。

柏拉图在《会饮篇》中借鲍萨尼亚的口说:"爱应当分为天上的爱和地下的爱。"她所谓"天上的爱",是指精神的、高尚的爱;所谓"地下的爱",是指身体的、世俗的爱。

在实际生活中,情爱既有精神的爱,又有身体的爱,两者是密切结合的。这是情爱与其他的爱的基本区别。

上面那首埃及古诗,诗人将他的恋人比做亮丽而完美的星星,这是精神的爱;同时,他爱恋人的嘴唇、颈项和乳房,并且非常希望去拥抱她,这又是身体的爱。

《静女》一诗中的爱,主要是精神的爱。中国的文学传统较为含蓄,除少数小说与戏曲外(如《金瓶梅》、《牡丹亭》等),很少直接描写身体的爱。

男女青年之间,在精神的爱和身体的爱两方面的结合中,享受到心灵上最大的愉悦。这种充满愉悦的两性的感情交融,是人间最美好的事物,是人类花园中最美丽的花朵。

(二)爱情是人间最浓烈的爱,往往达到生死与共的程度。

在"爱的含义"中提到:爱者愿意与所爱对象融合为一体。在情爱中,在男女的热恋中,这种心愿尤为突出。中外许多著名小说、戏剧、诗歌中都描述了这种感受。

中国的民间传说《梁山伯与祝英台》讲道:1500年前东晋时,梁山伯与祝英台在杭州相识相恋。梁山伯早逝后,祝英台违抗父命,拒绝嫁人,在山伯墓前痛哭。一时,风雨雷电交加,坟墓爆裂,英台跃入坟中,墓又合拢。风雨停止后,梁祝化为蝴蝶,蹁跹双舞。

莎士比亚的《罗密欧和朱丽叶》讲的则是在英国维洛那城,罗密欧和朱丽叶两家是世仇。两人相爱后在神父帮助下秘密成婚。罗密欧在与朱丽叶的堂兄决斗中刺死了对方,被驱逐出城。朱丽叶为逃避父亲的逼嫁,在神父帮助下服药假死四天。罗密欧误以为朱丽叶真死,潜回城中,在朱丽叶墓地服药而死。朱丽叶醒后悲痛地用短剑自杀,到天国继续两人的爱情。

当然，在实际生活中，不提倡恋人的殉情。但是，相爱者之间的生死与共、终身不离的感情，在人间是非常珍贵的。

（三）爱情是有选择性的，是出于内心的，是不能强制的。

父母对子女，子女对父母的爱是没有选择性的。但男女之间的情爱完全是出于双方的内心和自愿，出于双方的自我选择，任何强制都是无效的。

情爱不同于婚姻，婚姻是可能被强制的。在世界各国的历史时期，子女的婚姻由父母决定是很普遍的风俗或制度。这种强制性的婚姻，也有可能在婚后培养出爱情，但是也有可能始终培养不出爱情，后者就会造成双方一生的悲剧。

因为情爱是有选择性的，争取恋爱自由，成为人类文明进步的重要内涵。在欧洲的文艺复兴和启蒙运动后，在中国的"五四"运动后，争取恋爱与婚姻自由的斗争逐步地取得胜利，是社会进入近代和现代的重要标志。

情爱的可选择性，使男女双方都能在较多的对象中选择自己的最爱，这是爱情有可能带给人们幸福的重要原因。

情爱的可选择性，同时也带来它的一定的不稳定性，带来移情别恋的可能性，从而也会造成悲剧。

（四）爱情的过程是曲折的，有时是艰难而痛苦的。

父母与子女的关系，是生理性的，是天然形成的；子女一诞生，就形成了这种恒定的关系。而男女之间的爱情，是心理性的，是后天形成的；爱情关系的确立，往往要经过曲折的过程。

情爱可能会遇到的障碍非常多，有父母阻挠（如梁山伯和祝英台）、家族矛盾（如罗密欧和朱丽叶）、贫富差距、年龄或社会地位的差异，以及民族、宗教、文化的不同，等等。克服爱情所遇到的阻力，有时非常艰难，甚至会付出生命的代价。

正因为这个原因，爱情成为特别值得珍惜的人间感情，成为无数诗歌、小说、戏剧的主题。

（五）爱情能导致婚姻，但并不一定导致婚姻。

爱情的正常目的应该是婚姻。凡是产生爱情的双方，都会希望以婚姻为归宿。事实上,人类所以会有情爱这种天性,也是由于在人类进化过程中更好地达到繁育后代的目的。

但是在实际生活中,有爱情,而不能达到婚姻的情况非常多。《红楼梦》中,贾宝玉和林黛玉的爱情;巴金的著名小说《家》中,觉新和梅表姐的爱情、觉慧和鸣凤的爱情,都没有导致婚姻。

不能导致婚姻的爱情,是人间的最大悲剧。

在人类文明和政治制度的进步中,都应当研究怎样"让有情人终成眷属"的大问题。

讨论情爱或恋爱,不能不涉及与正常的男女恋爱相近似,而又有所不同的几种恋情。

1. 婚外恋。

为什么会有婚外恋?婚外恋的原因是复杂的。

中国和外国在历史上,都有不合理的婚姻制度。婚姻一般由父母做主,父母更多地考虑家族或经济利益,因此婚姻中往往并不含有爱情。在这个背景下,婚外情倒有可能产生真正的爱情,因此是值得同情的。

世界级文豪——俄罗斯作家托尔斯泰的著名小说《安娜·卡列尼娜》,就描写了这一类的婚外恋。安娜的丈夫卡列宁是一个地位显赫、醉心于功名的人物。他与安娜之间没有真正的感情。安娜认识了年轻军官渥伦斯基,他和蔼、漂亮、沉静、果断,两人产生了爱情。但是婚外恋为社会所不同情、不支持,造成双方的极大痛苦。当渥伦斯基对安娜感情冷淡后,安娜决心卧轨自尽。

即使在现代社会,有恋爱和婚姻的自由,夫妻之间的爱情可能是长久的、终身的;但也可能是有时间性的,即经过若干年后,会失去原有的热情。在美国,一个较流行的说法是:结婚七八年后,恋情会衰退,而需要有所更新。同时,随着社会的进步,男女交往机会的增加,也增加了婚外恋的可能。

婚外恋并不一定触犯法律,现代社会不可能完全杜绝婚外恋。但从社会公德上讲,不应提倡或鼓励婚外恋,或在媒体上过多地宣传婚外恋。因为婚外恋是造成夫妻离异、家庭破裂的重要原因。近年来,中国的离婚率有较快增长。根据成都市民政局的统计,2003 年,成都每 6 对夫妇中,就有 1 对离婚;而从 2004 年至今,每 3 对夫妇结婚即有 1 对离婚。而离婚的原因中,30％ 是由于婚外恋。家庭破裂的最大受害者是孩子。孩子不能得到完整的家庭和完整的父母之爱,因此而影响孩子的学习、影响孩子正常性格的形成,甚至影响孩子的一生。

"爱的含义"中提到,爱是有理智的感情。婚姻之外有异性朋友是完全正常的,在与异性朋友的交往中产生感情,是很可能的,也是应该被允许的。但是对家庭和孩子有责任心的人,会理智地控制与异性朋友间的感情,使它严格地限制在友情的范围之内,不让它发展到婚外恋。

2. 同性恋。

同性恋是一个值得关注的人性问题和社会问题。

在中国或外国的历史中,或在现实社会中,同性恋都是普遍存在的现象。根据西方发达国家的调查统计,同性恋在人群中的比例是 4％～6％ 左右;中国有关部门统计,全国约有 4000 万同性恋者,占总人口比重也在 3％ 以上。

古希腊时期和中国的魏晋南北朝时期,同性恋风气都较普遍。柏拉图的《会饮篇》中,关于爱的讨论,就包括成年男人对男性少年的爱。中国南朝著名诗人沈约,写过一篇《忏悔文》,写的就是自己的同性恋。

中国古代用于描述同性恋的名词很多,有:分桃之癖、龙阳之宠、断袖之欢(这些名词,都来自同性恋的故事)、佞幸、男色、男风、娈童,等等,这也从一个侧面反映中国古代同性恋的普遍存在。

社会上往往将同性恋看成是一种变态行为,甚至看成是流氓行为。这种社会舆论对于同性恋者造成巨大的精神压力。

随着文明和科学的进步,人们对同性恋现象有了更合理、更宽容的认识。现代科学的观点是:同性恋的原因主要是遗传因素,其次是社会因素。

对于双胞胎的遗传学研究发现,同卵双胞胎兄弟中若一人是同性恋者,那么另一人也会是同性恋者,几率高达 50％ 以上。此项研究充分说明:同性恋确实和遗传有关。

当然,同性恋和社会环境和社会风尚也有关。在特定的环境中,容易产生同性恋,例如军队中士兵之间的同性恋,当代中国农民工中的同性恋,中国古代内宫中的女性同性恋等。

1997年,中国新《刑法》取消了"流氓罪"。该"罪行"曾常常被用来惩处同性恋性行为。因此,这是中国同性恋的非刑事化的标志。

2001年,《中国精神障碍分类与诊断标准》将"同性恋"从精神疾病名单中剔除,这是中国同性恋的非病理化的标志。

因此,今天在中国,对于同性恋,既不能认为是流氓行为,也不能认为是精神不正常的行为。对于同性恋者,应该给予宽容和同情。

2006年,第78届奥斯卡最佳导演奖由电影《断背山》导演李安获得,表明了国际电影界对《断背山》的充分肯定。而《断背山》就是以同性恋为主题的。

其故事大意是:1963年夏天,在美国怀俄明州断背山深处的牧场,两个到牧场打工的年轻人,杰克与恩尼斯,共同在这人迹罕至的地方日夜相处,在单调、艰苦而孤寂的生活中产生同性恋情。后来在世俗的压力下,他们两人分别都成了亲。四年后,两人重逢,炽热的恋情重新燃起。以后十多年,他们每年都外出相聚一次。恩尼斯的妻子发现了他俩的同性恋关系,决定与丈夫离婚。正在他们两人幻想着能终身相守时,杰克却意外身亡了。恩尼斯去杰克家悼念时,发现一件杰克在断背山时的衣服,一直没有洗过,留着杰克的气息。恩尼斯默默地将衣服带走了。

《断背山》的故事虽然简单,但非常动人,使人不得不承认:同性恋者之间确实存在真正的爱情,与男女之间的爱情没有区别。

2000年,荷兰是第一个允许同性恋者结婚的国家。至今,比利时、加拿大、西班牙、澳大利亚等国,美国的部分州(麻州、加州等)都通过了允许同性恋者结婚,并可领养孩子的法律。随着社会与文明的进步,包括中国在内的其他国家,通过这样的法律是迟早的事。

20世纪艾滋病流行以来,人们发现男性同性恋者感染艾滋病的概率较高。因此,在艾滋病没有找到有效的防治方法之前,同性恋的行为已有减少。

3. 早恋。

2009 年 1 月 1 日的《扬子晚报》上登载了一个消息,四川省巴中市某小学一名 11 岁的五年级男生,喜欢同班一个女生。他在一张小纸条上,写了 100 个"我爱你",送给该女生,并写了几句话:"我希望天天看到你笑,这样我才会天天开心,月亮代表我的心。……"这就是早恋现象。

早恋是指在生理或心理上还未完全成熟的青少年之间发生的恋爱现象。

男女少年,随着年龄的增长,生殖系统开始成熟,体内性激素分泌增多,这时会产生与异性交往的渴望,这是正常的生理和心理现象。部分少年,这种与异性交往的心情可能表现得特别强烈,就会出现早恋现象。

早恋不是心理疾病,也不是不道德的行为。对少年的早恋,不需要过多、过严的指责,而应该有所宽容,并给予正面的关心和引导。帮助他(她)们认识到:他(她)们还没有达到能够真正恋爱的年龄;帮助他(她)们自己将早恋的感情,引向男女同学间的正常的相互关心、相互学习;并可以与早恋的对象建立较深的友谊。

执子之手,与子偕老(夫妻之爱)

在现代社会之前的古代和近代,婚姻一般不是男女双方自愿决定的,而是由父母或家族所决定。这种婚姻制度下,夫妻之间也可能产生爱,也有可能并不产生爱。

现代社会中,一般情况下,婚姻都是在男女双方产生一定情爱后所缔结的,夫妻之间一般都会有爱。

夫妻之间的爱,用"恩爱"两字来表示,是很适合的。

在人类的各种爱之中,夫妻之爱是人生中最值得珍惜的爱。

中国古代诗歌中,有不少描写夫妻爱的诗篇。

唐代著名诗人李商隐有一首寄给妻子的诗——《夜雨寄北》。

君问归期未有期，巴山夜雨涨秋池。

何当共剪西窗烛，却话巴山夜雨时。

诗人写作此诗的当时，自己在四川东川节度使的幕府中担任书记（相当于现在的秘书），他妻子留在长安。

这首诗朴实无华，却非常感人。诗人离开爱妻，一人远处四川。秋天的夜晚，阴雨连绵，寒风刺骨，他彻夜难眠，思念着远方的爱妻。盼望着将来与妻子相聚的一天，再来向爱妻诉说今天在四川的夜雨中思念爱妻的情景。

清代乾隆年间，有一部自传体的小说《浮生六记》，作者是沈复。这是一部描写夫妻之爱的十分优秀的文学作品，得到林语堂、俞平伯等的高度评价。林语堂将它翻译成英文，因此而世界闻名。

沈复，苏州人。他与表妹陈芸自幼互相倾慕。陈芸是一位美丽、聪明而贤惠的女子，刺绣精美，又能吟诗。两人在父母同意后，如愿结为夫妻。陈芸对长辈尊敬，对仆人和蔼。书中细致地描述了两人成婚后的床笫之乐，描述两人一起读书吟诗、布置盆花、品尝食物、外出游玩等欢乐情景。

沈复因父亲挥金如土，家境变困。他以教书为生，生活艰辛。陈芸日夜代人绣佛经，贴补家用，因辛劳过度而导致疾病。又因一些细小的误会，使公婆对她不满，将他俩逐出家门。在沈复求职无门，生活最困难期间，陈芸千方百计为沈复筹划，从来没有怨言。后来，陈芸疾病加深，失血过多。她临终时，交代沈复的话，依然非常体贴："如无力携妾骸骨归，不妨暂厝于此。愿君另续德容兼备者，以奉双亲，抚养遗子，妾亦瞑目矣！"

《浮生六记》让人们体会到夫妻之爱的愉悦和深久，值得人们无比珍惜。

夫妻之爱，为什么是人生最值得珍惜的爱？其原因有五：

（一）夫妻关系是在人的一生中维持时间最长、相处最密切的关系。

如果在20～30岁的年龄结婚，寿命在80岁以上，那么夫妻之爱就要维持50～60年以上。许多国家将结婚50年，称为金婚。在现代生活条件下，可以庆贺金婚的老人越来越多了。

同学或朋友间的友爱，也是值得珍惜的。但是人一生中的朋友一般有阶段性，如中学同学、大学同学、工作单位的同事等。只有夫妻，一般来说，是终身不变的。

　　从两人相处的密切程度来说,任何其他关系,都不能和夫妻相比。即使是终身的朋友,其相处的亲密关系,也不可能超过夫妻。

　　夫妻间的相处,是日日夜夜的,包括日常生活的相处,如《浮生六记》中所描述的:一起读书吟诗、布置盆花、品尝食物、外出游玩等;也包括性生活的亲密、和谐的相处。

　　这种不间断的亲密相处,也有可能产生平淡无奇的感觉;但只要有夫妻间的深挚的爱,那么,这种平淡的、日常的关系,就有人间最温馨而持久的芬芳。

　　(二)夫妻共同享受生活中的一切成功和快乐。

　　你在工作或生活中得到了进步或成功后的快乐,是谁第一个与你分享?只能是你的爱侣。

　　《浮生六记》中,沈复善于插花。陈芸鼓励他说:你的插花可以说是"精妙入神",但最好花丛中还有草虫。沈复说:虫会爬的,怎么让它们一直在花丛中呢?陈芸说:虫死后颜色是不变的。她用针将螳螂、蝴蝶刺死,安放在插花之中,看上去像活的一样。沈复非常高兴,其他人见到了也都称赞。

　　这个生动的描述说明,夫妻两人在平日的生活中,会有不少创造和成功的喜悦,也会有夫妻之间的互相赞许所带来的乐趣。

　　夫妻之间对事业发展、学习进步中的互相关心和鼓励,是人生的温暖和幸福,必然会加深夫妻间的爱情。

　　(三)夫妻共同承担生活中一切艰辛和痛苦。

　　人的一生中不会只有成功和快乐,必然也会遇到失败、艰辛和痛苦。这时候,最能给你安慰和鼓励的就是你的爱侣。

　　新中国建立后的前30年,政治运动不断。许多知识分子和革命干部遭受到迫害。他们所以能生存下来,他们的意志所以没有被完全摧毁,与他们和他们的爱侣之间的坚贞不屈的爱有很大关系。胡风和梅志的人生就是很好的事例。

胡风是我国著名的文艺理论家,20世纪30年代,曾担任左联宣传部长。1933年时他31岁,结识了19岁的清纯而美丽的梅志,并结为夫妻。梅志是胡风生活上和事业上的最好助手,他们共同养育了三个孩子。

1955年,胡风和他的朋友,包括梅志,被打成了"反革命集团"。他俩都被关入监狱。梅志坚信胡风无罪,拒绝与胡风"划清界限";三个子女的上学都受到影响。1965年梅志因"宽大处理",免于刑事处分,但胡风仍在四川监狱。梅志自愿留在四川劳改农场,就近照顾胡风。胡风曾一度精神失常,差些砍伤梅志。梅志曾经想死,但为了胡风、为了孩子,她坚强地活了下来。粉碎"四人帮"后,1977年,胡风终于被释放出狱。梅志晚年写出《胡风传》等多部著作,受到大家的称颂和敬佩。

梅志和胡风的事迹,使我们感受到夫妻之爱在人生遭受巨大磨难时,所映射出来的金色光辉。

(四) 共同的子女是夫妻之爱的最牢固的纽带。

在本书的第一章的"爱的含义"中指出:爱是"具有创造性的生命力"。

夫妻之爱的创造性,首先表现于夫妻所共同生育的子女。而这种创造性的生命力,正是人类得以长期延续的基础。

共同的子女必然能加强并巩固夫妻之爱。这是由于:① 共同的子女使夫妻之间建立了间接的血缘关系。夫妻双方一般是没有血缘关系的,他(她)们分别和他们(她)共同所有的子女,具有血缘关系。当父亲看到他女儿的性格和自己很相似,坚定而果断;而她的容貌又非常像她母亲一样,俊秀美丽,父亲就在女儿身上见到了他和妻子间血缘上的融合。女儿的存在,必然会加深他对妻子的爱。② 子女从初生,到儿童,到少年,直到成长成人,都有父母共同付出的日日夜夜的关注和辛劳;抚育子女的整个过程,增强了夫妻之间的爱。子女身体的成长、知识的进步、思想的成熟,以至成家立业,都会给父母带来最大的愉快。③ 对子女的爱是避免离婚的重要因素。夫妻之间由于各种原因,是有可能在一定的时间内产生矛盾、产生隔阂,以至于离异。夫妻离异所带来的后果,首先是对子女的成长和心理的不利影响。对于感情没有完全破裂的夫妻来说,出于对子女幸福的考虑,往往是使离婚得以避免,婚姻得到巩固,夫妻之爱得到重温的主要原因。

（五）老年夫妻之爱是老年幸福的最大保证。

夫妻之爱随着进入老年而愈来愈加深。人到了老年,子女都已经成家,又忙于工作,不可能经常在父母身边。老年夫妻成为最亲密的伴侣,他们互相照应着日益衰老的躯体;他们很可能会有共同的爱好(看电视、看书、书画等);他们有几十年的共同回忆,因此有说不完的共同话题。如果有人问:什么是老年的最大幸福?许多人都会回答:是夫妻之爱。

正因为夫妻之爱所维持的时间很长,它难免会是曲折的,是有可能面临破裂的。怎样维护夫妻之爱,是关系到人的一生幸福的重要问题。

为了维护夫妻之间的爱,以下几个方面值得重视:

（一）充分认识夫妻之爱是人间最大幸福,值得珍惜。

什么是人间最大幸福?是财产吗?是名利吗?都不是。你可能有亿万资产,你可能是省部级高官,你可能是科学院院士,而如果你没有夫妻之爱,夫妻之间长期地冷若冰霜,吵架不休,互相猜疑,你有幸福吗?相反,如果你只是一个普通的工人或农民,而你家庭和睦,夫妻恩爱,有困难时共同克服,有病痛时互相照应,难道你不感到这是人间最大幸福吗?

因此,你应该珍惜夫妻之爱,培育它,爱护它,维护它,在任何情况下,不让它受到损害。

（二）夫妻间的互相尊重和理解。

夫妻两人,可能因家庭出身不同、个性遗传不同、受教育程度不同、所学专业不同或职业不同,会有脾气性格、文化素养、情趣爱好等方面的差异,但既然结为夫妻,就应该互相尊重和理解。

胡适是中国著名的大学者,在他的时代包办婚姻是主流。他的妻子江冬秀虽出身名门,本人却是文化不高的小脚女人。胡适在美国和中国曾经有过几次与女友的恋情,但胡适都是适可而止,而与他夫人终身不离。夫人爱好玩麻将,胡适爱好读书,他们互相尊重对方的情趣,始终和睦相爱。夫妻间的"相敬如宾"、"白头到老",是中国的传统道德。因此胡适既是西方文化的积极提倡者,又是中国文化的忠实实行者。

（三）夫妻间的互相宽容和谅解。

人不可能没有缺点，也不可能不犯错误。对配偶的缺点（例如性情急躁、生活马虎等）或错误（不论是生活上或工作上的）都要宽容和谅解。

对夫妻来说，性生活的不和谐是影响感情的重要因素，这种情况下，如果有充分的耐心和热情的帮助，性生活的问题是可以克服的。

夫妻之间最大的考验来自第三者。只要夫妻是有感情基础的，第三者问题很可能只是暂时的；对配偶一时的感情偏移，宽容是最好的化解方法。

现代社会中，如果夫妻的感情真正已经破裂，离婚是法律所允许的。但是夫妻之爱是人间最值得珍惜的爱，我们尽可能不要轻易地去损害它，放弃它。这样对夫妻双方和子女，都是幸福的保障。

世上只有妈妈好（对子女之爱）

唐代诗人孟郊有一首著名的诗——《游子吟》：

慈母手中线，游子身上衣。

临行密密缝，意恐迟迟归。

谁言寸草心，报得三春晖。

这首诗感人肺腑地描述了母爱。母亲深夜为将要远行的儿子缝织棉衣。天将寒了，母亲担心儿子不能早日归来，因此低着头，弯着腰，一针一针密密地缝，不让儿子在外受寒。母亲的每一针、每一线，都倾注着对儿子的关爱。

诗的最后两句，是儿子的感叹。母亲的慈爱像是春天的阳光，它照暖了大地，抚育着万千小草，让它们生长起来。太阳给予了小草生命，而小草很难能报答太阳的恩惠。子女也很难能报答父母的恩惠。

是的，母爱和父爱都是人间最神圣、最难以回报的爱。

我有一个美丽、聪慧、贤惠的母亲，她在 7 年时间内连续生了 4 个儿子。我在 7 岁时，母亲因肺结核病而去世，年仅 32 岁。在她临终前，要我到她病床前去见她,她苍白的脸庞、慈祥的目光,充满着殷切的期望。但她因肺结核的传染性,不能拥抱我,甚至不能抚握我的手。这个情景使我终生难忘。我在成长中,经常会想到,是连续性的生育,损害了她的健康。她是为了我们几个儿子,而过早离开人世的。母亲这样的恩惠,我们怎样报答呢?

世界上有母亲和父亲,就有母爱和父爱。每个家庭都有母爱和父爱的故事。

2008年5月12日下午2点28分,四川汶川发生8级大地震。抢救人员发现一个已死的妇女。她双膝跪着,双手扶着地支撑着身体。在她身体下面,一个三个月大的孩子,因母亲的庇护,还安静地睡着。救援人员在包着孩子的被子里,发现一部手机,上面留着母亲的短信:"亲爱的宝贝,如果你能活着,一定要记住——我爱你。"

中国著名导演谢晋,不仅为新中国电影事业做出重大贡献,他对他弱智儿子的父爱也非常感人。阿四是他最小的儿子,自幼患癫痫病,生活难以自理。谢晋天天为他洗脸、刮胡子。阿四头发长了,他不让理发师剪头,谢晋就自己学理发,亲自给儿子剃头。为了给阿四增加营养,谢晋学会了磨豆浆;他自己加黄豆,教儿子推石磨。谢晋在最后的岁月里,最不放心的就是他的儿子。

父母对子女的爱包含着多种含义:

(一)血脉之爱:现代科学已经阐明,子女的DNA完全是父母双方的DNA所组成。这种血缘关系,是任何力量不能割断的。父母不管懂不懂遗传学,都会知道子女是他(她)的血脉所生,他们对子女的感情来自人的最根本的本性。

(二)抚育之爱:子女在出生之前,母亲就在自己的子宫中加以滋养。子女出生之后,父母对子女共同进行抚育。在孩子成年之前,父母对孩子的成长、衣着、食物、医疗、教育负有全责。子女成年前的抚育,倾注了父母无数心血和无穷的爱。在子女成年之后,父母还继续操心子女的学业、工作和成家。

(三)相处之爱:人在相处中产生爱。在人的成长最初十多年中,父母和子女有最密切的相处。父母听到子女第一声呼唤和说的第一句话;见到子女走的第一步路。在日日夜夜的相处中,他们培育了对子女深厚的爱。

(四)希望之爱:父母并不要求子女飞黄腾达,但对子女会寄以希望,希望子女成长为健康的人、正直的人,对社会有用的人。对父母来说,子女是他们生命的延续。他们在子女身上,感受到生命的久远和永恒。

与人间其他的爱相比拟,父母的爱有许多特色:

(一)父母之爱是无条件和没有选择的。不管子女是聪明,或是笨拙;是俊美,或是丑陋;即使是弱智,是残疾,父母都会毫不迟疑地给予爱。

(二)父母之爱是不求回报的。父母愿意出于对子女的爱,付出他们所能付出的一切。如果需要输血或器官移植,他们是不会犹豫的;但是他们并不要求子女的回报。特别在现代社会,父母一般不会要求或依靠子女来养老。

(三)父母之爱是永恒的。夫妻有可能离异;朋友有可能因观点分歧而分离;而父母对子女,永远没有离异和分离的一天。即使观点不同,父母和子女的关系也不会断。

除了父母对子女之爱,祖辈对孙辈的爱(隔代爱)也是人间一种非常值得珍贵的情感。

隔代爱包括祖父、祖母、外公、外婆对孙子、孙女、外孙、外孙女的爱。在当代社会中,隔代爱处处可见。许多小学生或初中生在作文中,会深情地描述祖父或外婆对自己的爱。

瑞士著名儿童文学作家约翰娜·斯比丽有一部著名小说《海蒂》,描述了一个五岁的女孩——海蒂,和她的居住在山上的性情孤僻的祖父之间所产生的感人的爱。

我的岳母有4个女儿,1个儿子。她的第三代(孙子女、外孙子女)有11个之多。他们都是在20世纪50—70年代出生,正是"文革"前后的艰辛和动乱的年代。孩子们父母的工作或政治运动的压力很大,生活条件又差,照顾孩子的重担都落在我岳母身上。孩子们幼小时,她要用奶瓶喂奶;她要精打细算,照顾孩子们的三顿饭;孩子们衣服破了,她深夜戴着老花眼镜缝补;孩子们长大了,她踩着小脚,牵着孩子们去上幼儿园……她年轻时秀美的脸庞在几十年带养孙辈的辛劳中,慢慢衰老。1990 年她因劳累过度和肺癌去世。她伟大的慈爱永远深刻在她的儿孙心中。

隔代爱是双亲爱的延续,它与双亲爱有同样的特点。它是无条件和没有选择的;它是不要求任何回报;它是永恒而不变的。

在中国的现代社会,隔代爱显得特别珍贵。因为:

(一)现代紧张的社会生活,使孩子的父母工作十分繁忙,祖父母、外公婆却有较多空闲时间照顾孩子。幼儿园或小学、初中下午放学时,在校门口接孩子的大多是祖父母或外公婆。

(二)父母对子女有直接的教育责任。祖父母、外公婆与孩子的关系比较超脱,因此,孩子们更愿意与祖父母、外公婆相处,拘束较少,隔代人更容易成为朋友。

(三)父母的工作担子重,业余时间需要学习自己的专业知识。祖父母、外公婆没有工作担子,不再受专业的限制,他们有时间看看孩子们喜欢的童话或漫画书,给孩子们讲故事,或者和孩子们一起玩电子游戏。

在中国,许多家庭是三代人同居一屋,隔代爱显得愈加重要。

百善孝为先(对父母之爱)

人与人之间的爱,一般都是相互的。男女之间的情爱、夫妻之间的恩爱,都是相互的。父母对子女的爱,子女对父母的爱,也是相互的。

中国的传统文化中,子女对父母之爱(本书称为孝爱),有特别重要的位置。

中国古代有许多子女对父母之爱的诗篇,如:

哀哀父母,生我劬劳。(《诗经·蓼莪》)。"劬"(qu),劳苦。

父母养育子女,付出无穷的辛劳。这一首诗中的"哀哀父母!",是子女出于对父母之爱的深切感叹。

无父何怙？无母何恃？（《诗经·蓼莪》。"怙"、"恃"，均意依靠。）

子女幼小时，一切都要依赖于父母。没有父母，子女无以生存和成长。

父兮生我，母兮鞠我。拊我畜我，生我育我。顾我复我，出入腹我。（《诗经·蓼莪》。"鞠"，养育。"拊"，同"抚"。"畜"，喜爱。"顾"，照顾。"复"，反复看我。"腹"，怀抱。）

这首诗动人地表达了子女心中的父母形象。子女想到：在自己的婴儿和儿童时期，父母无微不至地关心我、反反复复地照顾我、进进出出都怀抱着我。父母的深厚恩情，子女永生都不会忘记。

中国古代还有许多传说或戏曲，描述了子女对父母之爱，著名的有《目连救母》。

佛陀的大弟子目连的父母亲都去世了。父亲因为善行而升了天堂；母亲却因某些佛教看来不善的行为（如在佛前吃了荤食）而降到地狱。目连深爱他的母亲，他看到母亲在地狱中受尽煎熬，非常痛苦，他决心要拯救母亲。他要求佛祖指点他怎样能救出母亲。佛祖告诉他，只靠他一人办不到，要在七月十五日，为各地出家人准备百味五果，供养他们。这样才能集合所有僧侣众神的威力，向佛祖求情，可以救出你母亲，还能普度其他人的父母。目连遵照佛祖的指点，历尽艰辛，最后终于将母亲救出苦海。

这也是佛教中"盂兰盆"法会的来历。

目连救母的精神，表达了人类社会中，子女对父母的深挚的爱。

在中国传统文化中，孝道有很高的位置。孔子的学生曾子，有一本《孝经》的专著，被列入儒家的经典。

孝道和我们所讨论的子女对父母的爱是有密切联系的。

孔子说："敬其所尊，爱其所亲。事死如事生，事亡如事存，孝之至也。"（《中庸》19 章）

可见，按孔子的观点，对双亲的爱，是孝道的基础。

当然，儒家的"孝"，不仅只是对父母的爱；或者说，不只是一个伦理学的概念；它还是政治学的概念，是一个治国的理念，所谓"孝治天下"。儒家思想中，"孝"与"忠"紧密地联系在一起。

孟子说:"为人臣者怀仁义以事其君;为人子者怀仁义以事其父。"(《孟子·告子下》)

如果将忠于皇帝,改换成忠于国家和人民,那么,在家孝于父母,在国忠于人民,这种改造过的儒家理念仍然可以适用于现代社会。

因此,中国传统文化中的孝道中所包含的对父母之爱,即使在现代社会,仍然有其伦理价值。孝道,对于当代中国构建和谐家庭、和谐社会的要求是有积极意义的。

有人描述美国社会是:年轻人的天堂,中年人的战场,老年人的坟墓。意思是说,老年人在美国非常孤独而痛苦。而中国人,即使在异国他乡,子女始终重视对父母的关切,或者愿意和父母生活在一起,或者经常地去看望父母,使父母在老年时能得到子女亲情的慰藉。这种家庭的和睦关系是中国人值得珍惜的文化传统。

子女对父母之爱,有以下一些特点:

(一)血缘之爱、创生之爱。

人类是有理智、有感情的动物,人类对于自己的创生者,都必然会怀有深深的爱。基督教的信徒热爱上帝,因为他们相信上帝是人类的创生者。

现代遗传学已经证明,每个人的DNA决定了他(她)的体质、容貌、智力、性格、疾病等特征,而每个人的DNA都是由父母双方的DNA所组成。从现代科学的眼光来看,父母是每个人真正的创生者。因此,全世界的人都会从内心深处热爱自己的父母。

子女由父母所生,因此,对父母之爱,是人的天性。孟子说:"孩提之童,无不知爱其亲者。"(《孟子·尽心上》)

(二)亲情之爱。

正如前引诗经中的诗歌所描述,"无父何怙? 无母何恃?","父兮生我,母兮鞠我……"子女在人生的最早十几年中,完全是依靠父母而成长的。子女依靠母亲的乳汁喂养,在母亲的怀抱中长大,依靠父母的搀扶而能走路,依靠父母的开导而学会讲话,依靠父母的帮助而获得最初的知识。在这十几年中,子女和父母自然地建立了深厚的亲情。这种亲情是任何其他人间感情所不能代替的。

（三）感恩之爱。

每个人对于有恩于自己者，都会有感恩之爱。清代朱有纯编的《朱子家训》中有一句话，被流传很广，即："滴水之恩，涌泉相报。"意思是，一分的恩情，要以十分来回报。这是中国人的传统美德。

朱自清有一篇十分有名的散文——《背影》，写的就是他对于父亲的感恩之爱。散文描述说：父亲已经年迈，身体又胖。父亲送我（作者）上火车后，想到要为儿子买些橘子。我看到他买来橘子后，要将橘子送到火车上给我，"他用两手攀着上面，两脚再向上缩；他肥胖的身子向左微倾，显出努力的样子，这时我看见他的背影，我的泪很快地流下来了"。

当然，作者不是只因为父亲为自己买橘子而感动，他想到父亲一生为子女付出的辛劳，而现在已经年老体衰，他不由地流泪了。

子女对父母付出的爱，是父母晚年最好的慰藉，同时也是子女莫大的幸福。

同胞手足一世情（手足之爱）

兄弟姐妹的关系，中国人称为同胞手足关系。这个称呼颇为贴切，同父母所生的兄弟姐妹，血脉相连，与一个人的两手之间、两足之间或手和足之间的关系，非常相似。

中国传统文化对手足关系十分重视。

孟子说："尧舜之道，孝弟而已矣。"（《孟子·告子下》）

"孝"是与父母的关系，"弟"就是与兄弟的关系。

中国古代诗歌中，有不少描述兄弟之爱的佳作。如唐代王维的《九月九日忆山东兄弟》：

独在异乡为异客，每逢佳节倍思亲。

遥知兄弟登高处，遍插茱萸少一人。

王维有兄弟五人，姐妹二人。写此诗时，诗人年仅十七岁。一人离家外出（可能在长安谋取功名），举目无亲。在重阳节日中，他非常想念亲人，而他最想念的是他的兄弟姐妹们，想到他们在登山游玩时，大家都佩插香花（茱萸），饮菊花酒，而独独地少了他自己，他们一定会非常想念自己。

这首诗表达了诗人和他的兄弟姐妹之间的充满眷恋的心情。

宋代文豪苏轼和苏辙兄弟两人，一生的感情非常深厚。他们在许多诗词中表达了两人的深情。

嘉祐六年（1061）初冬，苏轼出任凤翔（今陕西西部）判官（州府官员）；苏辙留在京城（今开封）侍奉父亲。苏辙送他兄嫂出行，骑着马走了一百多里，在郑州西门话别。苏轼写了一首诗，其中有四句是：

登高回首坡垄隔，但见乌帽出复没。

苦寒念尔衣裳薄，独骑瘦马踏残月。

兄弟分别后，苏轼回头张望，隔着山垄，只见弟弟的黑色帽子时隐时显。那时天色已晚，哥哥担心弟弟孤身一人，骑马回去，衣服单薄，会受凉。

神宗熙宁九年（1076），苏轼在密州（今山东诸城）任知府。中秋节的夜晚，明月当空，他想念着弟弟苏辙，写下一首著名的词《水调歌头》：

明月几时有？把酒问青天。不知天上宫阙，今夕是何年。我欲乘风归去，又恐琼楼玉宇，高处不胜寒。起舞弄清影，何似在人间！

转朱阁，低绮户，照无眠。不应有恨，何事长向别时圆？人有悲欢离合，月有阴晴圆缺，此事古难全。但愿人长久，千里共婵娟。

此词的最后两句是千古名句，意思是：但愿我们都能活得长久，虽然相隔千里，每年能在中秋之夜，共同欣赏这皎洁的月亮（婵娟）。

苏轼于1101年去世（64岁），根据他的遗愿，他被葬在中州（今河南省）嵩山之南。此处背靠奇峰，面临清溪，环境优美。苏辙1112年去世后，也同葬于此。

王维和苏轼的著名诗词，充分表达了人间兄弟手足之爱所达到的深度。

手足之爱，有以下一些特点：

（一）同胞血缘之爱。

同卵生殖的孪生兄弟之间的 DNA，是 100％相同的。兄弟姐妹之间 DNA 吻合程度也在 99％以上。兄弟姐妹，或同父同母，或同父异母，或同母异父，他们的血缘关系都非常密切。这种关系使他们在内心产生强烈的认同感和亲密感，使他们感到他们的命运是天生地联系在一起的。

（二）幼时伴侣之爱。

兄弟姐妹一般情况下，在幼年时都生活在一个家庭中，他们是儿童到少年时期最亲密的伴侣。幼年时，他们在一起玩耍，在一起学习。即使到了中年或老年，他仍然会保留着幼年时期的共同的温馨的回忆。由于是同父同母所生，他们在性格上、爱好上会有较多的相似之处。这些都会加深他们感情。

（三）共同责任之爱。

当他（她）成长后，或在各自建立了自己的家庭后，尽管他们很可能分别住在不同街道、不同城市，甚至不同国家，但他们有着共同的责任，即关心他们的共同父母和其他兄弟姐妹。这种共同的责任使他（她）必然会始终愿意共同地为父母或其他手足付出自己的爱心。

手足之爱，或兄弟姐妹之间的亲密感情，也就是儒家所说的"弟"，是中国古代传统文化的优良传统，值得人们珍惜。

一日为师，终身为父(师生之爱)

人都生活在社会之中，除家庭外，还要广泛地与社会接触。社会有广义的大社会和狭义的小社会之分。大社会指的是大众、人民、民族、国家、世界、人类等。小社会指的是每个人直接接触的周围人群，例如学校中的老师和同学，医院中的医生、护士和病友，同一居住区的邻居，工作单位中的同事，同一专业的同行，等等。在这些小社会中，人们亲密相处，必然也会产生感情和爱。

由于本书的篇幅限制，这里选择与每个人的人生关系重大的两种爱：师生之爱和朋友之爱,加以论述。

一个人的成长中,除了父母之外,影响最大的就是老师。老师不但传授给你各种知识,同时也传授给你做人的道德和品行。

中国的传统文化,对于老师有特别的尊重。中国古人说:"弟子事师,敬同于父";"一日为师,终身为父"(《太公家教》),都表示中国人对老师的高度尊重。

对老师的爱,也可以称为"师爱"。

孔子和他的弟子的关系,是说明师生之爱的极好的例子。在《论语》和《史记·仲尼弟子列传》中,有许多这方面的叙述。孔子对弟子的爱体现在以下几方面:

(一)他深刻了解各个弟子的优点和特长,给予他们热情的鼓励。

例如对颜回,他说:"贤哉,回也! 一箪食,一瓢饮,在陋巷,人不堪其忧,回也不改其乐。贤哉,回也!"他称赞了颜回在贫困的生活中保持乐观的精神。对闵子骞,他说:"孝哉闵子骞,人不间于其父母昆弟之言。"意思是:闵子骞真孝顺啊! 人们对于他父母兄弟称赞他的话是没有不同意见的。对子游,"孔子以为子游习于文学"。孔子认为子游的特长是在文学方面。

(二)他的教育是针对性的,对不同学生有不同的教导。

例如对子路,他说:"子路性鄙,好勇力,志伉直.……孔子设礼稍诱子路。"意思是,子路的性格直爽而粗犷好斗,孔子用礼节慢慢地诱导子路。

孔子对不同弟子问的同一问题,会有不同的回答。有下面的事例:

求问孔子:"闻斯行诸?"子曰:"行之。"子路问:"闻斯行诸?"子曰:"有父兄在,如之何其闻斯行之!"子华怪之,"敢问问同而答异?"孔子曰:"求也退,故进之;由也兼人,故退之。"

其大意是:子有(冉求)问孔子:"听到应做的事,就立即去做吗?"孔子说:"对,立即去做。"子路(仲由)问同一问题,孔子却说:"有父亲兄长在,怎么能听到就做呢?"另一学生子华感到奇怪,问:"为何问题相同,而回答不同?"孔子说:"子有做事多虑退缩,所以我要激励他;子路做事有两个人的胆量,所以我要抑止他。"

这件事说明,孔子对于学生的教育非常细致而深入,他会考虑不同学生的性格和优缺点。

(三)他非常重视教导弟子怎样做人。

他对子夏说:"汝为君子儒,无为小人儒。"意思是:你要做道德高尚的读书人,不要做道德低下的读书人。

(四)他对弟子的生活也十分关怀,并给予安慰。

伯牛得了难治的病。孔子去问候,说:"命也夫! 斯人也而有斯疾,命也夫!"意思是:这样好的人却得了这样的病,真是命啊!

(五)他对于弟子服务于社会或国家寄以厚望。

孔子很称赞子贱(宓不齐)的治理政治的才能,说:"惜哉不齐所治者小,所治者大则庶几矣。"意思是:可惜不齐治理的地方太小了,治理更大的地方也会差不多的。

由于孔子对弟子的关爱和教导,弟子们对于孔子也非常尊敬和爱戴。

公元前 489 年,在孔子带领多个弟子周游列国期间,楚庄王拟聘请孔子去楚国。陈国和蔡国(今河南省淮阳和上蔡地区)的国君害怕孔子受聘楚国不利于本国,派兵将孔子和他的弟子围困起来。

在受困的七日内,断绝了粮食。弟子们尽心尽力,寻找食物,到湖中捉鱼,到田野采集嫩草煮食,帮助老师共渡难关。当得到一些食物时,都要让老师先吃。而在这七天中,他们继续向老师请教各种问题。

公元前 479 年,孔子去世,安葬在曲阜家乡。弟子闵损、冉雍、冉求、颜路、曾点、漆雕开等都来送葬,并且按照孔子的"应为父母守孝三年"的教导("子生三年,然后免于父母之怀。夫三年之丧,天下之通丧也。"《论语·阳货》),弟子们像对待父母一样,为孔子守墓三年。子贡是孔子弟子中在政治和商业两方面成就很大的人。孔子死后,他从江南千里赶来奔丧。其他弟子三年后离去后,他继续守墓三年。他将南方的稀有珍木移植在老师墓旁,以寄托他对老师的一片深情。

从孔子和他的弟子的师生之爱的例子,以及古今中外许多其他例子,包括人们亲自体验的师生关系,可以理解师生之爱具有以下一些特点:

（一）师生之爱是精神性的。

老师所能给予学生的，最重要的是两个方面：一是知识的传授；二是精神的感化。两者都是精神性的。这是师生之爱与父母子女之爱的重要区别。后者主要是血缘性的、生活性的、亲情性的。

孔子当年向学生讲授的是六经：《诗经》、《书经》、《易经》、《春秋》、《礼记》、《乐经》。这是知识的传授。

孔子更加重视对学生的品德的教育，教导他们怎样做人。《论语》中的名句大多是这一方面的。例如"樊迟问仁，子曰爱人。"（《论语·颜渊》）

在当代社会，学校老师在课堂上传授的主要是知识。小学到中学，老师向学生传授的是人类自古至今所积累的文化精华与科学知识，人类的文明事实上就是依靠老师的传授而代代继承。

到了大学，特别是研究生阶段，老师所传授的有一部分是老师自己所特有的学术积累，其中老师的学术见解或学术造诣是非常宝贵的。这一部分知识是学生从其他地方得不到的。近一两百年来，不论是自然科学，还是社会科学或哲学，影响深远的学术进步，很多是依靠一些著名科学家和教授对学生的代代传授而取得的。

在传授知识的同时，老师的治学态度、处世原则和做人精神，也会对学生产生潜移默化的深刻影响。陈独秀的高举民主与科学旗帜的战斗精神；胡适的崇尚自由、民主的精神；竺可桢的求是精神；陈寅恪的"独立之思想，自由之精神"，不但影响了他们当年的学生，并且影响了全中国几代青年。

（二）师生之爱影响人的一生。

人的一生的成就和品德，究竟是受谁的影响最大。当然各人情况不完全一样，但是古今中外，许多人都会承认，是受老师的影响最大。

孔子的弟子中，有许多位后来都有突出的成就，例如曾参，他写作的《孝经》是一部专门论述儒家孝道的著作，后来被列为儒家经典，在中国文化史上有着重要地位。而曾子的《孝经》，则完全是继承孔子学说的。

我国现代著名物理学家束星北（1907—1983），他在1949年新中国成立前，一直在浙江大学任教。他早期在英国和美国求学时，师从国际著名理论物理学家惠特克和达尔文,他的研究成就已经接近当时理论物理学的前沿水平。他为人耿直,敢于直言,在新中国成立后的政治运动中遭到打击,因此,他没有能在自己的专业领域中充分地发挥他可能发挥的作用。但是他的几位学生,都不忘记他的教育和影响。诺贝尔奖金获得者李政道说:"我一生中最重要的机遇,是在很年轻时极幸运地遇到三位老师,束星北老师的启蒙,吴大猷老师的教育及栽培和费米老师的正规专业训练。我的一生和他们对我的影响分不开。而我最早接受的启蒙光源就是来自束星北老师。"

在"文革"时期,束星北正在山东劳动改造,过着非人的生活。1972年,李政道回国,周总理希望他为中国引进人才。李政道说:"中国国内就有人才。"他向周总理当面推荐了他的恩师束星北。李政道对老师的敬爱和推荐,为束星北初步摆脱困境,回到科研岗位,发挥了重要作用。

(三)危难中的师生之爱。

师生之爱不只是体现在知识的传授,在人生的不同环境中都会有所体现。特别是在危难时刻,师生之爱发挥出灿烂的光芒。

笔者于1946—1948年间,求学于浙江大学,亲自体验了当年该校师生之爱的动人事迹。

1947年10月25日,杭州的国民党特务抓捕了包括浙大学生会主席于子三在内的四名进步学生。29日,于子三被杀害于浙江保安司令部监狱。于子三的被害激发了一场全国性的学生运动,声讨反动当局的暴行。在浙大的这场斗争中,许多位老师支持正义,表现出对学生的深情爱护。

当时反动当局为了掩饰罪行,谎称于子三是自杀身亡。于子三是自杀还是被杀?成为这一场斗争的焦点。深受全校师生敬爱的竺可桢校长,尽管年事已高,也亲自去监狱视察,悲痛地见到于子三的遗体后,一时昏厥;苏醒后,他毅然拒绝在于子三自杀的证书上签字,说:"我只能证明于子三已死,不能证明他是用玻璃片自杀的!"竺校长的立场,在当时无疑会招致反动当局的严重不满。但竺校长为了维护自己学生以生命所维护的气节和名誉,丝毫不顾及个人的安危。

第二年1月4日,浙大学生准备为子三出殡,在学校广场集合。反动当局派出大批军警、特务、流氓、打手冲进学校，对手无寸铁的学生大打出手。就在学生被动挨打的时候，体育老师舒鸿教授站在广场一角，振臂高呼："他们跑进学校来打我们，我们还不把他们抓住吗？"他的唤声，提醒了学生们，大家群起反击，终于挫败了流氓们的暴行。

子三是浙大农学院学生。农学院院长、著名昆虫学家蔡邦华教授（也是笔者的导师），一直对子三十分器重，将他看作自己的好学生。平时他对学生的爱国活动是抱着中立立场，并不特别支持，这更多地从学生的学业考虑。但在"一·四"暴行后，他代表竺校长突破军警的封锁，前往南京汇报事件真相。他在火车上向大公报记者发表谈话，谴责了杭州当局策划的暴行。蔡老师的谈话，立即通过报纸传遍国内外，对于推动那场全国性的爱国学生运动，有很大影响。

竺可桢、舒鸿、蔡邦华是浙大老师的杰出代表，他们的言行，代表了浙大绝大多数老师。他们在学生遭受迫害的危难时期，显示出珍贵的对学生的钟爱之情。

（四）广义的师生之爱。

师生之爱并不限制在学校之内，老师的概念也不限制于亲自给你讲课的师长。凡是在学术上、思想上、人品上给予你较人影响的人，都应该是你的老师。

我在离休之后，出于年轻时就有对哲学的爱好，认真研读了古今中外的哲学书籍。在我总结中外哲学，酝酿自己的"综合哲学"的思想体系时，我发现，孔子就是自己最好的导师。孔子有一句名言："君子和而不同。"（《论语·子路》）"和而不同"这一句话，正是综合哲学的最精辟的概括。综合哲学的主导思想是：世界万物都是由不同组分所组成的综合体。不同组分在同一个综合体中互相配合、互相协调，和谐并进地得到发展。

孔子生活在 2500 年之前，我难以想象他的音容笑貌，但是他的道德人品，他对于弟子们的谆谆教诲，他的思维的睿智和深刻，使我由衷地将他认作了自己终身的导师。

一个人的老师，并不限制于国内。

在哲学思想上,我最景仰的老师,除孔子外,就是康德。康德(1724—1804)一生完全在书斋中度过,并没有轰轰烈烈的事迹。但是他通过一生对科学和哲学的深入思辨,写出《纯粹理性批判》、《实践理性批判》、《判断力批判》等不朽名著,将西方哲学推向高峰。他对人类未来的思考,所提出的观念是:"在最严谨的理论上仍然可以成立的命题:人类一直是在朝着改善前进的,并且继续向前。"(引自康德:《重提这个问题:人类是在不断朝着改善前进吗?》)我认为,康德的观点,是至今为止,学术界所提出的人类与世界的最合理、最可能的未来发展前景。

如果说,好老师会影响你的一生,那么,我必须承认,孔子和康德,这两位中国和外国的哲人,他们的思想,必将影响我的余生。

总之,师生之爱,广泛地存在于你的周围,存在于你的书斋之中。每个人都会永远记得并感谢自己所敬爱的老师,因为是他们,引导着你的人生。

得一知己,可以无憾(朋友之爱)

孔子说过:"有朋自远方来,不亦乐乎?"(《论语·学而》)

的确,有几个知心的朋友是人生中很大的愉悦。

一个人可以有许多朋友,包括小学、中学到大学的同学,在革命运动或战争中并肩战斗过的战友,工作单位中的同事,同一专业领域中的同行等。不同的朋友会有不同的感情层次,有的只是一般的交情,有的有较深的交情。能说有"朋友之爱"的,或有很深的感情的朋友,一般是不多的。

朋友之间是否可能有很深的感情,以至达到"朋友之爱"的程度呢?应该说是有的。下面以古代和近代中外著名的友爱事例来说明。

白居易(772—846),河南新郑人;元稹(779—831),河南河内人。两人年轻时在洛阳科考时相识。相识前他们就已经互相仰慕对方的诗才;相识后,缔结了几十年之久的深厚友谊。

元、白友谊建立在两人对诗歌的共同爱好和特有相同的诗歌观点之上。唐代中叶,以他们两人为代表,兴起了新乐府运动,提出了"文章合为时而著,歌诗合为事而作"的创作宗旨。他们的诗歌创作,重视通俗化和写实化,主张以浅切、顺畅的语言直接反映现实。

白居易一生创作了三千多首诗,数量之多,在唐代诗人中少有。他的最成功的诗篇是《长恨歌》、《琵琶行》、《卖炭翁》、《秦中吟》等。

元稹也有很高的诗歌成就,他的长篇叙事诗《连昌宫词》,和《长恨歌》齐名。他擅长写男女爱情,其悼亡妻子的《遣悲怀三首》流传最广。

元、白友谊除了诗歌观相同外,他们两人在为人和从政风格上也十分相似,以致有相似的政治遭遇。

唐元和三年,白居易被任命为左拾遗(皇帝身边的谏官)。他的谏书往往得罪掌权的宰相、宦官,甚至有时得罪皇帝。他44岁时,宰相武元衡和御史中丞裴度遭人暗杀,白居易极为气愤,上疏力主严缉凶手,以肃法纪。可是那些掌权者非但不褒奖他热心国事,反而说他行为僭越,将他贬为江州(今九江)司马。

元稹的性格也是刚毅正直。元和四年,他担任监察御史。后因触犯宦官权贵,被贬到江陵府(今湖北江陵)任士曹参军(州府官员);后被贬到远处四川通州任司马。

由于在文学创作上和为人品格上的相似,白居易和元稹两人缔结了非常感人的终身友情。他们的友谊通过许多动人的诗歌表达出来。唐宪宗元和十二年(817),白居易谪居江州,元稹贬官通州(今四川达川),两地相隔千里。一天,白居易清晨起床,写了一首诗:

晨起临风一惆怅,通川溢水断相闻。

不知忆我因何事,昨夜三更梦见君。

诗人清晨思念朋友,悲痛惆怅。诗人在内心询问朋友:昨夜你在千里之外,因何事而想念我,使我在梦中见到了你?

元稹收到白居易的诗后,赋诗道:

山水万重书断绝,念君怜我梦相闻。

我今因病魂颠倒,惟梦闲人不梦君。

元稹收到诗时正在患病,他感念友人的怜爱,感谢友人在梦中与他相见。只可惜他自己重病在身,心神恍惚,梦见的全是些毫不相干的闲人,想在梦中与友人相见而偏偏不能!

从这些诗歌中,我们能体会到白居易和元稹两位诗人的刻骨铭心的朋友之爱!

朋友之爱的近代事例是革命理论家马克思和恩格斯的友谊。

马克思(1818—1883)和恩格斯(1820—1895)是马克思主义理论的共同创始人,而他们两人间的友谊也非常动人。

他们之间的友谊,来源于他们对哲学、历史学、经济学等方面的观点一致,对于世界的未来有共同的信仰,在理论创作和革命实践中的相互间无私的支持。

由于谋生的需要,他们长期分居两地。马克思居住在伦敦,利用大英图书馆的资料进行经济学研究。恩格斯住在曼彻斯特,在他父亲的公司里任职。

恩格斯对于马克思的学识与理论十分景仰,在 1844—1883 年的四十年中,他给予马克思多方面的帮助:

经济生活上的帮助。当时马克思的生活非常穷困,有时一家陷于挨饿的境地,只能以面包和土豆充饥。恩格斯承担起马克思一家的生活重担。尽管他是一个学者,不喜欢从事商业,但为了能支持马克思的家庭生活,他不得不在公司里任职,每个月都寄钱给马克思。1851—1869 年的 18 年间,恩格斯共汇款给马克思 3121 英镑,使马克思能专心地从事《资本论》的写作。

理论创作上的支持。恩格斯对于经济学的研究在马克思之前,20 多岁他就写出《政治经济学批判大纲》等著作。而他意识到马克思经济学理论的重大意义,就甘心担任马克思的理论研究助手。《纽约每日论坛报》邀请马克思担任该报驻英国的通讯员。但马克思当时的英文还不熟练,恩格斯就帮助马克思写稿。该报发表的论文中,有 120 篇用的是马克思的名义,但却是恩格斯写作的。马克思在《资本论》的写作中,遇到重大问题,都与恩格斯共同讨论。马克思去世后,恩格斯整理出版了《资本论》第二、第三卷,而只署马克思一人的名字。

政治斗争中的协同。在科隆共产党人审判案中,他们两人共同撰写了大量文章,揭露普鲁士反动当局对共产党人迫害的罪恶目的。1864 年"第一国际"成立后,马克思成为国际的实际领导人,恩格斯经常根据马克思的要求为"国际"撰写重要文件。

马克思去世后,恩格斯继承马克思的思想和事业,为创建"第二国际"和推进工人阶级的斗争做出了卓越的贡献。

从白居易和元稹、马克思和恩格斯的深厚友谊中,我们对于朋友之爱,可以有如下的理解:

(一)朋友之爱要高于一般的朋友关系。你可以有一百个朋友,而称得上建立朋友之爱的朋友,可能只有一两个,最多三四个。

(二)朋友之爱通常建立在共同的人生理念、政治思想、专业或业余爱好基础之上。没有相似或相同的理想、理念和爱好,不可能建立朋友之爱。

(三)称得上有朋友之爱的朋友,当对方有成功时,必然也会感到非常高兴;当对方遇到困难时,必然会尽自己之所能,给予不寻求任何回报的帮助。有时需要牺牲自己的利益时,也会在所不惜,如恩格斯对待马克思那样。

(四)有朋友之爱的朋友之间,会互相学习对方的优点,也会宽容对方的缺点和失误。

(五)在家庭亲情之外,朋友之爱是人生最值得珍惜的、会带给你无比幸福的感情。

老吾老以及人之老(大众之爱)

人除了自爱和在家庭范围内之爱外,还有在更大范围内的爱,如对大众、事业、国家和人类的爱。

人对他人和大众之爱,应当说是一种很高尚的道德情操。孔子提倡的"仁",就是指对他人和大众的爱。

"樊迟问仁。子曰爱人。"(《论语·颜渊》)

孔子的学生樊迟问:"什么是仁?"孔子的回答是:"仁就是爱人。"

孔子这里所讲的"人",是指他人,或大众,而不仅是指家人、亲人。

孟子说:"老吾老以及人之老,幼吾幼以及人之幼。"(《孟子·梁惠王上》)他是在要求人们像爱护自己的亲人(父母、子女)一样,爱护他人的父母、子女。

孟子的这种思想,就是孔子的仁爱思想的继承与发展。

墨子说:"兼相爱,交相利。"(《兼爱下》)他的意思是:人们应该互相爱护,使各方都能得到利益。

由此可知,对大众的爱,是中国古代哲学的悠久传统。

在中外历史上,出现过许多热爱大众的杰出人物,有鞠躬尽瘁、毕生为民众谋求福祉的政治家(夏禹、范仲淹、华盛顿、林肯、孙中山、周恩来等),有深怀爱民情怀的文学家(屈原、杜甫、曹雪芹、鲁迅、巴金、巴尔扎克、托尔斯泰等),还有为人民的幸福作出卓越贡献的科学家、医学家、农学家等。

现以中国唐代诗圣杜甫和开创护理事业的英国护士南丁格尔为例,说明这种高尚的对大众之爱。

杜甫(710—770)出生于河南巩县,他在 35 岁前,在江南和齐鲁大地游历,结识了李白等好友。从 35 岁到 44 岁,他居住在长安,奔走于权贵之门,但一直遭受冷遇,生活贫困。这时正值唐玄宗后期的天宝年间,社会贫富悬殊,底层民众生活非常穷困。后来又发生历时八年之久(755—763)的"安史之乱",民众深受兵役与战祸之苦。这期间的 756 年,长安陷落,杜甫被叛军所俘,后冒险逃出。杜甫的切身经历,使他对民众的疾苦怀有深厚的同情,他写出了多篇不朽的诗作,有著名的"三吏":《新安吏》、《石壕吏》、《潼关吏》;"三别":《新婚别》、《垂老别》、《无家别》。他 48 岁后,来到成都,在友人严武的帮助下,在成都西郊盖了一座草堂,算是有一个安身之处。768 年,因思念家乡,杜甫乘舟出川,却又遇战乱。770 年,他在去岳阳的船上病故。

杜甫 7 岁就开始写诗,15 岁时,他的诗作已经名扬洛阳;他一生写了三千多首诗,保存至今的有一千四百多首。他的诗歌,不但数量多,并且在质量上也达到了中国古代诗歌艺术的最高水平。

杜甫诗歌的最大特点,是充溢在他诗歌中的对人民大众的深切关怀和浓厚感情。以他的《垂老别》为例:

> 四郊未宁静,垂老不得安。
>
> 子孙阵亡尽,焉用身独完?
>
> 投杖出门去,同行为辛酸。
>
> 幸有牙齿存,所悲骨髓乾。
>
> 男儿既介胄,长揖别上官。
>
> 老妻卧路啼,岁暮衣裳单。
>
> 孰知是死别?且复伤其寒。
>
> 此去必不归,还闻劝加餐。
>
> 土门壁甚坚,杏园度亦难。
>
> 势异邺城下,纵死时犹宽。
>
> 人生有离合,岂择衰盛端。
>
> 忆昔少壮日,迟回竟长叹。
>
> 万国尽征戍,烽火被冈峦。
>
> 积尸草木腥,流血川原丹。
>
> 何乡为乐土?安敢尚盘桓?
>
> 弃绝蓬室居,塌然摧肺肝。

诗歌内容是一个应征上战场的老人向他的相依为命的老妻的告别语。这首诗深刻地描绘了残酷战乱和人民苦难的情景。老人的儿子和孙子都已经在战争中阵亡,剩下这些垂死的老人,也被迫去战场。老妻体衰而有病,只能卧倒在地上啼哭。衣服单薄,抵不住寒风。夫妻两人都知道离别后必定不能回归,老妻还要叮嘱丈夫要吃好,注意身体。这是何等的人间悲剧!诗人还概括了更大范围的悲惨:"积尸草木腥,流血川原丹。"满山遍野都是死尸和鲜血!

诗人如果没有对民众的深厚感情,决不能写出这样感天动地的诗句。

杜甫在诗歌中表达的对人民大众的关怀和热爱,感染和影响了一代又一代的中国优秀士大夫和知识分子。

宋代范仲淹写道:"先天下之忧而忧,后天下之乐而乐。"

清代郑板桥写道:"衙斋卧听萧萧竹,疑是民间疾苦声。"

现代鲁迅写道:"横眉冷对千夫指,俯首甘为孺子牛。"

这些名句,都与杜甫悲天悯人、关怀大众的情怀是一脉相承的。

19世纪的伟大女性,南丁格尔(1820—1910),是现代护理业的创始人。她出生于意大利,后随父母迁居英国。就读于法国巴黎大学,会英、法、意、德多种语言。她的家庭非常富有,父母希望她继承家业,但她自己的志向是做一名护士,为大众做有益的事。

她到欧洲许多国家考察医院,到德国一所护士学校学习护理。1853年担任伦敦妇女护理会的监督。

1854年爆发了克里米亚战争,为争夺巴尔干半岛的控制权,英国、法国、土耳其向沙俄宣战。当时英国的战地医院的条件和管理非常差,伤病员死亡率在50%以上。南丁格尔率领38个护士到达前线,排除各种困难,为病员解决食物与供水。她精心护理伤员,半年时间里,伤病员死亡率减低到2%。

南丁格尔夜以继日地照料伤病员。夜晚,她提着油灯巡视,伤病员亲吻她的身影,称呼她为"提灯女士"。

1856年,她担任陆军医院护理部总监。次年,她创办了陆军军医学校。1860年,她捐出政府奖励的4400英镑,创办了世界上第一所正规护士学校——南丁格尔护士学校,为护士培训事业做出了卓越贡献。

1901年,她因操劳过度,双目失明。1907年,她被授予国王功绩勋章。

她逝世后,国际上以她的生日——5月12日——为国际护士节。

在欧洲,护士曾被看成是低级的工作,一般由没有文化的老年妇女来担任,因此医院的护理工作非常落后,病人死亡率很高。南丁格尔开创的事业,将护理工作提高为一种科学事业,受到了人们的普遍尊重。

南丁格尔的爱心与业绩,造福全世界的人民大众。

从杜甫与南丁格尔的事迹，可以认识到人对于大众之爱的一些特点。

（一）人对于大众的爱是人的一种崇高的感情。

人对于情人、配偶、父母、子女的爱都是美好的，值得人所珍惜的。这些类别的爱都是天生的，每个人都会有的。

人对于他人有一定的同情心，也是天生的，就是孟子说的"恻隐"之心。

人对于大众的爱，来源于人对他人的爱，但是从对他人的爱发展到对大众的爱，是一个跃进。这个跃进，不能说一定是天生的，而是借助于教育、信仰和文化所产生的。

中国传统儒家有"仁爱"的教导；中国现代有"为人民服务"的教育；在西方，基督教有"爱人如己"的教诲；历史上有许多伟人的榜样、许多优秀文学和艺术作品的感染，等等。所有这些，都会激发人对于大众的爱。

人对于大众的爱，应当说，是一种非常高尚的感情。它是脱离功利性的，是不求回报的。杜甫虽然写出许多关怀人民大众的诗歌，但除了得到后世人民的敬爱外，在他生前，并没有从大众那里得到实际的回报。他的官职一直不高，生活也长期很困窘。

南丁格尔出身于富裕家庭，但她甘愿抛弃父亲希望她继承的家业，而去从事当时被人鄙视的，并且十分艰苦的战地护理工作，她完全是出于对大众和病员的同情和关爱，是不求回报的。

由此可见，对大众的爱是人类的一种崇高的无私的感情。

（二）对大众的爱是道德性的，因此是"应然的"：人应该有这种爱；而不是"必然的"：人必然，或必须有这种爱。

爱自己、爱子女、爱父母，这些爱是人的天性，在社会上有极大的普遍性。除了完全丧失天良的人之外，一般人，即使是一个自私的人，也会爱自己，爱他的子女。自私的人的行为，只要他不违法，社会也是允许的。

爱他人、爱大众，是有一定道德教养者的高尚情操。不能要求所有的人必须有这种情操。但是在一个文明社会，应该要求有越来越多的人有这种情操。

具有这种情操，是不受社会职业限制的。所有具有这种情操的人都必然会在一定的社会领域中受到人民的尊敬与敬爱。

热爱学生的教师,必然受到学生和家长的敬爱。

热爱病人的医生或护士,必然受到病人和家属的敬爱。

热爱民众的公职人员,必然受到人民大众的敬爱。

热爱人民的科学家、文学家、艺术家,必然受到人民的敬爱。

2010年春节假期,《扬子晚报》上登载了一幅照片,是淮安市的一个环卫女工在扫雪时低着头换袜子,照片是偷拍的。这张照片立即通过网络在全国传播,网友们称她是"最可爱的人"。后来经记者采访,知道她叫孙美兰,她从早上4点多就离家出来,与她的同伙们争取在大家上班前将地上的积雪扫清。被偷拍时,因为连续扫雪,她已经湿透了三双袜子。

她是一个非常平凡的环卫工人,可能文化不高,但她却对工作极其负责,怀着对他人和大众的关爱,为了大家的行路安全,默默地做好她的本职工作。

这张照片在网络上、报纸上和电视上的迅速传播,也折射出当代中国人所保留的良好风尚,即对这些在平凡岗位上默默奉献的关爱大众的普通工人的敬爱。

大海凭鱼跃,天空任鸟飞(事业之爱)

社会上的人到了一定年龄,都会有一个职业,或当工人,或当农民,或当教师,或当医生,或当公司职员,或当公务员,或当企业家,等等。在某一个职业的岗位上,他就要根据职业的要求而工作。

对待工作,不同的人会有不同的态度。有人得过且过,只求每个月能拿到工资,能维持生活,就满足了。也有人,热爱它的本职工作,尽心尽责,力求将自己的工作做好。也会有人,不仅热爱工作,并且热爱他的工作所属的事业。

例如教师会热爱教育事业;医生会热爱医疗事业;科技工作者会热爱它

所从事的科学事业;企业家会将他的企业看成是一种事业……

一个将工作看成是事业的人,一个热爱事业的人,往往会在工作中全力以赴,发挥创造性,做出出色的成绩,从而为社会、为大众带来福利,而受到人们的尊敬。

因此,对事业的爱,是人的一种高尚的感情,是推动社会进步的强大动力。

现举两个例子来说明这种对事业的爱。一是中国著名的教育家、科学家竺可桢;一是美国著名的微软公司总裁比尔·盖茨。

竺可桢是本书作者的母校——浙江大学的老校长,在《师生之爱》一节中,对于他的事迹,已经有所涉及。这里较全面地介绍他的一生。

竺可桢一生奉献于两个事业:一是科学事业;一是教育事业。

1890年,他出生在绍兴一个小商人家庭。他从童年到少年,学习非常勤奋。他最钦佩宋代诗人陆游、明代哲学家王阳明和明末抗清将领张苍水,因而也具有强烈的爱国思想。他知道中国以农立国,便从爱国出发,而重视农业,又从农业出发,而重视气象科学。

1910年,竺可桢考取第二期留美庚款公费生。他选择进入伊利诺伊大学农学院学习。毕业后,他转入哈佛大学地学系,潜心研读与农业关系密切的气象学。1918年,他获得气象学博士学位,之后,他拒绝了美国多所大学的邀请,回到祖国。从此,他就将推进中国的气象学与地理学的科学和教育事业作为他终身的志向。

他回国后的前十年,先后在武昌高等师范学堂、南京高等师范学堂(后来的东南大学)、天津南开大学任教,担任气象学、地理学教学;培养了一批中国早期的气象学家、地理学家,如吕炯、张其昀、胡焕庸等。

1927年冬,他被任命为中央研究院气象研究所所长,在南京北极阁建立了气象台,并提出建立全国气象测候所的计划,开展了地面观测、高空观测、天气预报、气象广播等业务,为中国的现代气象事业奠定了基础。

气象科学的研究是竺可桢终身热爱的事业,尽管他后来出任浙江大学校长、中国科学院副院长,埋身于繁忙的行政管理工作中,但他从来没有停止过气象科学的研究。

1916年,他在美国求学时,发表了他第一篇论文——《中国之雨量及风暴说》;1973年,他去世前一年,还发表了《一年中生物物候推移的原动》这篇论文。他一生发表的论文达270篇之多,绝大多数是关于气象学与地理学方面的,其中有不少是高水平的有较大影响的论文。例如1963年发表的《中国气候的若干特点及其与粮食作物生产的关系》一文,从科学角度论证了我国1958年农业"大跃进"的错误,并客观地分析了我国农业增产的潜力和途径,受到了国家领导人的重视和赞赏。1972年他发表了《我国五千年气候变迁的初步研究》。在该论文中,他总结了他毕生坚持不懈地收集的我国历史上的考古、古籍、诗词中对气候变化的记载,又与当代西方应用同位素对冰川温度的结果相印证,提出了我国5000年气候变化的详尽论述。这篇论文得到国际科学界的高度评价。

竺可桢不仅自己是一位优秀的科学家,并且还是我国卓越的科学事业的领导人。1949年后,他任中国科学院副院长期间,领导和推动了我国的地理学、地貌学、地图学、冰川学、沙漠学、自然资源综合考察与区划、西北地区水土流失和保持考察、华南热带生物考察、新疆以及黑龙江地区的综合考察,等等。他为我国的科学事业付出了毕生心血,做出了重大贡献。

除科学事业外,竺可桢一生在教育事业上的奉献也十分突出。最为人称道的是他在1936—1949年间,担任浙江大学校长的时期。

他出任浙大校长是临危受命。在他之前的浙大校长是郭任远。郭接受国民党党部的意图,对学生实行军事化管理。在1935年要求抗日的"一二·九"运动中,他决定开除进步学生,师生们一致反对他而发起"驱郭运动"。1936年,在国民党要人陈布雷的推荐下,蒋介石亲自接见竺可桢,要求他出任浙大校长。竺可桢提出要求,其中一条是:校长有用人全权。

1937年中国全面抗战开始。竺可桢领导全校师生,举行了艰苦卓绝的迁校西征。迁校期间,他的夫人张侠魂不幸因病去世。竺可桢强忍悲痛,继续领导西迁。浙大千余师生员工携带两千箱图书、仪器,自杭州先迁到浙江建德,后迁到江西吉安,三迁到江西泰和,又迁到广西宜山,最后迁到贵州遵义、湄潭。经过五六次全校大搬家,行程五千余里,每到一地就开课复学,同时师生还从事社会服务和抗战宣传。沿途跋涉崇山深谷,有时还遭匪徒袭击。此中艰辛,是当代青年难以想象的。

竺可桢在西迁过程中,始终以身作则,与师生们共艰辛,同危难。1938年,浙大迁到江西时,他带领学生,修筑防洪大堤,终于抵御住洪水泛滥。

浙大西迁是一部伟大的史诗,是一首浙大师生在竺可桢领导下,在抗日战争最困难的条件下,坚韧不屈,坚持大学教育的悲壮诗篇。

竺可桢领导浙大的重要理念是:教授治校。

竺可桢认为:"教授是大学的灵魂。一个大学学风的优劣,全视教授人选为转移。"

在他的"教授治校"思想指导下,他聘请到许多中国著名的自然与社会科学家为浙大教授,例如物理学家胡刚复、王淦昌、束星北,化学家李寿恒,生物学家贝时璋、罗宗洛、谈家桢,数学家陈建功、苏步青,气象学家涂长望,电工学家王国松,经济学家严仁赓,文学家梅光迪,美术家丰子恺,国学家马一浮,农学家吴福桢、蔡邦华、陈鸿逵等。在这一批中国第一流教授的积极参与下,浙大在短短几年内,就从一个地方性大学跃升为全国最著名的大学之一。

1944年,英国著名科学家李约瑟博士,受英国文化协会派遣,来到贵州遵义、湄潭的浙江大学考察,对浙大的教育和科学成就大为赞赏,称赞浙大是"东方的剑桥"。

浙大的规模在困难中不断扩大,开始西迁时是800多学生,1946年返回杭州时增至2264名学生。竺可桢在领导浙大13年间,始终如一地关爱学生。他关心学生的学习成长,也关心学生在险恶环境中的安危。1942年,学生为抗议国民党高官孔祥熙一家的腐朽而举行游行,竺校长劝阻未成,在游行时,他走在队伍最前面,以保护学生。1947年浙大学生会主席于子三被国民党当局逮捕后在狱中被杀害。竺校长不畏威权,坚持正义,维护了于子三的坚贞人品。竺校长的立场赢得全校师生的尊敬。

竺可桢主持浙江大学13年期间,所表现出的对于教育事业的热爱,对于全校师生的热爱,不仅使浙大师生们深深感动,也为中国的教育史留下珍贵的篇章。

下面介绍一位世界著名的企业家,美国微软公司总裁——比尔·盖茨。

盖茨于 1955 年出生于美国西海岸的西雅图。竺可桢是哈佛大学的博士,是一位真正的学者,有学者的风度和贡献;盖茨虽然也考入哈佛大学,却不到两年,就自动退学了。盖茨尽管在计算机软件开发上有突出的贡献,但是与其说他是一位学者,不如说他是一个真正的企业家。他热爱自己所创建的事业——微软公司,就像竺可桢热爱科学和教育事业一样。

盖茨的中学时代,当时使用的计算机是像冰箱那样的很笨重的机器,价格昂贵。盖茨所在的湖滨中学,买不起计算机,只买了一台可用于输入的电传打字机。盖茨对数学很有天赋,刚进入中学,他就对计算机着了迷。他和几个同样入迷的同学就为学校设计了课程管理的计算机程序。

计算机的神秘激起了少年盖茨的狂热和迷恋,每天一早,他就来到学校图书室,捧着计算机书籍狼吞虎咽地读。对计算机科技的热爱与不懈的追求,贯穿于盖茨的一生。

盖茨出生于富裕家庭,父亲是律师,母亲是教师,都有较高的社会地位。盖茨自幼不愁生计,但是他却从少年时起,就对赚钱极有兴趣。他在中学时,就通过编辑计算机程序而赚得了免费使用计算机的时间。中学毕业后,他对朋友哈克斯说:"我要在 25 岁前,赚到第一个 100 万美元。"哈克斯很惊讶,他感到盖茨将 100 万看成一个小数字。

刚进入哈佛,他就和他的好友保罗·艾伦创建了他们自己的计算机公司——交通数据公司,对外接受业务。他们密切地关注计算机科学的最新进展。1974 年英特尔公司推出高性能的 8080 微处理器,盖茨和艾伦预见到计算机进入家庭的时代即将来到。为了不错过这个伟大的时机,盖茨决定退学,与艾伦两人全力以赴办好公司;尽管盖茨的父母都竭力劝阻盖茨,希望他不要轻易放弃别人梦寐以求的哈佛学历。

盖茨开始了他雄心勃勃的人生旅程。

1975 年,他的交通数据公司为施乐公司的阿尔托计算机(Alto)编写了第一个 BASIC 语言。BASIC 语言,由于它简明、易懂、易学,后来成为微软公司一系列应用软件的基础；它以及它的派生语言，成为世界范围各个领域的应用软件的基础。

开始时，盖茨和艾伦将 BASIC 语言与埃德·罗伯茨的微型仪器遥测系统公司合作，依托后者的 4K 存储器销售 BASIC 软件。但合作不理想，盖茨与艾伦意识到：软件必须成为独立的产品。在 1975 年，他们共同创建了微软公司（Microsoft）。

IBM（国际商用机器公司）是美国生产大中型计算机的巨头企业，它的产品占有计算机市场的 2/3 份额。20 世纪 80 年代后，微机（即个人机）兴起，IBM 决定开创自己的微机产品。他们见到 BASIC 语言的优越性，愿意与微软合作。盖茨从西雅图计算机公司购得 86-DOS 的所有权，在此基础上，微软开发出可以应用于微机的 MS-DOS。盖茨与 IBM 签订了合同，将 MS-DOS 操作系统，与 IBM 的微机捆绑销售。随着 IBM 微机的销售的不断扩大，微软不仅获得了巨大收益，并且成为 PC 软件领域的领导者。

1986 年，微软公司的股票正式上市，开盘价是 25.17 美元。一年后，涨到 90.75 美元。31 岁的盖茨成为亿万富豪。

1990 年，微软开发出集文字、图像、声音为一体的操作系统——视窗（Windows），引起世界性的轰动。Windows 成为世界上最畅销的软件。1995 年 8 月 25 日，微软推出 Windows95，盖茨耗资 5 亿美元作宣传广告，全球当天销售 100 万套。

盖茨虽然非常有钱，但并不看重个人财富，他乐善好施，经常以巨款资助慈善事业。1993 年他到非洲旅游，路上见到许多饿得皮包骨头的孩子。他决定拿出 9400 万美元建立慈善基金，以帮助这些贫困孩子。2000 年，他正式以他和他妻子的名义，建立了"比尔和梅琳达·盖茨基金会"。盖茨为该基金会捐了巨额资金，使其成为全球规模最大的基金会。盖茨说："财富并不是我的，我只是暂时支配它而已。"他在接受英国电视台采访时表示，在他退休时，将把自己 580 亿美元财产全数捐给"比尔和梅琳达·盖茨基金会"，一分一毫也不留给子女。

竺可桢和盖茨都是有很高社会声望的著名人士。那么，对事业之爱，对普通人来说,有意义吗?

是的。任何岗位的普通人,都可以树立自己对事业的爱。

李振华是一位普通教师。他 1936 年出生于南京,父母都是教师。他自幼就立志当一名教师。1952 年,他如愿考进了南京师范大学。1953 年国家号召城市大学生到落后农村支持教育,他立即报名,来到偏僻而贫困的山东省山区——沂源县。他在城市吃的是大米,现在要吃难咽的地瓜、煎饼;晚上在教室中用石头架起的床上睡觉,在漆黑的夜晚听着狼叫。他在艰苦的环境下坚持了 56 年,直至退休。他培养出一万多名学生,其中几千名考上了大中专院校。他每个月都在自己微薄的工资中,拿出一部分资助贫困学生,几十年来总共捐助了 45 万元。

许多调皮的学生,都在他的耐心教育下,变为品德良好的人。他培养的一万多名学生中没有一个犯罪的。他的理念是:“教育孩子的核心就是一个‘爱’字。”他的一生都体现了他对教育事业和对学生的热爱。

他的奉献得到当地广大人民的赞誉。乡亲们自发地为他树立了一个汉白玉头像。他也被评为了全国教育系统劳动模范。

从竺可桢、盖茨和李振华的事迹,我们可以对“事业之爱”有以下理解。

(一)事业之爱是人生的强大的精神动力。

一个人对他所从事的事业具有热爱,必然会激发他的热情和才智。他会为着事业的进步和发展,付出他全部精力,必要时作出牺牲。

抗战开始后,竺可桢带领浙大全校师生西迁,1938 年在江西吉安,竺可桢次子竺蘅和爱妻张侠魂,均因患痢疾而去世。如果竺可桢留在杭州,不参加西迁,有较好的医疗条件,是有可能避免失妻丧子的悲剧的。而竺可桢在个人最大的悲痛中,继续领导西迁。这就是一种热爱教育事业的精神力量在推动。

(二)事业之爱往往与一定的事业领域(单位或专业)相结合。

竺可桢对教育事业的爱是与浙江大学相结合的,他对科学事业的爱集中在气象学和地理学领域。盖茨的爱就是倾注于他所创建的微软公司与计算机软件事业。李振华的爱则倾注于他所工作过的几所中学——韩旺中学、张家坡乡中学、城关二中。这几所中学都是沂源县条件最艰苦，或学生素质最差的学校。

事业之爱的这个特点，与对大众之爱、对祖国之爱有所区别。但是人们通过一定的单位或专业的爱，而体现了对大众的爱和对祖国的爱。

（三）事业之爱的功利性。

有个人的功利，也有事业的功利。

对事业之爱，并不是不讲功利。盖茨从少年开始，就十分重视赚钱。他将微软公司发展成世界上最大的软件公司，是有强烈的功利企图的。在激烈的市场竞争中，他往往十分注意软件行业中其他公司的进展，并力图使自己公司产品能胜过对方。在当代世界和当代中国的市场经济的大环境下，追求本单位、本企业的功利是完全合理和必要的。

在不违法的前提下，依靠自己的财富，追求个人的功利，也是无可厚非的。盖茨虽然不喜欢名牌，不雇佣私人保镖，但他在事业成功后，花了400万美元，买下30英亩土地，建设了自己设计的房子，有游泳池，有小电影院，有可以储存一万多册书籍的图书室，还有集音乐、音响、影碟于一体，用计算机控制的电视屏幕。

但是，与事业的功利相比，盖茨个人的功利是很微小的。盖茨捐助慈善事业的基金有580亿美元之多，他的住宅开支只占他捐出资金的万分之一。

中国普通教师李振华，他多次放弃调到城市的机会，将自己的一生都奉献给贫困山区的孩子们。在自己微薄的工资中，还要拿出一部分，长期地资助贫穷学生。出于对于教育事业与学生的热爱，他的高尚精神不能不使人们肃然起敬。

我们万众一心！（祖国之爱）

新华词典对"祖国"的解释是："自己的国家"。一般来说，祖国就是一个人出生和成长的国家,有时是指他父母或先辈出生和成长的国家。"国籍",在法律上有严格规定,一个人一般只有一个国籍。但"祖国",法律上并没有严格规定,它更多是一个感情上认同的称谓。

对于自己出生和成长的国家,会有一种深厚的感情,这就是"祖国之爱"。

为什么会有祖国之爱?

因为祖国与每个人的许多方面密切地联系在一起。他出生和成长的地方,就是他的故乡。故乡的山水、草木、风景、房舍,幼儿园和小学的同学和老师,都是他最早的回忆,是他人生的开始。他学会的语言,认识的文字,都是祖国的文化。父母和老师给予他的教育,是祖国的道德传统。他的衣着和饮食,他一年中过的节日,都是祖国的风俗。……总之,不但他身上流的血来自祖国(父母与祖先的遗传),他成长所得到的一切营养,也全都来自祖国。因此,人们会像热爱自己的母亲那样,热爱自己的祖国。

祖国之爱,是一种崇高的道德情操,是被世界各国人民所推崇的。

中国的传统文化,十分重视祖国之爱。

屈原是我国历史上第一位爱国诗人。屈原(公元前340—前278),战国时期楚国人。早期受到楚怀王的信任,任左徒(相当于宰相),常与怀王商议国事,他举贤任能,改革政治。当时秦国企图侵犯楚国,他主张楚国与齐国联合,共同抗衡秦国。在屈原的努力下,楚国国力有所增强。

以楚国公子子兰为首的一班贵族,对屈原非常嫉妒和忌恨,联合怀王最宠爱的王后郑袖,设计陷害屈原。秦国派出张仪来到楚国,离间楚国和齐国的联盟。郑袖等无中生有地诬陷屈原收受张仪的贿赂,使怀王对屈原不满。张仪欺骗怀王,说秦国愿意让出六百里的土地给楚国,怀王轻信谗言。屈原力谏怀王不能轻信,但怀王却将屈原驱逐出楚国国都——郢都。屈原在极度悲愤中,写出著名的爱国诗篇《离骚》、《天问》。

楚国国势一天不如一天,秦国占领了楚国北部的八座城池。怀王接到秦王的来信,请他到秦国,商谈秦楚永世友好的办法。屈原赶回郢都,力劝怀王不能去。怀王还是去了,结果被秦国扣留,虽一度出逃,但还是被抓回,最后死在秦国。

接位的楚顷襄王,听信郑袖、子兰等的谗言,将屈原流放到江南。顷襄王二十一年,秦将白起进攻楚国,占领郢都,将楚国的宗庙和陵墓全毁了。

屈原在绝望和悲愤之下,怀抱大石,投入汨罗江而死。

屈原的爱国精神和爱国诗篇影响了一代又一代的中国士大夫和知识分子。

屈原之后,中国历史上还出现过许多著名的爱国志士。

南宋爱国将领岳飞(1103—1142),在北伐胜利后写出了气壮山河的《满江红》:"怒发冲冠,凭阑处、潇潇雨歇……"

南宋后期民族英雄文天祥(1236—1283),被元军俘虏后,在监狱中写出了感动天地的《正气歌》:"人生自古谁无死,留取丹心照汗青。"

清代抗御英国输入鸦片的爱国政治家林则徐(1785—1850),遭到投降派诬陷,被道光帝革职,发往伊犁。当他与妻子在古城西安告别时,写下"苟利国家生死以,岂因祸福避趋之"的爱国诗句。

中国历史上的爱国志士的事迹和激励人心的爱国诗篇,印刻在每一个中国人的心中。

在当代,邓稼先是中国爱国知识分子的杰出代表。

邓稼先(1924—1986)是中国核武器理论研究的开拓者和奠基人,是中国原子弹和氢弹的总设计师。1996年邓稼先铜像在安庆落成时,张爱萍将军的题词是:"两弹元勋邓稼先"。

他出生于安徽怀宁一个官宦书香人家,是清代著名书法家邓石如的后裔。父亲邓以蛰曾担任清华大学、北京大学哲学教授。在父亲和学校的教育下,他自幼就有很强的爱国情怀。抗战开始后,他去了后方,考进西南联大物理系。1947年去美国普度大学深造,26岁就得到博士学位。1950年,他谢绝恩师的挽留,舍弃美国的优厚条件,毅然回国。

他开始在中国科学院近代物理研究所从事原子核理论研究。1958年8月,二机部副部长钱三强,征询他是否愿意参加核武器研制工作。他知道,一旦参加此项工作,他将长期与外界断绝往来,不能照顾家庭孩子;但出于强烈的爱国心与责任心,他毫不犹豫地同意了;他妻子许鹿希也表示坚决支持。

从此,邓稼先的身影就只出现在严格警卫的深院和戈壁沙漠。他对妻子说:"为了这件事,死了也值得!"

他担任的是新筹建的核武器研究所理论部主任,随后任研究所副所长、所长,核工业部第九研究设计院副院长、院长。

核武器研究在中国是从无到有。开始时,有苏联专家极有限的帮助。到1959年,中苏关系恶化后,专家全部撤走。所有核武器的理论问题,全部要依靠邓稼先等中国科学家自己解决。他用极落后的计算工具,无数次地推导、核实关键性的理论公式和数据。为了推导这些公式,他经常废寝忘食、不分昼夜地绞尽脑汁。当时正是三年困难时期,他常常是依靠白薯充饥。一次他深夜回家,两个孩子(3岁、5岁)因母亲也不在家,和衣在门外睡着了。

他在少数几位中国学者(王淦昌、彭恒武、郭永怀等)的帮助下,奋不顾身地不懈努力,突破了一个又一个的理论难题。

1959年7月,周总理传达了中央的决策:"自己动手,从头摸起,准备用八年时间搞出原子弹。"千斤重担压在了邓稼先肩上。1962年,毛主席在二机部的《争取在两年后制成原子弹》的报告中批示:"很好,照办。要大力协同做好这件工作。"

中央成立以周总理为主任的专门委员会,领导这项关系国家兴亡的重大任务。邓稼先担任了原子弹工程设计与制造的领导人。他平时工作深入细致,需要决策时又大胆果断;他善于团结同志,排解矛盾。在有生命危险的时刻,他总是身先士卒,冲在第一线。

1964年10月16日下午,在新疆罗布泊楼兰古国的遗址,耸立起一座120米高的铁塔,顶端托着一个球体,它就是中国的第一颗原子弹。邓稼先已经为这一时刻付出了六年多的心血。随着阿拉伯数字倒数到零,巨大的轰鸣声响起,蘑菇状烟云腾空而起。邓稼先热泪盈眶,很想痛哭一场。

张爱萍将军向在北京焦急地关注着的周总理汇报:"原子弹爆炸试验成功了!"周总理当晚向全世界宣布:"今天下午三时,我国在西部地区爆炸了一颗原子弹!"立刻举国欢腾! 全世界震惊! 美籍华人赵浩生说:"当中国第一颗原子弹试验成功的新闻传到国外时,中国人的惊喜和自豪是无法形容的。"

接着,邓稼先又组织力量,探索氢弹设计原理,选定技术途径,领导并亲自参与了 1967 年中国第一颗氢弹的研制和实验工作。从原子弹到氢弹,法国用了 8 年时间,美国用了 7 年时间,苏联用了 10 年时间,中国只用了 2 年时间,创造了世界上最快的速度。而两弹的研制由同一个科学家主持,在国外是绝无仅有的。

邓稼先一次又一次地主持核试验,长年与放射性物质接触,不可避免地受到辐射的伤害。有一次他打开封罐观看测试结果,因防护设施挡不住新材料的放射,他受到了超出常量几百倍的辐射量的严重伤害。1985 年,在医院检查身体时,发现他患了直肠癌,已经是中晚期,淋巴结全部有癌转移。

此后一年多,他在医院中依然十分关注九院的核武器研制的进程,并且密切注意国际上的核科学的最新动向。他与于敏、胡仁宇三人联名,给中央写了一份关系到我国核武器事业发展前景的战略性建议书。

1986 年 7 月 29 日,邓稼先在化疗后,因血小板严重下降,全身出血而与世长辞。

杨振宁是他中学到大学的同学,两人始终保持着深厚友谊。1971 年,杨振宁访问中国时,曾问邓稼先:"是不是寒春(与中国友好的美国人)曾参加中国原子弹工作?"邓说:"我觉得没有,我再去证实一下。"在杨振宁离开中国前,他收到邓稼先给他的一封信。信中写道:"已经证实,中国原子武器工程,除了最早于 1959 年底以前曾得到苏联的极少'援助'以外,没有任何外国人参加。"杨振宁当时就热泪盈眶。

杨振宁为什么受到这么大的震撼呢? 因为他非常清楚,美国的原子弹是集中了十多位世界级的权威科学家而研制成功的,说明原子弹的研制在理论上和工程上都有极大的难度;而中国在当时经济和科技十分落后、人才奇缺的条件下,以比西方和苏联更快的速度将两弹研制成功,这说明了邓稼先为首的中国科学家所克服的是何等艰辛的困难! 需要何等的智慧与毅力!

什么是推动邓稼先以他的生命奉献于中国的核武器事业的精神力量? 那就是他的对于祖国的热爱。他的贡献极大地提高了中国的国力和国际地位,使全世界重新认识了中国,使全世界的华人挺起了腰。

对于祖国的爱绝不是中国人特有的。世界上所有国家的人民对自己的祖国都会有热爱的感情。西方国家的人民和政治家、军事家、科学家、艺术家都是热爱他们自己的祖国的。

西方爱国政治家的一个杰出的代表,是二战时期担任美国总统的罗斯福。

富兰克林·罗斯福(Franklin D. Roosevelt,1882—1945),是美国第 32 任总统,美国历史上唯一一个连任四届(1933,1937,1941,1845)的总统。他被学者认为是美国最伟大的三位总统之一(其他两位是华盛顿和林肯)。

他出生于纽约一个上层家庭,父母亲在社会上都有较高地位。他是美国 26 任总统西奥多·罗斯福(1858—1919)的远房侄子。

罗斯福于 1900—1903 年就读于哈佛大学。在大学期间,他担任学生报纸的总编辑,显露了突出的组织才能。1904 年,他进入哥伦比亚大学法学院学习,虽然没有拿到学位,但通过了律师执业考试。1905 年,他和时任总统西奥多·罗斯福的侄女埃利诺结婚,总统亲自来参加婚礼。

1910 年他以民主党人的身份开始参加政界活动。在竞选州议员时,每天乘一辆红色汽车,进行十多次演说。他身材高大,思路清晰,性格随和,积极乐观,给人深刻印象,最后当选为纽约州参议员。

伍德罗·威尔逊是当时民主党中的改革派领导人。罗斯福得到了他的好感,在 1912 年总统选举前,罗斯福担任了纽约州威尔逊同盟会主席,全力以赴协助威尔逊竞选,威尔逊终于当选为美国 28 任总统。威尔逊在一次大战时及其后,在国际上有重要影响。

1913 年,威尔逊委任罗斯福为海军部副部长。美国海军原来装备很落后,罗斯福对于海军的装备更新发挥了重要作用。1914 年,第一次世界大战爆发,美国开始保持中立。1917 年,德国潜艇击沉多艘美国船只后,威尔逊决定对德宣战。在罗斯福出色工作的推动下,美国海军得到极大的壮大。

1921 年,他在一个岛屿休假时,为扑灭林火,跳进冰冷的海水,从而患上脊髓灰质炎症,使他成为终身残疾。他以惊人的毅力、坚持不懈地从事锻炼,终于能在别人帮助下,挺直地站起来。他居然坐着轮椅,担任了四届美国总统。他虽然身体残疾，却用洪亮的声音，发表了许多篇改变美国、震动世界的传世演说。

1929年开始，美国与全世界陷入经济大萧条，职工失业，企业破产，银行倒闭，股票暴跌，人们在痛苦、恐惧和绝望中挣扎。

1933年，罗斯福当选第一届总统。他在宣誓就职时发表激情的演说，告诉人们："我们唯一要害怕的就是害怕本身！"他的决心激励了全美国人民摆脱恐惧，树立信心，上下一致，战胜危机。

1933年3月到6月，在罗斯福督促下，国会连续提出多项立法，有《紧急银行法》、《联邦紧急救济法》、《农业调整法》、《工业复兴法》、《田纳西流域管理法》等。这批法律的推行，被人们称为"罗斯福新政"。

新政的主要措施是：维持银行信用；实行美元贬值，刺激对外贸易；限制农业生产，以维持农产品价格；广泛开展公共工程建设，以增加就业；实施社会保障制度；改革税制；根据纳税能力征税；等等。

在他任第一届总统的末期，美国国民收入达到50%的增幅。罗斯福在演说中说："此时此刻，工厂机器齐奏乐曲，市场一片繁荣，银行信用坚挺，车船满载货物。"罗斯福在1936年再次当选，是必然的事。

1937年，日本军队入侵华北。1938年，德国纳粹军队入侵捷克，1939年，入侵波兰。罗斯福在国会中说："战争正在蔓延，世界和平受到了威胁。我们决定不参加这场战争，但我们不能保证能够远离战争所带来的痛苦，也不能保证战争不会找上我们。"

罗斯福说服国会，修改中立法，取消武器禁运条款，开始向英国运送军舰、武器。1940年，将50艘驱逐舰转让给英国。1941年1月，罗斯福请国会授权，拨出充分款项，制造更多军用物资和武器；并且通过了"租借法案"，将大量武器以租借名义供给英国和苏联（英国得到60%，苏联得到32%），美国成为反法西斯战争的最大的兵工厂。

1941年12月7日，日本偷袭美国珍珠港的海军基地。美国海军18艘军舰被击沉或重伤，175架军用飞机被摧毁，2403人丧生，其中1103人随着战舰沉入海底。

很快,德、意向美国宣战,美国也向日、德、意宣战。美国正式参加了第二次世界大战。

罗斯福下令实施战争动员,扩充军队和装备。到战争结束时,美国武装部队达到 1514 万人,飞机 7 万多架,军舰 4500 艘;还成立了科学研究与发展局,研制出雷达、火箭、导弹、原子弹等新式武器。

1942 年 1 月 1 日,在他的倡议下,中、美、英、苏等 26 个国家签署了《联合国宣言》,

1942 年罗斯福与邱吉尔共同决定在北非登陆,接着进入意大利。1943 年 9 月 8 日,意大利无条件投降。

1943 年 11 月,他与邱吉尔、蒋介石举行开罗会议;接着,他与邱吉尔、斯大林举行德黑兰会议。1944 年,盟军在法国登陆。1945 年 2 月,他与邱吉尔、斯大林举行雅尔塔会议,讨论战后德国处置与苏联对日作战等问题。到这时为止,全世界的法西斯主义已经注定失败了。

1945 年 4 月 11 日,罗斯福起草了"杰斐逊日"的演讲稿。他写道:"在我们通往明天的道路上,唯一的束缚就是对今日的怀疑。让我们信心百倍地前进吧!"

4 月 12 日下午 3 时 35 分,罗斯福坐在白宫起居室,在让一位女画家为自己画像时,他因脑溢血突发而扑倒在地上,再也没有醒来,仅享年 63 岁。他的离世让全世界人民感到震惊和悲痛。

罗斯福的一生,最重要的政绩是两个方面,一是领导美国人民,摆脱严重的经济危机;二是带领美国,参加"二战",为战胜德、意、日法西斯做出了历史性贡献。这两项政绩,使他的名字永垂史册。

罗斯福这两方面的政绩,首先是为了美国和美国人民。他的充沛的精力,他的高超的智慧,他的远大而深邃的洞察力,他的勇敢和胆略,都是出于他对于自己国家的忠诚与热爱。而他对美国和美国人民的热爱,并不是与世界隔绝的,而是与对全世界的和平和繁荣的关注紧密地联系在一起的。

从以上中国古代的屈原、现代的邓稼先的事例,从西方政治家罗斯福的事例,我们对祖国之爱,可以有以下认识:

（一）祖国之爱在人生中的位置。

与自我之爱和家庭之爱（夫妻、子女、父母、兄弟）、朋友之爱等相比，祖国之爱往往会是更强的精神支柱。屈原为了唤醒民众，挽救楚国，不惜投江而死。文天祥在被俘临刑前，元朝皇帝忽必烈亲自劝他投降，并答应他可以当宰相，他坚决拒绝，而慷慨就义。屈原和文天祥都有家庭、有亲人，但他们都将祖国的利益放在人生的首位。

邓稼先与杨振宁既是同学，又是好友。杨振宁在美国有优厚的待遇和生活，又得到了科学家的最高荣誉——诺贝尔奖。邓稼先呢？长年生活在戈壁沙漠，困难时期靠白薯度日，隐姓埋名，销声匿迹。但是邓稼先无怨无悔，他为了他的祖国，做出了骄人的贡献。

祖国之爱与自我之爱（包括生活之爱）和家庭之爱，在特殊情况下可能有矛盾（如屈原、文天祥处在国家存亡的时代），而在一般情况下，两者往往并不矛盾，并且是结合的。祖国之爱的出发点是对人的爱，一个真正热爱祖国的人，必然会热爱生活和亲人。邓稼先有丰富的个人生活爱好，他喜欢喝酒，当他和父亲一边对饮，一边畅谈外国小说，谈京剧、谈国画时，是他最高兴的时候。他的妻子许鹿希是一位医生，邓稼先与他妻子育有一子一女，是一个至亲至爱的美满家庭。

（二）祖国之爱有极强的凝聚力。

对家庭与亲人的爱是非常美好的，但是每个人的家庭和亲人都不一样，爱的对象是分散的。对同一个国家的人来说，有一个共同的爱的对象，那就是祖国。因此，祖国之爱形成了一种强大的凝聚力，它将亿万人民的心凝聚在一起。

屈原是两千多年前的人物，而十三亿中国人至今每年仍然过端午节，纪念这位爱国诗人。

罗斯福在连任四届总统期间，他的"新政"凝聚了全美国人的心，克服了经济危机。"二战"时期，他以他本人的爱国热情凝聚了全美国人的心，战胜了法西斯。

（三）祖国之爱必须是正义的。

祖国之爱有正义与非正义之分,并不是所有的祖国之爱都值得称颂。希特勒用"德国优等民族"、"日耳曼主义"等口号来鼓动德国人,发动侵略战争;日本军国主义者颁布《国家总动员法》,用"天皇至上"、"大东亚共荣圈"等口号来武装日本人,发动侵华战争。这种所谓的"爱国",都是非正义的。法西斯杀害了几千万无辜人民,最终使德国和日本遭受毁灭性的失败。

中国清代末期发生的义和团运动,盲目地排外,杀害许多在中国的传教士和外国普通群众。其结果是使中国在国际上自我孤立,引来八国联军的入侵,给中国带来的是屈辱和灾难。这样的爱国,是不值得称颂的。

真正的祖国之爱,必须建立在正义的基础之上。

屈原维护的楚国,文天祥维护的南宋,当时都是受侵略的国家,他们为抵御外敌而献身,是正义的,是光荣的。

20 世纪 50—60 年代,新中国国力很弱,许多强国对新中国不予承认。在这样的背景下,邓稼先付出他一生的心血,成功地研制出中国自己的两弹,极大地提高了新中国的国际地位。中国的核科学,只用于和平事业,从来不用于战争。因此,邓稼先的祖国之爱是正义的。

罗斯福领导全美国人,将美国引向民主、自由和繁荣。

1940 年 11 月 2 日,他在竞选第三任总统时发表演说,谈他对于美国的展望。他说:"我看到的美国是这样一个地方;在这里,不会再有累世的贫困……人们的合法财产受到保护……所有人都有受教育的机会……工人是自由的……老年人将安享晚年……美国是一个致力于自由的美国……一个珍视和平的民族……"

1941 年 1 月 6 日,他发表了一篇著名的演说。他说:"我们期待一个建立在四项人类基本自由之上的世界",他的四项自由是:发表言论和表达意见的自由,崇拜上帝的自由,不虞匮乏的自由,免除恐惧的自由。

罗斯福在他实施的国内外政策中,逐步地实现了他的这些庄严的承诺。

因此,罗斯福对美国的爱是和人类的民主、自由、均富、和平的进步事业一致的,是正义的。

人人都想懂科学(科学之爱)

科学是西方文化的精华。中国 20 世纪初"五四"运动时,陈独秀等人从西方文化中引入中国的就是科学和民主。

中国的传统文化有许多宝贵的内涵,特别在哲学、伦理学、艺术等方面。在医学、农学、建筑学、数学等方面,中国都是有着悠久传统的,但一般属于经验性的技术,不能说是科学。

西方科学是从古希腊开始的,欧几里得的几何学、阿基米德的力学,已经初步具备了现代科学的形态。西方科学的真正崛起,是在 15—16 世纪欧洲文艺复兴和科学革命之后。

几个世纪以来,科学在全世界得到突飞猛进的发展,推动了工业、农业、医药业、能源业、交通运输业、信息业、航天业等的迅速进步。世界的现代化,首先得益于科学的进步。

科学是怎样得到进步的?当然有欧洲产业革命的推动,有西方启蒙哲学思想的促进,而从科学发展本身来说,主要是依靠科学家的创造性思维和艰苦的科学探索。科学家为什么会愿意付出毕生的智慧和辛劳从事科学研究?他们的精神动力是什么?这就是本章所要讨论的问题:科学之爱。

为了说明科学之爱,我们以两个在世界科学史上有划时代影响的科学家为例,他们就是哥白尼和爱因斯坦。

哥白尼(1473—1543)出生于波兰托兰市一个富裕家庭,父母亲早逝,他由舅舅瓦兹洛德抚养成长。瓦兹洛德是意大利北方的文艺复兴先驱,知识渊博,爱好科学,对哥白尼一生影响很大。

哥白尼从小就爱凝视天空,观测闪烁的群星,探究宇宙的奥秘。

1491 年,哥白尼进入波兰著名的克拉科夫大学。他集中精力学习天文学、数学、地理学、哲学等课程。他深受著名天文学家沃伊切赫的影响,立下了献身于天文学的终身志向。

当时在天文学中占统治地位的是古希腊天文学家托勒密的学说。托勒密认为地球是宇宙的中心;宇宙有九重天;太阳、恒星、行星,各占有不同的天层,围绕地球而旋转。宇宙最外层是原动力天层,是神居住的天堂。

托勒密学说为了解释天文观测的事实,需要添加许多"本轮",一直加到80个之多,还是不能圆满解释天文现象。

哥白尼在克拉科夫大学时,就对托勒密体系产生怀疑。他认为,托勒密体系漏洞百出,不是修修补补所能解决的,应该有根本的改造。

哥白尼后来又到意大利的几所大学学习,历时共7年,主要学习法律、天文学、数学、神学和医学,获得了教会法规的博士学位。

1503年(33岁),他回到祖国,担任瓦尔米亚教区主教(就是他舅舅瓦兹洛德)的秘书,在与侵扰波兰的十字军骑士团的斗争中发挥了重要作用。

1510年(40岁),他担任弗龙堡的神父,一直到他去世为止。

在弗龙堡,他担任神父会的财务管理人,对币制改革做出出色的贡献;同时他又担任医生,受到民众的热情爱戴。他还带领人民成功击退了骑士团的来犯。

但他在弗龙堡时期的主要兴趣,是在业余的天文学研究上。

他将教堂围墙上的箭楼作为他的宿舍兼工作室,在里面设置着自制的天文观测仪器,进行了长达30年的天文观测。

1510年,他写出了他的第一篇天文学论文《浅说关于天体运动的假设》。1515年,他开始写作他的传世不朽著作《天体运行论》,经过28年,到1543年,该书才正式出版。

在《天体运行论》中,他用大量的论据证明:把地球看做宇宙中心的论点是错误的。他说:"行星看起来时远时近,这件事确凿地证明它们的轨道中心并非地心。"他用优美的语句歌颂太阳:"静居在宇宙中心处的是太阳。……太阳堪称宇宙之灯,宇宙的心灵,宇宙之主宰。"

当然,后来天文学研究知道,太阳只是太阳系的中心,而不是宇宙的中心。但是哥白尼以许多天文事实推翻了地心说,提出了日心说,这是在整个科学史上划时代的大事。

日心说的证明，冲毁了上帝为了眷顾人类而创造宇宙的神学学说，开创了用科学观测和数学论证来了解大自然的新时代。

但是，日心说的命运绝不是一帆风顺的，教会对日心说展开疯狂的反扑。新教首领马丁·路德和加尔文都对日心说极端仇视。1600年，意大利思想家布鲁诺为捍卫日心说，被天主教会活活烧死。1632年卓越的物理学家伽利略发表《关于托勒密和哥白尼两大世界系统的对话》一书，坚定地支持日心说。次年，他被迫到罗马宗教裁判所接受审查，受到终身监禁，在监狱中结束他伟大而悲壮的人生。

但是，哥白尼之后，天文学新发现的事实全都证明了哥白尼学说的正确性。

丹麦天文学家第谷建立了规模宏大的天文台，对行星进行了20年的观测，积累了丰富的数据。在第谷的数据基础上，德国天文学家开普勒根据哥白尼学说，总结出"行星运动三定律"。这是继哥白尼日心说之后，天文学的又一个最重要的理论突破。

1687年，英国物理学家牛顿，在哥白尼学说和"开普勒三定律"的基础上，提出了"万有引力定律"，建立了完整的天体力学的理论体系。

1871年，英国天文学家赫歇尔发现太阳系的新行星——天王星。但天王星有摄动（行动不规则）。1846年两个青年天文学家（英国的亚当斯和法国的勒威烈）预测有另一颗新行星的存在，并且根据哥白尼的学说和牛顿的原理，推算出它的位置。德国天文学家伽列，终于在观测中发现了这颗行星，取名为海王星。

恩格斯说：哥白尼的太阳系学说有三百多年，一直是一种假设。……当伽列确实发现了这个行星的时候，哥白尼的学说就被完全地证实了。

哥白尼提出日心说之后，科学革命的浪潮从此不可阻挡地向前推进，哥白尼的日心说带动了后来科学的全面繁荣。

下面介绍爱因斯坦的事迹。

17世纪时牛顿提出"力学三定律"和"万有引力定律"之后，牛顿力学在物理学和天文学中,一直占有统治地位。科学家们都认为,物理学的基本问题都已经解决了,不会再有重要的新发展。

但是科学发展永无止境。19世纪与20世纪之交,一系列新发现动摇了科学家们的信念。科学界的说法是出现了物理学上空的乌云。

在世纪之交的物理学处于危机的时刻,出现了一位当时很不著名,后来被公认为是牛顿之后最伟大的科学家——爱因斯坦。

爱因斯坦(1879—1955)是美籍德国犹太人。1879年出生于德国慕尼黑附近的小镇乌尔姆。父亲办了一家电气工厂,因工厂倒闭而全家迁到慕尼黑,后来又迁到意大利,一家生活很艰难。

爱因斯坦幼时似乎是个迟钝的孩子,三岁还不会讲话。但是他充满好奇心,四五岁时,父亲送他一个罗盘。他发现指针始终指向固定的方向,非常惊奇,一连几天都在琢磨这个罗盘。他心想,一定有什么东西隐藏在这个奇异的罗盘里面。

他进入中学后,也往往为一些事情感到惊奇。他特别迷恋数学,一个大学生朋友送他一本《圣明几何学小书》,他一口气读完了。爱因斯坦后来回忆这本书时说:"这本书里有许多断言,比如,三角形的三个高交于一点,它们本身虽然并不是显而易见的,但是可以很可靠地加以证明,以致任何怀疑似乎都不可能。这种明晰性和可靠性给我留下了一种难以形容的印象。"

12—16岁时,他依靠自学,熟悉了基础数学和微积分,阅读了《力和物质》等科普读物。当同学们还在死背课本上的教条时,他早已在高等数学的天地中遨游了。

1896年,他进入瑞士联邦大学,攻读数学、物理学、哲学、历史等课程。但他毕业后却找不到正式工作,只能做代课教师等临时性工作。1902年,在朋友帮助下,爱因斯坦到瑞士伯尔尼专利局当一名三等技术员。在专利局的7年时间中,他创造出震惊世界的科学奇迹。

爱因斯坦一生的科学成就主要是:

(一)1905年,提出光量子论和光的波动和微粒的二重性。

牛顿提出光的微粒说,能解释光的直射、反射、折射现象。惠更斯提出光的波动说,能解释交叉光线互不干扰,光线可以在障碍物边缘拐弯而前进等现象。19 世纪 60 年代,麦克斯韦发现,电磁波的速度和光速相同,因此,光就是一种电磁波,光的波动说取胜了。但后来赫兹发现了光电效应,却是波动说无法解释的。关于光的两种学说,争论了 200 多年。

爱因斯坦在普朗克提出的量子概念启发下,提出光量子学说。该学说认为,光是一种波动(电磁波);而这种波动与声波或水波不一样,它不是像空气(声波)或水体(水波)那样的物质的连续性变化,而是粒子(光子)或能量(光量子)的发生强度的变化。

爱因斯坦提出的光具有微粒和波动的两重性,解释了光特性的各种疑团。

他因提出光电效应理论(其实这只是他一生中一个较小的成就),得到 1921 年诺贝尔奖。这个理论为后来的激光发展与应用提供了基础,

(二)1905 年,爱因斯坦发表《论动体的电动力学》的著名论文,提出了狭义相对论。

牛顿的物理学原理都建立在绝对空间和绝对时间的基础之上。所谓绝对空间,就是永远不动的、永远不变的空间;所谓绝对时间,就是均匀流去的,与外界无关的时间。这样的观念是符合人们的常识的。

19 世纪时,科学家普遍相信"以太"的存在。以太被认为是充满宇宙空间的静止不动的介质。1887 年美国物理学家迈克尔逊和莫雷两人进行了著名实验,目的是测定地球运动相对于"以太"的绝对速度。他们用一个光源,同时向两个互相垂直的方向(A 与 B)发射到相同的距离,其中方向 A,是与地球运动方向一致的;方向 B,则与地球运动方向垂直。按理,方向(A)因有地球速度的加入,光线在这个方向传播应该比在方向(B)传播,达到目的地的时间要早。但是他们的实验却反复证明,两个方向的光速完全相等。同样的实验,后来由许多科学家重复,结果都一样。这样就证明了在任何情况下,光速是不变的。这个结果引起物理学界极大的震动。

这样一个奇异的现象应该怎样解释? 荷兰物理学家洛伦兹提出一套转换公式:在运动物体的时间(t)与静止物体的时间(t_o)的关系是

$$t = t_o / \sqrt{1-u^2/c^2}$$

式中,u 是运动物体的速度,c 是光速。此公式的意思是:随着物体速度(u)的加大,时间的计算应该加大。这个转换公式可以解释迈克尔逊和莫雷的实验结果。

但是科学界认为洛伦兹的公式是人为的"自圆其说",没有物理意义。

爱因斯坦当时只是专利局一个小职员,他对这个问题苦苦思索。由于他研究科学的特点是敢于蔑视权威,敢于离经叛道,他提出了一个崭新的观点:自然界并不存在"绝对时间",时间随运动加快而变慢(变慢的程度,他引用了洛伦兹转换)。与此对应,也不存在"绝对空间",长度随运动加快而变长。所谓"以太",根本不存在。这就是他所提出的震惊世界的"狭义相对论"。

总之,相对论将时间、空间、运动速度三者密切地联系起来。这是从牛顿以来,对物理学经典理论的根本性颠覆。

量子论的首创者普朗克读到爱因斯坦的论文,他高兴地叫着说:"简直是哥白尼!"

(三)质能关系方程。

1905 年爱因斯坦发表的另一篇论文是《物体的惯性同它所包含的能量有关吗?》。论文中提出了表达质量和能量相当关系的著名方程:

$$E = mc^2 \tag{1}$$

或 $$\Delta E = \Delta m \cdot c^2 \tag{2}$$

质能方程(2)的意义是:一定的质量改变,一定会有相应的能量改变。反之亦然。例如,1 公斤水在 100℃时,比冷水,要重 10^{-20} 克。

爱因斯坦的质能方程,将质量和能量,这两个最基本的物理概念联系了起来。这是一个了不起的理论发展,为后来的核能的释放和利用提供了理论基础。

(四)广义相对论。

爱因斯坦并不满足于狭义相对论,他寻求将相对论原理扩大到更广泛的领域,特别是引力理论。

在专利局时,有一天,他在椅子上突然想到:如果他自由下落,他不会感觉自己的重量。这是为什么?他想出的理由是:自由下落的加速度,会和地球的引力相抵消。

1907年,他发表《关于相对性原理和由此得出的结论》论文,提出"等效原理",即:引力场和加速场是完全等效的。这就是他的广义相对论的初步构思。他在理论和实验两方面反复探索这个原理,在数学方面,他得到他的朋友格罗斯曼在引用黎曼几何方面的帮助,终于在1916年发表了《广义相对论的基础》这一论文。广义相对论认为:物理定律在宇宙间一切坐标系中都是等效的。

根据广义相对论,物质存在的空间不是平直的,而是弯曲的(黎曼空间)弯曲的程度决定于物质质量与分布。他预测,光线经过太阳附近,会有1.7角秒的弯曲。1919年,英国皇家天文学会派出两支观测队,去西非和南美洲进行观测,得到光线的弯曲角度是:1.61±0.3和1.98±0.12角秒,在误差范围内与爱因斯坦的预测吻合。由此,广义相对论得到完全证实。消息传遍全球,爱因斯坦一夜间成为世界名人。

爱因斯坦也将广义相对论看作自己最重要的科学成就。

从上述哥白尼和爱因斯坦两位划时代的科学家的事迹中,我们对于人类的"科学之爱"可以有以下的理解:

(一)科学之爱是科学家以毕生的精力和智慧探索科学真理的主要精神动力。

哥白尼自幼就喜爱在夜间仰望星空,对天际的秘密充满好奇。他在弗龙堡的正式职务是神父,天文观测完全是他的业余爱好。就凭他对天文现象的好奇,对天文学研究的热爱,他以毕生精力完成了不朽的《天体运行论》。

爱因斯坦的智力发育并不早,但他自幼就对各种事物有好奇心。一个小小罗盘,别的孩子可能并不觉得好玩,他却对它入了迷。三角形的三高线相交在一点,别的孩子可能只看作是一个普通的几何定律,他却感到非常惊奇,感受到自然的秘奥。

牛顿和丁肇中都说过,他们的科学研究都是好奇心推动的。那什么是好奇心? 好奇心就是人们(特别是孩子们)对于自然奥秘的惊奇和探索自然的兴趣。好奇心是热爱科学的出发点。

科学探索不仅是非常艰苦的智力劳动,它还要从事科学探索的人能够耐于孤独和寂寞,忍受在较长时间内不被人所理解的痛苦,有时还会面临很大的风险。哥白尼的学说触犯了神学,他到临死前,才用手摸到他付出毕生心血的著作。布鲁诺和伽利略为了维护哥白尼的日心说,都付出了惨痛的代价。爱因斯坦的相对论提出时,也几乎遭到当时权威物理学家的普遍怀疑和反对。

哥白尼和爱因斯坦所以能够长期地坚持他们的科学信念和科学研究,他们的精神动力究竟是什么? 自我之爱、家庭之爱、祖国之爱、大众之爱等,都不是很好的解释,最合理的解释就是他们对于科学的热爱。

(二) 科学之爱不以功利为目的,而在客观上,对人类和世界有巨大贡献。

哥白尼和爱因斯坦的科学研究,都不是从个人的功利出发,甚至也不是从科学本身的功利出发。哥白尼的天文学研究虽然对于当时的历法改革是有帮助的,但是他没有必要为历法改革而严重地触犯他的直接领导机构——教会的意志。他之所以要用日心说替代地心说,只能说,是为了探求宇宙的真理。

爱因斯坦的相对论,当时真正懂的人非常少。广义相对论获得证实后,美国刮起了相对论旋风。一位美国议员在议会上说,世界上只有两个人懂相对论,可惜一位已经去世,而爱因斯坦本人,因年事已高,也将自己的理论忘记了。

确实,爱因斯坦的相对论,不仅难懂,除了能说明一些天文现象外,在当时,也没有多少实用价值。

后来的历史证明,哥白尼的日心说启动了欧洲 16 世纪以来的科学革命,从而带动了欧洲 18 世纪的启蒙运动,开创了人类的新纪元。爱因斯坦的相对论和他有重要贡献的量子力学,为现代物理学与天文学奠定了基础,也为

20世纪一系列新科技——特别是激光与核能的开发利用提供了理论依据。

他们对于人类的贡献是难以估量的。

（三）科学之爱与大众之爱的结合。

哥白尼和爱因斯坦等许多优秀科学家的事迹说明，一个热爱科学的科学家往往是热爱人民大众的。

哥白尼在弗龙堡30多年，天文学研究只是他的业余爱好，他除了担任神父外，还担任医生的职务。1519年春夏之交，波兰北方爆发极其严重的瘟疫，穷苦人民被大批传染。哥白尼迅速调集药物，亲自深入到疫情严重的地方去组织救护。他和救护人员一起，无暇休息，不顾被传染的危险，采取许多预防和救治措施，终于使疫情得到有效控制。哥白尼被当地人民称为"阿卡拉斯第二"（阿卡拉斯是希腊的神医）。

爱因斯坦在他一生中，也多次为维护正义和人民利益而挺身而出。

1914年，当93位德国科学文化界名流发表宣言，为德国的军事侵略辩护时，爱因斯坦针锋相对地站出来反对战争。该年10月，包括他在内的四名著名知识分子签署了反战宣言——《告欧洲人书》。

20世纪20—30年代，他热衷于动员广大知识分子反对民族沙文主义，为争取社会公正、实现世界和平而斗争。

1933年纳粹篡夺了德国政权，疯狂推行法西斯主义。爱因斯坦放弃了和平主义立场，与法西斯势力进行坚定的斗争。

1939年，当他获悉德国正积极从事原子弹研究时，写信给美国总统罗斯福，建议着手研制原子弹，以防止德国法西斯抢先获得这种威力巨大的新式武器。而当他知道美国在"二战"结束前夕在日本广岛和长崎空投了原子弹，造成几十万的人民伤亡时，他感到非常痛苦。"二战"结束后，他领导组织"原子科学非常委员会"要求全球人民认识核战争的极端危险性。

哥白尼和爱因斯坦的共同的拳拳爱民之心和维护正义的立场，为世界优秀科学家做出了榜样

（四）科学之爱并不只是科学家才有，人人都应该有科学之爱。

科学家有科学之爱是可以理解的。但科学之爱绝不是科学家的专利，任

何人都可以有，也应该有科学之爱。

从爱因斯坦幼时对罗盘和三角形入迷的事例来看，培养青少年的科学之爱，是教育工作的一个极为重要的问题。现在中国的中小学教育，将应付考试作为学生和教师的第一要务，青少年将课程和习题都看成是沉重负担，而感不到乐趣。在这样的教育环境中，学生不可能热爱科学。他们成长后，也很难在科学上有创造性的思维，很难成为优秀的科学家。

哥白尼是杰出的天文学家，但是他所承担的其他工作，也都做得很好。在弗龙堡时，他担任神父会的财产管理者。当时采用的货币是白银中加一定比例的铜。在波兰市场上，流通的货币有 17 种之多。货币制造者在铸造货币时，减少银（贵金属）的含量，以牟取暴利，因此使货币贬值，物价上涨。人们将贵金属含量与币值相等的货币，称为良币；贵金属含量不足的货币，称为劣币。哥白尼认真研究了货币问题，提出了"劣币驱逐良币定律"。这个理论圆满地解释了当时币值不断下降，物价不断上升的现象。根据这个定律，他提出了一系列改革币制的政策、措施，被执政者接受，终于实现了币值和物价的稳定。

这个事例说明，任何工作中都有科学。只要你有科学之爱，你就能在工作中寻找到其中的科学规律，达到改进工作的目的。操作机器的工人，可以研究机器的运行规律；农民种田，面临的是农业科学；商场的售货员，也可以将商品性能、顾客心理、市场变化等，作为科学来研究。

总之，科学之爱是属于人民大众的，是属于全体青少年的。人们都会从科学之爱中得到乐趣，得到裨益。

给人间添一点温暖（文艺之爱）

文艺，包括文学和艺术。与科学不同，科学属于全人类，文艺是属于不同民族、不同文化的精神财富。当然，最优秀的文艺也属于全人类。

文学和艺术都来源于人类的感情要求和对美的爱好。艺术的起源非常古老，在旧石器时代的洞穴中就有原始的绘画和雕塑。人类远古时代的歌谣和神话，就是最早的文学。

人类对文学与艺术之爱，出于人的本性。

随着人类文化的发展，文学和艺术分化出许多不同的类别。属于文学的有诗歌、散文、小说、剧本等；属于艺术的有音乐、绘画、书法、雕塑、摄影、戏剧、舞蹈、电影等。

在中国和世界文化史上，有许多著名的文学家和艺术家，他们在文学、艺术上做出了杰出的贡献。而他们所以能做出为后人所敬佩的不朽贡献，推动他们进行文学和艺术创作的精神动力究竟是什么？从他们的人生传记中可以知道，他们都怀有一颗对于文学和艺术的炽热的爱心，这颗爱心推动着他们，以他们毕生的心血奉献于他们所从事的文学或艺术事业。

这就是本章所要讨论的"文艺之爱"。

这里以两个人物为代表，一是中国的著名文学家巴金，一是德国音乐大师贝多芬。

巴金（1904—2005），原名李尧棠，1904年出生于四川成都一个官宦人家，数世同堂，家中人口达百余人。祖父和父亲都当过知县。母亲是一位聪慧、善良的女子，她对尧棠特别喜爱，教育他要爱人、助人。

巴金16岁时，进入成都外国语专门学校学习，开始接触西方文学和社会科学著作，并参加《半月》杂志的工作。18岁时，发表诗歌。19岁到上海、南京求学。1927年赴法国留学，大量阅读西方哲学和文学著作。他时时关心苦难中的祖国和人民，写出了他第一部长篇小说《灭亡》。

《灭亡》描写了一位出身于士绅人家的青年革命者杜大心和少女李静淑的故事，刻画了他们在革命和爱恋中的感情冲突。小说在叶圣陶编辑的《小说月报》，以"巴金"的笔名连载发表，引起了青年读者的热烈反响。被评论为当年文坛的杰作。

1928年，他回到上海后，翻译了克鲁泡特金、托尔斯泰、高尔基的著作，并且以极大热情写出了他的著名长篇小说《家》。在《家》中，高家是以他自己出身的大家庭为背景，通过婢女鸣凤受屈投湖而死、大嫂瑞珏难产而死、梅表姐忧郁而病死，以及大哥觉新的爱情悲剧，巴金对封建家族制度进行了控诉和抨击。觉慧的离家出走，代表了新一代青年的觉悟。这部小说可以认为是"五四"以来中国最成功、最感人、影响最大的长篇小说，它被几代青年所喜爱，感染着他们的心灵，指引着他们的人生方向。同时他还写出《春》、《死去的太阳》《复仇集》等长、中、短篇小说。

1933 年他参与《文学专刊》的工作。1935 年，他从日本回国后，在上海担任文化生活出版社的总编辑。1937 年抗日战争全面爆发，他担任郭沫若主持的《救亡日报》的编委，又和茅盾共同主编《呐喊》。他在广州、昆明、重庆、桂林等地从事出版工作，为抗战时期的中国文学事业作出重要贡献。同时，他写出《秋》、《憩园》、《第四病室》、《寒夜》等著名小说。

《寒夜》是他创作生涯中最后一部长篇小说，它反映抗战时期一对青年夫妻（汪文萱和曾树生）的爱情和生活的悲剧。小说渗透着作者和他妻子萧珊以及他所熟悉的许多朋友的身影，描写深刻、细腻、动人，在国内外有广泛影响。

新中国成立后，他曾两次去朝鲜战场，写出了《英雄的故事》、《李大海》、《团圆》等中、短篇小说，后者被改编为电影的《英雄儿女》，在全国观众中引起热烈反响。

他还担任《文艺月报》、《上海文学》、《收获》等主编。由于他在文学界的声望，他还担任了许多社会职务（全国和上海的文联、作家协会、政协，人大等）。

但是除了写了几篇抗美援朝的小说外，他与其他许多老作家一样，1949年后，写不出源于自己内心激情的，能感动人心的作品。1954 年，他在全国人大发言时说："我们的作品常常因为想做到四平八稳，照顾周到，人人满意，而变成既不生动又无力量的东西。"

1966 年，"文化大革命"开始，张春桥、姚文元早已对巴金恨之入骨。巴金成为上海文化界最大的"罪人"。他与王西彦、吴强、魏金枝等人在上海作协的大楼中,被无数次地批斗、辱骂。在不堪忍受侮辱和折磨的情况下,他想到过自杀。但为了妻子和子女,他想到自己不能死。接下来的三年多里,他一直在游斗中受煎熬。他被遣送到郊区辰山农村参加劳动,在田头还要接受批判。1972年,他心爱的妻子萧珊患癌症,因未能得到及时治疗和护理,而离他而去,享年仅55岁。妻子的离去对巴金是最深重的打击,巴金一下子头发完全白了,老了十多岁。

"文革"的噩梦终于过去。"四人帮"的覆灭使他不再担惊受怕。他恢复了文联、作协、政协等职务。被封冻的银行存款也退回了,他又可以重新提笔写作。

"文革"之后,他最主要的著作是五卷本的《随想录》和《再思录》。他特别对于新中国成立后前三十年的政治运动中的思想历程进行了严肃的、不保留的自我反思。这种反思也是从他亲历的遭遇和心态,对于不合理政治体制的揭露。巴金在反思中表现出中国优秀知识分子的可敬的良知。

2005年10月17日,他因心肺衰竭而去世,享年101岁。

贯彻于巴金的一生的是他对于文学和文学事业的热爱,可以从以下几方面来理解:

(一)他以饱满的热情投身于写作。

新中国成立之前,特别在20世纪30年代,是他创作的最旺盛时期。他说:"当初我献身写作的时候,我充满了信仰和希望,我把写作当做我生活的一部分,我以忠实的态度走我在写作中所走的道路。"他是将写作和生活融合为一体。

他在《憩园》后记中说:他写作的愿望是"给人间添一点温暖,揩干每一只流泪的眼睛,让每个人欢笑"。

他就是以这样的愿望,一生坚持写作。他一生的作品非常多。20世纪90年代编辑的《巴金全集》,达26卷之多。他的著名小说在世界各国广泛翻译出版。

(二)他热爱出版事业,竭尽全力,帮助他的朋友和年轻作家出版作品。

他自青年时期开始,就参加编辑出版工作,为许多朋友出书。抗战胜利后回到上海,当时时局不稳、通货膨胀、文化市场不景气,但巴金仍然坚持为朋友们编辑、出版书籍。他负责编印的《文学丛刊》,有曹禺、何其芳、艾芜、张天翼、冯至、李广田、李健吾、萧乾、靳以等许多著名作家的作品。

1947 年,他写道:"我在文化生活出版社工作了十四年,写稿、看稿、编辑、校对,甚至补书,不是为了报酬,是因为人活着需要多做工作,需要发散、消耗自己的精力。……能够拿几本新出的书送给朋友、献给读者,我认为是莫大的快乐。"

(三)他对于文学写作之爱,坚持到他生命的最后时刻。

中国"五四"以来的老作家,在新中国成立后的创作都很少。当然,巴金在新中国成立后的前 30 年,在当时的政治环境下,也很难写作。极为难能可贵的是,他在"文革"结束之后,已经 70 高龄,他不但没有停笔,还写出震撼人心的五卷《随想录》。

1978 年时,他写道:"我一刻也不停止我的笔,它点燃火烧我自己,到了我成为灰烬的时候,我的爱、我的感情也不会在人间消失。"

巴金的一生说明了什么是"文学之爱"。

关于"艺术之爱",德国著名音乐家贝多芬是很好的例子。

贝多芬(1770—1827),生于德国波恩一个贫困家庭。父亲是一个宫廷歌手,爱酗酒,靠微薄的工资维持生活。他对孩子粗暴,贝多芬童年时,没有得到家庭的温暖。

贝多芬从小就显露了音乐天赋。四岁时,他能将父亲弹过的曲调,照样弹奏出来。父亲将他像神童一般炫耀,强迫他学习钢琴,稍有弹错,就会殴打。他 11 岁时,音乐家尼法是他的老师,老师教授他钢琴、风琴和作曲的基本方法。13 岁时,他就开始作曲,写出了他的第一首变奏曲。

1787 年,17 岁时,他被送到音乐之都维也纳学习,成为莫扎特的学生。他一生对莫扎特十分敬仰,晚年时他说:"我素来是最崇拜莫扎特的人,直到我生命的最后一刻,我还是崇拜他的。"

同一年,他接到母亲病危的消息而回家,他失去了始终关爱他的母亲,他感到非常痛苦。父亲因为酗酒,不能主持家庭,于是,贝多芬成了一家之主。

1792 年,他 22 岁,再次到维也纳。从此一直生活在那里,直到去世。

在维也纳,他被著名音乐家海顿收为学生。但是他对海顿的传统音乐教育感到不满足,他说:"我要打破那些形式,打开那扇还没有人打开过的门。"

1795 年,他在白尔格剧场演奏了自己创作的钢琴曲,受到听众的高度赞赏。由此巩固了他在维也纳的地位。他的作品具有强烈的个性色彩,在曲式、内容、节奏上都自成一格,得到人们的广泛接受。

1800 年,他 30 岁时,在国立宫廷剧场举行第一次独奏会,首次发表他的交响曲,得到巨大成功,使他成为第一流的音乐家。

这一年,他开始出现耳聋的早期征兆,耳朵里经常轰隆地响。医生诊治也没有好转。他陷入深深的不安和恐惧,甚至想到自杀,连遗书都写好了。但他又想到:还有音乐在等着我,等我不能写乐谱时,再死也不迟。他振作起来,继续创作。

1803 年,他举行了新作发表会,演奏了他的第一、第二交响曲和第三钢琴协奏曲。1804 年,他完成了著名的英雄交响曲(第三)。1808 年,他发表了命运交响曲(第五)和田园交响曲(第六);1811—1812 年,完成了第七、第八交响曲;1923 年,完成他音乐的最高成就——第九交响曲。

他的音乐作品中最著名的是他的第三、第五和第九交响曲。

第三交响曲(英雄),用贝多芬自己的话来说,表现的一个英雄经历狂风大浪,在逆境中又站起来,豪迈地向前奔驶的坚强意志。这正是贝多芬的自我写照。

第五交响曲(命运)开始时的著名节奏,贝多芬自己的解释是:"这是命运敲门的声音。"全曲反映的是:渺小的人凭着意志的力量,与威严的命运反复地搏斗;一次次的失败,但人没有屈服,最后是胜利之歌响起。

第九交响曲(合唱)的最后一章,由乐队与歌声同时唱起席勒的著名诗篇《欢乐颂》。合唱由四个独唱员和四部男女合唱组成,一起唱起:"拥抱吧,千千万万的生灵!……"罗曼·罗兰对第九交响曲中合唱的解释是:"在贝多芬的意志中,欢乐是神明在人间的化身,它得出使命是把习俗和刀剑分隔的人群重行结合,它的口号是友谊和博爱。……爱和欢乐合为一体。"

1924 年 5 月 7 日,在维也纳演奏他的第九交响曲时,演出获得空前成功,罗曼·罗兰在《贝多芬传》中写到:"情况之热烈,几乎含有暴动的性质。在贝多芬出场时,受到群众五次鼓掌的欢迎。……交响曲引起狂热的骚动,许多人哭了起来。贝多芬在终场后感动得晕去。"因为耳聋,贝多芬事实上并没有听见群众的掌声。他在 50 岁时,已经完全失去了听觉。

1827 年,他在维也纳与世长辞,享年 57 岁。

贝多芬充满激情的音乐,开启了西方音乐的浪漫主义的先河。他的作品在全世界广泛传播,深深地打动着人类的心灵。

从巴金在文学上的成就和贝多芬在音乐上的贡献中,我们可以对人类的"文艺之爱"有如下的认识:

(一)文学家和艺术家的深挚的文艺之爱,是人类辉煌的文学与艺术文明的源泉。

巴金在新中国成立后前三十年的大部分时间中,特别在十年"文革"中,经受了严酷的精神煎熬,但是他对文学的追求并没有终止。"文革"一结束,他立刻涌现出新的创作热情,写出了使广大读者(包括温家宝总理)深受感动的《随想录》。

贝多芬的大部分交响曲是在耳朵渐聋的情况下创作出来,他的伟大的第九交响曲是在耳朵全聋后创作的。对于一个音乐家来说,这是常人难以想象的事,但贝多芬做到了。

蕴藏在他们心中的精神动力究竟是什么? 不能不说,是他们对于文学和艺术的炽热的爱。

贝多芬说:"音乐是比一切智慧、一切哲学更高的启示。……谁能参透音乐的意义,便能超脱寻常人无以振拔的苦难。"

(二)文艺之爱与人类之爱是密切地结合的。

文学和艺术都是通向人类心灵的。优秀的文学和艺术作品都是为全人类服务的,而不是只为某一个阶级,或某一个国家服务的。

巴金小说中的主角,主要是善良的知识分子。他们多数出身于旧中国的上层社会。小说描写他们或忍辱负重(如觉新),或背离家庭,走向社会(如觉慧),或在封建家庭的压抑中悲惨地死亡(如梅和瑞珏)。他的小说也描写了在底层挣扎的男女青年(如鸣凤)。新中国成立后,他也深入前线,描写了志愿军战士。对于他所有小说的人物,他着重刻画的是他(她)们的人性、他(她)们的爱情、他(她)们的良心。人性、爱情、良心,都是人类所共有的,他通过他的文学作品倾注了对于人类的深爱。正由于此,他的小说得到中国各阶层人民的喜爱,也曾得到世界各国读者的赞誉。

贝多芬的音乐是为全人类创作的。他说:"音乐当使人类的精神爆出火花。""最美的事,莫过于接近神明而把它的光芒散播于人间。"

(三) 文艺之爱与真理之爱是不可分的。

科学家的"真理之爱",体现于他对于自然规律的无休止的追溯。文学家和艺术家的"真理之爱",体现于对人类社会的真相和真情的探索。

"文革"结束之后,社会上有人提出:"我们应当忘记过去。"但是巴金在1986年写的《随想录》中提出:"二十年之后痛定思痛,总的严肃地对待这个问题。……大家都应当来一个总结,最好建立一个'博物馆'、一个'文革博物馆'。我终于把在心里藏了十年的话说出来了。"

建立"文革"博物馆的建议,就是要让人民永远记得"文革"的真相,记得"文革"对中国的惨重教训,防止"文革"悲剧的重演。

巴金晚年说的最多的话就是:"要说真话。"在他的五卷《随想录》中,他身体力行,说出他几十年来想说而不能说的真心话。在《随想录》中,他写了七篇以"说真话"为题的随想。还将第三集《随想录》命名为《真话集》。他说:"我们已经吃够了谎言的亏,现在到了说真话的时候了。"

巴金的"说真话"的要求在中国国内引起广泛的反应,社会各阶层中许多有识人士都赞同巴金的意见。"说真话"的要求在推动中国各方面的改革事业(政治、经济、文化、教育等)正在发挥重要的作用。

(四) 文艺之爱的大众性。

文艺之爱绝不是文学家或艺术家所专有的,而是广大人民大众共同拥有的。对文学与艺术之爱,出于人类感情的需要,因此是属于人性所共有的,我们可以认为:每个人都具有对文学和艺术的爱,即使是文盲,他也能通过电影《家》而欣赏巴金的文学。

从 20 世纪 30 年代以来,一直到今天,巴金的小说在中国,尤其是在青年和知识分子中,受到极广泛的欢迎。在图书馆中的借阅率一直是居高不下。觉慧、鸣凤的名字和宝玉、黛玉的名字一样,为中国的许多代青年所熟悉。

巴金的作品在世界许多国家,受到人民的喜爱。1979 年他访问法国时,巴黎掀起了"巴金热"。1981 年,他访问意大利时,他的作品成为畅销书之首,并且获得当年唯一的但丁国际奖。1984 年,他被国际笔会推举为世界七大文化名人之一。1985,他访问日本时,由日本演员主演的《家》,获得日本观众的热烈欢迎。

贝多芬的音乐更是在全世界家喻户晓。1824 年他的第九交响曲第一次演出时,观众狂热的鼓掌,不正充分说明,优秀的音乐是人民共同所热爱的吗?

在大众性方面,文艺之爱和科学之爱有所不同。科学理论的应用可能使大众都能受益,但科学理论本身不一定大众都能理解或欣赏。例如爱因斯坦的相对论,它所引导的核能的和平利用(包括核能发电),使世界人民受益。但即使是今天,真正懂相对论的人还属于少数。

但是优秀的文学和艺术作品,却完全可能为全世界人民所理解,并被热爱。

若为自由死,一切皆可抛(自由之爱)

爱的对象一般是人,如自我、情侣、夫妻、父母、子女、朋友、大众等;或者是一个社会群体,如祖国、事业等;或者是一种文化,如科学、文艺等。然而,自由之爱,所爱的对象既不是人,也不是社会群体,也不是文化,而是一种较为抽象的概念,是一种生活或思想的状态,是一种政治原则。因此,这是一种特殊性质的爱。

但这种爱是确实存在的，并且是一种非常重要的爱的类型。

事实上，人类不但有对自由之爱，还有对于其他类似的政治原则的爱，如：平等、博爱、公正、正义、民主、和谐，等等。而在这类政治原则中，自由是最核心的，这是现代文明所公认的。

古今中外都有非常感动人心的热爱自由的人物，这里举匈牙利爱国诗人裴多菲和中国当代思想家顾准为例。

关于自由之爱，最著名的诗歌是《自由和爱情》：

生命诚可贵，爱情价更高。

若为自由故，两者皆可抛。

这是一首在全世界广为传播的诗歌，它的作者就是裴多菲。从这首诗可以理解，裴多菲对自由的爱，超过了他对自我的生命的爱，也超过了他对妻子的爱。

裴多菲（1823—1849），出身于奥地利帝国统治下的一个匈牙利小城。父亲是贫苦的屠夫，母亲是一名农奴。他的家庭处在社会最底层。17世纪以来，匈牙利民族一直受奥地利帝国的统治，丧失独立地位。匈牙利民族英雄争取自由的斗争故事，深深刻印在裴多菲幼小的心灵中。

他少年时就表现出很强的语言能力，能用匈牙利和斯洛伐克语言通顺地表达思想感情。在学习中，他阅读和研究了法国大革命和匈牙利古典作家的作品。15岁时，就写出他的处女作——诗歌《告别》。他当过兵，当过业余演员，担任过报纸的助理编辑，有丰富的生活阅历。

23岁时，他在舞会上结识了美丽的姑娘尤丽娅，她是富裕的伯爵的女儿。裴多菲的爱情阻力非常大，裴多菲在半年中写了一首首炽热的情书，终于打动了尤丽娅，他们成为了夫妻。在蜜月中，裴多菲没有忘记争取自由的斗争，《自由和爱情》这首不朽的诗歌就是在他结婚后不久写出的。

1848年是欧洲各国革命风起云涌的年代。裴多菲写出许多鼓舞民众的诗篇，呼唤民众进行为争取自由而斗争：

难道我们要世代相传地做奴隶吗？难道我们永远没有自由和平等吗？

他还写出了激奋人心的《民族之歌》：

起来,匈牙利人,祖国正在召唤!

是时候了,现在干,还不算太晚!

愿意做自由人呢,还是做奴隶?

你们自己选择吧,就是这个问题!

3月15日,爆发了震惊世界的"三月起义"。裴多菲在一万多名起义者的集会上朗诵他的《民族之歌》,起义者欢声雷动,迅速占领了布达佩斯,使它成为当时欧洲革命的中心。次年4月,匈牙利国会通过独立宣言,宣布建立匈牙利共和国。他在1848年一年,写出了106首歌颂革命和爱情的诗篇。

奥地利皇帝联合俄国沙皇,调动34万军队向匈牙利进攻。裴多菲成为一名少校军官。1849年,在强敌面前,裴多菲勇敢地投入战斗。但敌军的长矛刺进了他的胸膛,他倒下了……牺牲时,他年仅26岁。

经过匈牙利人民的反复斗争,1867年,奥地利帝国被迫同意与匈牙利建立奥匈帝国。第一次世界大战后,奥匈帝国崩溃,1918年,匈牙利实现了独立建国。

裴多菲的诗歌在欧洲文学中占有重要地位。鲁迅非常喜爱他的诗歌,把他和拜伦、雪莱、普希金并提,介绍给中国读者。

他的《自由和爱情》,中国人不论老少,都会背诵。

下面介绍中国当代一位杰出的思想家——顾准。

顾准(1915—1974),原籍苏州,生于上海。父亲是中医,家境清贫。他初中毕业后,进入立新会计师事务所任练习生。他勤奋自学,逐步掌握了会计学的理论与方法。他在会计所工作14年,写出多本会计学著作,被沪江、之江等大学聘请为兼职教授。1934年(19岁),他参加革命活动,几次被迫流亡。他还带头建立了秘密组织——进社,出版油印刊物《前卫》。他与武卫会(中华民族武装自卫会)取得联系,担任武卫会宣传部副部长,上海市分会主席。1935年他参加中共地下党,担任江苏省委职委(职员工作委员会)宣传部长。1939年,他离开上海,前往苏南、苏北解放区,并去了延安。日本投降后,他担任过山东省工商总局副局长、财政厅长。上海解放后,担任上海市财政局局长,兼税务局局长。

他在上海税务工作中,提出"依率稽征,专管查账,职工协税"一套较为科学和现代化的税务方法,而中央财务领导人要求的是"民主评议,民主征税"的群众运动式的方法。1952年,他被批判为"目无组织,自以为是,违反党的政策"。在"三反运动"中,他被撤销党内外一切职务。

他赋闲两年后,被调到北京担任中苏边界勘测中方副组长。他为了国家利益与苏联代表发生争执。1957年,他因"破坏中苏友好"而被打成右派。他被调到中国社科院经济研究所,吴敬琏、薛暮桥等都是他的学生。他写出了几本重量级的经济学理论著作。

后来他被下放到河南商城劳动,天天钻粪坑,掏大粪,满身污脏,健康也越来越差。

"文革"开始后,他被第二次戴上"极右分子"帽子。他的妻子(财政部的司长)也受到株连。五个子女成了黑五类,升学、就业都受影响,全家都将他看成灾星。妻子提出与他离婚。他实在舍不得离开他唯一的精神寄托——家庭,但也只能写下"同意"二字。他从此再不回家,但每月都将省下的粮票和大部分工资寄给妻子。

"文革"进一步升级,妻子忍受不住政治高压,服毒自尽。五个子女都怪罪于他,共同写信,与他断绝关系。顾准在家破人亡的极端痛苦中,被诊断患了肺癌。子女没有一个愿意去看他,只有90高龄的母亲还关心他,要他的胞弟送鸡汤去看望他。

1974年,他没有等到"四人帮"的覆灭,在子女拒绝与他见最后一面的痛苦心情中,与世长辞。

为什么本书在"自由之爱"一节中选择顾准为例?因为顾准在他悲惨的一生中,始终坚持思想与信念的自由。为了思想自由,他不惜付出了受辱受苦、妻离子散的惨重代价。

他在坚持思想自由方面,有以下一些突出的事例:

(一)20世纪50年代,他坚持科学的会计、征税制度,抵制落后的、不合理的"民主评议",不惜与中央主管的领导意图相对抗。

(二)在中苏关系中,他坚持维护祖国的利益,不惜触犯当时所谓的"中苏友好"。

（三）在经济理论上，他是中国第一个提出社会主义应当遵循价值规律，应当实行市场经济的人。他的观点为当时经济所内几位经济学家（孙冶方、薛暮桥、吴敬琏等）所推崇。孙冶方在去世前特别提到，他的市场经济思想是受顾准的启发。顾准的思想为后来中国的改革开放，奠定了理论基础。

（四）他对于古希腊的民主体制和理性思想有深入的研究，并有专著。他不赞成希腊的直接民主，但他指出：希腊的理性哲学大大有利于科学的发展。他十分推崇科学和民主，反对权威主义，他说："每一个时代都有一种统治的权威性的学术或工艺制度……唯有违反或超过这种权威的探索和研究，才能保证继续进步。……这一点，在哪一个领域都不例外。"

（五）他提倡哲学上的多元主义。他说："所谓科学精神，不过是哲学上的多元主义的另一种说法而已。""一切第一原因、终极目的的设想，都应该排除掉。而第一原因和终极目的，则恰好是哲学上的一元主义和政治上的权威主义的根据。"

他的思想的总的特点，就是提倡自由。市场经济是允许自由竞争的经济；政治与学术上反对权威主义，就是主张有更多的思想自由和学术自由。他的思想，对于中国的今天和未来，有深远的意义。

特别是，他为了维护自己的思想自由，不惜忍受妻离子散、家破人亡的巨大痛苦。顾准的精神留给人们的是永远的敬仰和追思。

从裴多菲和顾准的事迹中，我们对于"自由之爱"可以加深理解。

自由之爱，和前面所讨论的各种爱的类别有所不同，是一种较为抽象的爱。

（一）自由之爱是人的天性。

人类爱自由，首先是因为自由是和人的天性相联系的。自由是人类与其他动物相区别的特有本性。

卢梭说："自然支配着一切动物，禽兽总是服从；人虽然也受到同样的支配，却认为自己有服从或反抗的自由。而人特别是因为他能意识到这种自由，因而才显示出他的精神的灵性。"（《论人类不平等的起源和基础》）

对于卢梭的论述,可以有进一步的讨论。

人类是从高等动物——古猿进化而来的。人的躯体比不上象;人的体力比不上狮或虎;人跑的速度比不上马;人的嗅觉比不上狗;人的视觉比不上鹰。人超出于其他动物的生理特性,主要是有发达的脑。由于脑器官的发达,人在两个方面大大地比动物要强:一是认知能力,一是感情能力。

由于人有很强的认知能力,人就能在所接触到不同对象之间,在处理事情的不同方法之间,有辨别、比较的能力。

又由于人有很强的感情能力,人对于所接触到的不同对象,会有不同的感情:有的喜爱,有的厌恶,有的害怕……

对不同的对象有了辨别能力,又有不同的感情,就决定了人具有自由选择的意志。

例如卢梭举的例子,动物一般是凭着它的本能而行动,鹿群遇到虎、狼时,都会逃奔。

而人群遇到虎、狼时,首先就感到厌恶和害怕。至于怎样对付禽兽,有逃跑和反抗两种方法。这时候,不同的人就会有不同的自由意志,有人会逃奔,有人会用石块或木棍与它们争斗。每个人的行动决定于他自己的自由意志。因此,是否具有自由意志,是人类和动物的重要区别。

由于自由意志是人的天性,因此自由对于每个人都是特别珍贵的;每个人对于自由都会有天生的爱。正如同父母对子女的爱,子女对父母的爱,是人类的天性一样。

(二)自由之爱的历史发展。

虽然自由之爱是人的天性,但是在人类历史发展过程中,自由却长期地受到抑制,甚至丧失。

在人类的原始社会中,由于生产力水平低下,没有形成阶级的差别,人类主要活动在家庭或家族范围内,可能有较多自由。但是那时的人,绝不是完全自由的,自由受到了自然力量的限制。当严重的自然灾害(水灾、旱灾、地震等)来临时,人连生命都不能保障,更谈不上有自由。

随着人类部族之间对于资源的争夺而产生战争,形成了大批战俘;战俘就成为最早的奴隶。随着人类生产能力的提高,占有资源(土地、牲畜等)的少数人有可能对不占有资源的多数人进行统治和剥削,因此而形成阶级。奴隶或被剥削的人群,就无法实现他们的自由意志,也即丧失了自由。

在西方的古希腊、古罗马和在中国的商周时期,都有大量的奴隶存在,他们是没有自由的。没有土地的佃农,也没有充分的自由。

欧洲的中世纪(公元5—15世纪)的一千多年间,基督教会势力极强,在政治上和思想上对人民进行严厉管制,人民的自由受到严重压抑。

15—16世纪,西欧兴起了文艺复兴运动,有但丁(1265—1321)的《神曲》的创作、有哥白尼(1479—1543)的日心说的问世、有马丁·路德(1483—1546)的宗教改革、有麦哲伦(1480—1521)航行全球的成功,以及由此而来的资本主义工商业的产生和发展。这一切都无情地冲击着中世纪的宗教在政治上和思想上的统治与垄断,终于导致了中世纪文化的解体。

在文艺复兴的光辉映照下,17—18世纪,欧洲兴起了启蒙哲学,启蒙运动是从17世纪英国的霍布斯和洛克开始的,而影响最大的思想家是孟德斯鸠、伏尔泰、卢梭等。

孟德斯鸠在他著名的《论法的精神》中,对专制政体进行了无情的批判。按他的观点,在专制政体中,只有最高统治者一个人是自由的,其他所有人都没有自由可言。

卢梭在他著名的《社会契约论》中说:"每个人都生而自由、平等。""这种人所共有的自由,乃是人性的产物。人性的首要法则,是要维护自身的生存;人性的首要关怀,是对于其自身所应有的关怀;而且,一个人一旦达到有理智的年龄,可以自行判断维护自己生存的适当方法时,他就从这时候起成为自己的主人。"(引自《社会契约论》,第1—2章)

正是启蒙思想家在西方世界唤醒了人们对于自由的追求和热爱。

在19—20世纪,西方思想家对自由的认识又有进一步的发展。较重要的有以下几位:

约翰·斯图尔特·密尔(1806—1873)。他在他的著名著作《论自由》中表达的基本观点是:只要不涉及他人的利害,个人(成人)就有完全的行动自由,其他人和社会都不得干涉;只有当自己的言行危害他人利益时,个人才应接受社会的强制性惩罚。他对自由的观点划清了个人与社会的权利界限,为当代文明国家所普遍接受。

富兰克林·罗斯福(1882—1945)。1941年,他在他的第三届总统就职演讲中提出:"我们期待一个建立在四项人类基本自由之上的世界。"他的四项自由是:发表言论和表达意见的自由;崇拜上帝的自由;不虞匮乏的自由;免除恐惧的自由。罗斯福的四大自由是对人类自由概念的重大发展,是现代化国家需要遵循的政治原则。

以赛亚·伯林(1909—1997)。他在他的著名的《自由论》中,提出消极自由和积极自由的区别。他认为:消极自由是要求政府和社会为每个人提供发展机会,防止国家对个人意志的过度支配。而积极自由尽管鼓励人的主动性,体现人的意愿,但是它不限制国家权力,使个人的真正的自由度越来越小。因此,他的观点是:消极自由的理念就是民主和自由制度的基础。消极自由的实质是限制政府对个人自由的限制。这个观点对于当代世界各国保障人民的自由有重要意义。

以上介绍的是自由思想在西方的发展过程。至于在中国历史上,自由受到压抑的情况则更为严重。特别在"五四"运动之前,中国人都习惯于服从。所谓"三纲"——"君为臣纲,夫为妻纲,父为子纲",要求官员必须服从皇帝;妻子必须服从丈夫;儿子必须服从父亲。"三纲"之下,根本谈不上自由,而只能是当奴隶。

鲁迅对于中国人的奴隶性有深刻的批判。他说过:"中国人向来就没有争到做'人'的资格,至多不过是奴隶,到现在还如此,然而下于奴隶的时候,却是数见不鲜的。"

"五四"、新文化运动之后,中国人对自由开始有了自觉。例如在恋爱与婚姻自由方面,年轻人获得了较大的自由。在民国时期,中国人在思想、言论、出版等方面,都受到过严重压制。因思想、言论而获罪,甚至牺牲的人相当多。20世纪20—40年代,几十万革命志士(包括闻一多、李公朴)被杀害就是明证。

改革开放以来,情况有一定改善。特别在经济生活中,农民和个体、民营经济得到较多的自由。但是由于政治改革的滞后,在新闻、出版、学术、结社自由等方面还有较大的改善空间。

(三)自由是人类其他进步政治原则的核心。

14—16世纪的欧洲文艺复兴,唤醒了人性的觉悟。"人性"主要就是个人的自由意志,个人的欲望,个人的情感等。

从近代的洛克、伏尔泰、康德、黑格尔、马克思,到现代的哈耶克、伯林、罗尔斯的哲学思想中,"自由"始终是西方哲学关注的重点。

马克思在《共产党宣言》中说:"代替那存在着阶级和阶级对立的资产阶级旧社会的,将是这样一个联合体,在那里,每个人的自由发展是一切人的自由发展的条件。"

在西方哲学家看来,自由是比民主更重要的思想原则。因为民主的真谛,就是要保障人民的自由,包括:私有财产、思想、言论、出版、结社、选举等等自由。

自由也是市场经济和科学、文化发展的保证。没有自由,就不可能有资本主义,不可能有科学、技术和经济的迅速发展。

由此可知,在现代文明中,自由是一个核心原则。人类的"自由之爱",在人类进步事业中有极为重要的意义。

山水情深(自然之爱)

前面论述的爱的类别,其对象是因人而异的。各人有各人的父母、子女、配偶、朋友;各人也有不同的事业;不同国家的人有不同的祖国;对科学和文艺的爱好,各人也各不相同,有人爱读诗歌,有人爱看电影。

只有自然之爱是同一的,全世界所有的人都爱同一个大自然。大自然,是人类的共同家园,是人类的共同母亲,是人类之爱的共同对象。

自然之爱,是人类的天性。孩子们都喜欢小狗、小猫,都喜欢去动物园看猴子,看孔雀,看花草……世界各国人民都喜欢旅游,主要也是去看各地的自然风景。许多人喜欢在家中养花、养鱼、养鸟,也是为了接近自然。

从世界和中国的文化发展中,可以在更深层次上理解人类的自然之爱。

(一)人类在自然中寻求哲理。

西方哲学从古希腊开始,而希腊哲学是从自然哲学开始的。所谓"自然哲学",就是在大自然中,寻求世界万物的起源或本原。

古希腊最早的哲学家是泰勒斯(公元前625—前546),他认为:世界的本原是水。亚里士多德介绍泰勒斯时说:"泰勒斯说'水是万物之原'。大概他从这些事实得其命意:如一切种子皆滋生于湿润,一切事物皆营养于湿润,而水实为湿润之源。"(引自《从开端到柏拉图》)

阿那克西美尼(公元前585—前525)认为:万物之源是气。亚里士多德介绍他的观点是:"气实万物原始的基本。"(同上)

赫拉克利特(公元前535—前475)认为:万物之原是火。他说:"万物都等换成火,火又等换为万物,犹同货物换成黄金,黄金又换成货物一样。"(同上)

恩培多克勒(公元前493—前428)提出"四根"说。所谓四根,就是:火、土、水、气。他在诗句中说:"万物有四根。"(同上)

可见,古希腊哲学家都在大自然中寻找世界万物的本原。

中国最早的哲学著作是《易经》。《易经》中的八卦的卦象(象征的事物,见以下括号中的字),全都来自大自然:

乾(天)　　坤(地)　　震(雷)　　离(火)

巽(风)　　兑(泽)　　坎(水)　　艮(山)

《易经》的成书年代,在周代的初期,西周的年代是公元前1046—前771年,因此,《易经》应早于古希腊的自然哲学时期。

总之,不论是中国或西方,人类的哲学思想最早都来自大自然的启示。

（二）人类在自然中获取了美。

中国古代哲学家庄子（公元前369—前286）在他的《齐物论》中谈到"天籁"（自然的音乐），这是子綦和他的学生子游的对话。

子游曰："地籁则众窍是已，人籁则比竹是已。敢问天籁。"

子綦曰："夫吹万不同，而使其自己也，咸其自取，怒者其谁邪！"

意思是，子游说："地籁是从各种洞穴发出的声音，人籁是各种竹管乐器发出的声音。请问：什么是天籁？"子綦说："天籁有万般的不同，却全都是大自然自己发生的音乐，没有谁是发动者。"

庄子借子綦之口说出了最好的音乐是自然界自身产生的声音和节奏。

如果你懂得欣赏清晨的鸟鸣、秋夜的虫声、流水的淙淙、泉水的叮咚，你会同意庄子的意见。

唐代书法理论家孙过庭在他的《书谱》中写道：

观夫悬针垂露之异，奔雷坠石之奇，鸿飞兽骇之资，鸾舞蛇惊之态，绝岸颓峰之势，临危据槁之形；或重若崩云，或轻如蝉翼；导之则泉注，顿之则山安；纤纤乎似初月之出天涯，落落乎犹众星之列河汉；同自然之妙，有非力运之能成。

从这一段著名的论述，我们可以看出完全是从大自然的景象中体验和获取书法之美。

（三）人类在自然界探求科学真理。

在探索自然真理方面，最成功的是19世纪英国科学家达尔文。

达尔文（1809—1882），出生于英格兰西部一个世代医生的家庭。父亲希望他成为医生，继承家业。他自己却热爱大自然，喜欢到野外打猎或采集动植物标本。19岁时，父亲对他不满，将他送到剑桥大学神学院，希望他成为牧师。但他将大部分时间用来去听自然科学讲座，阅读大量自然科学书籍。

他来大学时，他哥哥就介绍他与学识渊博的亨斯罗教授相识。亨斯罗教授经常给达尔文解释各种有趣的自然现象。洪保德的《美洲旅行记》和赫歇耳的《自然哲学研究入门》对达尔文的影响特别深刻。他还研读了地质学著作,以加深对古代生物的了解。

1831年初,达尔文22岁,大学毕业。在亨斯罗教授的推荐下,他以自然科学家的身份,参加了为期五年的"比格尔"号的环球考察。这是决定他一生事业的大事。

1832年,他横越大西洋,到达巴西。1833年,他考察了南美洲的东海岸。1834年,他越过了麦哲伦海峡,来到了智利、秘鲁。1835到1836年,他西越太平洋,回到英伦岛。

他为神奇的自然景观而惊讶,在海拔10000英尺的高山顶上,他找到了生存于海底的贝壳。他用7000英尺的绳索,还没有探测到珊瑚岛的底部。在平坦的海边,躺卧着成千上万只海豹。

他还经历了大自然的巨变,两座特大火山连续地在智利喷发,大地震使所有的房屋全部倒塌,奔腾的巨大圆石发出怒吼般的咆哮。

他见到了无数的生物——乔木、灌木、奇花、异草、鸟类、兽类、鱼类、虫类。在旅程中,生物物种问题时刻盘旋在他大脑中:他见到鸵鸟的新种正在替代着旧种;树獭生存的地方找到了它祖先的化石;美洲到处可见的兀鹰,在欧洲却见不到。

他发现生物是有强大的繁殖力的。白色的海牛一次产卵60万粒,而存活的却只找到7只,只有适应自然的才不至于灭亡。

他发现:自然的变化引起了物种的变化,自然的隔离导致了物种的差异。因此,他不能相信物种的缔造者是上帝,而只能认为,生物都是大自然本身所创造。

他考察了农学家和畜牧家的育种工作,知道他们用人工选择,在几十年间,能育出快跑的马、肥壮的羊。因此他思考,自然界通过自然选择,就完全可能经过几十亿年,创造出无数生物物种。

"自然选择,适者生存",就是考察了无数自然界的生物现象后得出的结论。1842年,他写出了《物种起源》的概要。1859年,经过28年的反复酝酿与思考,达尔文写出了震惊世界的伟大著作——《物种起源》。

他的著作,改变了整个生物学、地质学、地理学……他创立的进化论,使全人类对自然、对生命、对人类自身的认识，得到根本性的提高。

达尔文的伟大成就，来源于他自童年开始的对大自然的热爱。

（四）人类应关怀自然，保护自然。

人类的衣食住行，人类生活资料与生产资料，全都来自大自然。自然给予人类母亲般的恩爱，但是人类对自然母亲怎样呢？

19—20世纪，世界各国加速工业化以来，产生了严重的自然环境的恶化问题。对这个问题，第一个产生警觉的是美国女科学家蕾切尔·卡逊。

蕾切尔·卡逊(Rachel Carson, 1907—1964)出生于美国宾夕法尼亚州的一个乡村小河边的农民家庭。慈祥的母亲将对自然的热爱和当一个科学家的期望留给了她。自然之爱与文学天赋在她小学和中学时就显示出来。1929年，她毕业于宾夕法尼亚女子学院；1932年，她得到约翰·霍普金斯大学动物学硕士学位。1936到1951年，她一直在美国渔业和野生动物管理委员会(FWS)工作。她写出许多篇海洋方面的科技文献。她的《海洋下面》、《在海风的吹拂下》、《我们周围的海洋》、《海之边缘》等引起轰动，得到过多个奖项。她成为著名的科普作家。

这时期，她关注到第二次世界大战后化学杀虫剂的滥用问题，并进行了大量的调查研究。1962年，她发表了她的最重要的著作《寂静的春天》(Silent Spring)。书中以大量事实揭露了DDT长期使用后，大自然中生命的灭绝现象和环境的严重破坏。该书出版后，受到化学工业界和政府部门的双重压力和攻击。但是科技界和政界的有识人士都认为，卡逊提出的问题非常重要，关系到科学的正义性和人类环境的安全。巨大的争议引起尼克松总统的关注。1963年举行了总统听证会。卡逊的观点得到总统和多数会议参与者的认同。会议上，卡逊要求制定保护人类健康和环境的新政策。

1964年4月14日，卡逊因乳腺癌而与世长辞。

1972年，美国全面禁止DDT的生产和使用。《寂静的春天》一书引发了美国，以至全世界的环境保护运动。卡逊对于全人类做出了不朽的贡献。

美国前副总统戈尔在该书出版40周年之际写的序言中说："蕾切尔·卡逊的声音永远不会寂静。她惊醒的不但是我们国家，甚至是整个世界。《寂静的春天》的出版应该恰当地被看成是现代环境运动的肇始。"

根据上述论述，关于自然之爱，可以有以下的讨论：

（一）人与自然的关系。

人与自然究竟是什么关系？

如果完全从自然科学的角度看，人类只是大宇宙中一颗极小的行星——地球上的一种高等动物。人类的产生有很大的偶然性。人和宇宙根本不能构成一个对应关系。

但是，如果从哲学和人文科学的角度看，人和自然的关系是一个核心问题；并且在人与自然的关系中，人是处在中心位置的。

"天人合一"是中国传统中一个绵延久远的基本思想。至今，这个思想继续给予着人们深刻的启示，有利于加深人类对自然、对自己的认识。

20世纪兴起的存在主义哲学，它的创导人克尔凯郭尔和海德格尔都认为：哲学的出发点不是外界世界，而是人自己。因此，"此在"（与"人"的意思相近）是一切其他存在的出发点，其他存在都是为"此在"所用的。例如河流中的水是为人的生活所用，至少也是为人所见的，例如天上的星星等。并且，所有的存在中，只有"此在"会追问"存在"的意义。对"此在"的领悟，就是对其他一切存在的领悟。因此，"此在"就是世界的本质。

存在主义上述观点是对"天人合一"思想的深化。这个观点与当前全世界和中国提倡的"以人为本"的思想是吻合的。

（二）人与自然相互的爱。

到目前为止，天文学还没有发现外星人（或外星高等动物）的存在，可以认为，在宇宙间，人类的出现是大自然对人类的非常独特的、极为稀有的恩施。

人类生活的地球是整个宇宙中一个各种条件特别优越的星球。地球上照耀着温暖的阳光；地球上大部分地区的四季温度适合于生物和人类的生存；地球上有非常充沛的淡水资源；地球上有人类可以赖以生存的动植物。总之，人类的一切生命和生活的可能，全都来自大自然。这难道不是自然对于人类的最大恩赐吗？

中国古代哲学家老子说："天之道利而不害。"就是说：大自然对人类是关爱而不会加害的。

那么人类对自然呢？在相当长的时间内，人类并不懂得应当关爱自然。长时期内，人类只知道自然，或改造自然，实际上做了许多破坏自然、加害自然的蠢事、坏事。

蕾切尔·卡逊的重大贡献，就在于唤醒人们，必须关爱自然，保护自然。

20 世纪以来，由于工业化的加速发展，二氧化碳等温室气体的排放也在加速，导致全球性的气候变暖，成为人类生存的严重威胁。

如果人类再不警醒起来，控制全球变暖，加强环境和野生动植物的保护，人类必将为自己铺筑毁灭的道路。

因此，要求人们，特别是青少年中，培育"自然之爱"，应当是全社会的任务。

（三）自然是人类的永恒母亲和导师。

人类是大自然生育的，是大自然抚育成长的。一代一代的人全都依靠大自然的恩施而生存，并将永远是这样，因此，自然是人类永恒的母亲。

大自然也是人类的导师，人类从大自然中领悟哲理；从大自然中得到美的享受，获得音乐、美术、书法等艺术的灵感。全部自然科学，都是人类向大自然学习的成果。即使是社会科学，也能从大自然的特性（如自由、平等、和谐、协调）中得到宝贵的启示。因此，自然是人类永恒的导师。

热爱自然，应该和热爱自己的母亲和导师一样。

仁者爱人（人类之爱）

到 21 世纪，人口总数已达到 60 亿以上。人类实在是一个太大的群体，每个人都是人类大海中的一小滴水，非常微不足道。

对于这样一个庞大的群体，人是否有可能产生爱呢？

是的。人应该，也有可能热爱人类。

因为，如果自然是人的母亲，那么，整个人类就是人的父亲。离开了自然，不可能有人；离开了人类，也不可能有人。

自然供给人一切生活原料和居住地，而人类不但供给人全套的DNA——遗传基因，并且供给人全部的文明，包括一切物质文明，如衣、食、住、行和各种现代物质享受，也包括一切精神文明，如文字、文学、艺术、科学等。

从另一个角度讲，每个人，虽然与全人类相比，非常渺小。但是他的一生的所作所为，都会直接或间接地、较大或较小地影响人类。

正如人会热爱也应该热爱父母亲一样，人也会热爱也应该热爱大自然和全人类。

不论是西方或东方，在人类早期流传的神话中，都有热爱人类的英雄故事。古希腊神话中的普罗米修斯的故事，在本书第一篇中已有介绍。普罗米修斯教会人类使用文字、驯养家畜、驾船航行、使用药物；他还偷到了火种，并带给人类。

中国古代有"女娲补天"的神话故事。女娲是人类祖先伏羲氏的妹妹，后结合为夫妻。女娲用黄泥创造了人类，使子民安居乐业。后来共工与颛顼争帝位，共工因没有取胜而发怒，用头触动不周山，导致天柱折断，大地分裂，地陷东南，以致洪水泛滥，大火蔓延，人民流离失所。

女娲看到她的子民陷入巨大灾难之中，十分担忧。她决心到东海之外的仙山——天台山，取石头来冶炼五色石，要将天的缺口补满。女娲经历了九天九夜，炼就了五色巨石 36501 块；然后又经历九天九夜，用 36500 块五彩石将天补好。剩下的一块遗留在天台山的山顶上。她又将天台山的神鳌的四足砍下来支撑四极。女娲将天的缺口补成功了，人类从此又可以安居乐业了。至今天台山上仍然留有女娲补天台、被斩了足的神鳌和补天剩下的五彩石。

普罗米修斯和女娲都是人类的大恩人。他们都热爱自己创造的人类。为了人类的生存和幸福，甘愿自己受尽折磨，或付出艰辛的劳动。

东西方的古代人为什么会流传着有同样含义的神话呢？这些神话说明，古代人民都关切着人类自身的命运，而不是只关心自己和家人的命运。热爱人类的英雄故事反映了古代人对"热爱人类"这种理念和感情的肯定。

近代和现代，出现了许多热爱人类的著名的思想家、政治家、作家、科学家。下面以法国著名女科学家居里夫人为例，加以说明。

玛丽·居里（Marie Curie，1867—1934）出生于波兰，因波兰被占领，她和她的家人转入法国国籍。

她的父母都是中学教师，收入很有限。因母亲患病，她由大姐抚养成人。母亲和大姐在她不满 10 岁时就相继病逝了。因此她的幼年生活充满了艰辛，也使她从小就磨炼出了坚强性格。父亲对科学知识如饥似渴的精神，对她有深刻影响。

她从小学直到中学，学习始终非常刻苦努力，成绩一直是名列前茅。中学毕业后，为支持姐姐上学，她担任了八年家庭教师。24 岁时，她进入巴黎大学，以优异成绩得到物理学与数学两个学位，成为该校的第一名女性讲师。在那里，她认识并爱上另一位讲师——皮埃尔·居里，他们两人最终成为了夫妻。

1896 年，法国物理学家贝克勒尔发现了放射性现象。元素铀能自动地、连续地放出一种人的肉眼看不见的射线，这种射线能透过黑纸使照相底片感光。

这个新发现引起玛丽·居里的极大兴趣，她决心要探求物质的放射性之谜。当她知道沥青铀矿石的总放射比所含铀的放射要强时，她推断铀矿石中必定含有一种未知的放射元素。她和她丈夫两人，决心要提炼出这个未知元素。她们在一座简陋的破旧棚屋里，将一袋袋沉重的矿渣倒进锅里。她举起与她一般高的铁棒，倒进，搅拌，再倒出，再倒进。历尽了无数的失败、挫折与懊丧，终于有一天，一分克的蔚蓝色的纯镭，在他俩满含着泪水的眼前闪耀着美丽的光亮。

他们发现了镭！

镭，有强烈的放射性，它可以穿透人体，可以诊断并治疗人类最危险的敌人——癌症。

不料，就在这喜悦的时刻，皮埃尔突然在车祸中丧生。她强忍住无比的悲痛，挺立了起来，继续皮埃尔在巴黎大学的物理学讲堂。

她完全可以为镭的提炼申请专利，从而获取巨大财富。但是她毫不犹豫地放弃了成为富豪的机会，将镭的专利无偿地献出，为全人类服务。她在不到十年时间内，两次获得诺贝尔奖；所得奖金，她大量地捐献给社会上需要的人，而自己一生一直过着十分简朴的生活。

她因长期与放射性物质接触，患上多种疾病，1934 年 7 月 4 日，居里夫人与世长辞。

她留下许多睿智的名言：

人类需要富有理想的人。对于这种人说来，无私地发展一种事业是如此的迷人，以至他们不可能去关心他们个人的物质利益。人类也需要梦想者，这种人醉心于一种事业的大公无私的发展，因而不能注意自身的物质利益。

她热爱人类，她的一生就实践了她所说的人类需要的人。

从上述居里夫人的事例，我们可以理解，"人类之爱"不仅是普罗米修斯和女娲等神话人物所具有的，也是许多著名的科学家、哲学家、思想家、文学家所具有的。

关于人类之爱，有两个问题需要有所讨论。

（一）人是否可能有永恒之爱？

在本篇所论述的各种爱的类别之中，各种爱的对象，很难说哪一种是永恒的。因为具体一个人的生命有限，他的自我、亲人、老师、朋友等，都不可能是永恒的。事业、科学、文艺等，都会随着时代的发展而变化。至于祖国，存在的时间会长一些，但是，作为一种政治实体，也不是不可能有变化。以中国而论，历史上已经历过许多不同的朝代。欧洲各国，在建立欧盟后，与原来完全独立的国家在主权和法律上，也有很大改变。

在本篇所论的各种爱的类别中，唯有自然和人类两者，是具有永恒性的。现代天文学或宇宙学，没有证据能证明宇宙必将最后毁灭。地球，作为一个行星，按天文学规律，是有可能走向毁灭的。但是地球是宇宙间目前唯一发现有最高等的生物——人类的星球,而人类有无穷的智力发展的潜力,科学家也不能证明,人类没有可能挽救地球毁灭的命运。人类已经有战胜地球上多种自然灾害的能力(虽然,如地震等,目前还没有完全战胜)。20世纪以来,特别是到21世纪,人类正在为抵御全球气候变暖进行全球性的合作和努力。因此,在人类智力和爱心的积极保护下,地球有可能是永恒存在的。何况人类还有可能转移到其他星球去。由于人类自身的不断发展的智慧和爱心,人类完全有可能永远地保存与保护自己。

因此,自然和人类,这两者,应该说是永恒的。

自然与人类的永恒性,是一个有重大意义的理念。事实上,所有宗教追求的都是永恒(基督教的天堂、佛教的西天、道教的长生等);而自然与人类的永恒,并没有借助于宗教,因此是所有人都能够接受的。

每个人的生命都非常短促,个人对自然与人类的爱,使个人的生命与自然与人类相结合,而得到永恒。

(二) 人类之爱,对于普通人是不是过于空泛的要求?

当然,没有必要对任何人都提出人类之爱的要求。不能要求人们像爱父母那样要求任何人都必须爱人类。但是,当人们越来越多地接受现代文明教育,人们自己会提高"热爱人类"的自觉。

特别是在全球化、信息化快速发展的时代,任何人的生活和工作都和世界与全人类有联系,每个人都直接或间接地为世界与全人类做着贡献。

中国现在有无数的工厂都是为出口而生产的,那么,你作为一个工人,你的工作质量,就会影响到出口产品的质量。产品质量好,你就对世界和人类有所贡献。如果你是一个小学老师,你会向学生传授世界的知识和人类的普遍文明,你也间接地为世界和人类做出了贡献。

因此,人类之爱,绝不只是像居里夫人那样的著名科学家才能有的感情。任何一个普通人,只要你有一定的地理和历史等文化知识,你都会在你内心产生这种感情。具有人类之爱,必然会提升你的思想与道德境界,使你成为一个更高尚、更快乐、生活更有意义的人。本篇中列出十六种类别的爱,已经能说明人类所爱的对象非常广泛。其实这十六种爱的类别,并不能囊括所有人类的爱。还有一些爱，并没有被包括进去，例如有人热爱生活，有人热爱读书，有人热爱宠物，有人热爱文物，有人热爱下棋，等等。本书没有必要罗列人们所有的爱。

还有一些很重要的爱，应该讨论，而没有进行专门的讨论，如真理之爱等。但是，在本篇论述自由之爱、科学之爱与文艺之爱时，都已经谈到了真理之爱。

本书第二篇表明，人类有非常广泛的爱的对象，可见爱是人类生存和生活中的一个极其重要的内涵。那么，究竟怎样来理解爱呢？爱对于人类有怎样的意义呢？爱与人类的其他追求，如真、善、美等是什么关系呢？爱在人类生活中占有怎样的位置呢？这一系列问题，不能不是古今中外哲学、宗教和人文科学所非常关注的课题。

本书的第三、四、五、六各篇，将分别讨论西方哲学、中国哲学、科学和宗教怎样论述人类的爱。

本篇介绍从古至今的西方哲学家怎样述人类的爱，并有所讨论。

柏拉图论爱

在公元前 400—前 300 年时，古希腊出现了三位哲学大师，即苏格拉底、柏拉图和亚里士多德。他们的哲学思想对于西方文化有着极深远的影响。

苏格拉底本人并没有著作保留下来。他的思想，人们主要是从他的学生柏拉图写得非常详尽的《对话集》中所知道。在《柏拉图对话集》中，有许多用苏格拉底的名义作的谈话。这些谈话，究竟哪些是苏格拉底本人的思想，哪些是柏拉图自己的思想，很难完全分清。而从柏拉图的学生——亚里士多德的著作中,我们可以知道柏拉图的思想。由此分析,在《柏拉图对话集》中关于"爱"的论述,基本上是柏拉图本人的思想。因此,本节采用"柏拉图论爱"的标题。

柏拉图(公元前427—前347)是古希腊时代最重要的哲学家。他提出的"相论"(或"理念论")对于后来的哲学和科学发展有深远的影响。他一生有四十多本哲学著作,都是用对话的形式写成的,后来汇编成《柏拉图对话集》。《对话集》涉及的方面非常广泛。其中,以"爱"为主题的主要是两个篇章:一是《会饮篇》;一是《裴德罗篇》。《会饮篇》是苏格拉底和他几个朋友在参加一个仪式后在一起饮酒,边饮边谈,而谈话的主题就是"爱"。《裴德罗篇》记载的是苏格拉底和他的朋友裴德罗在散步时的谈话,爱是他们谈话的主要话题。

两篇对话的篇幅都很长。现将柏拉图关于"爱"的主要观点,归纳于下:

(一)爱是最古老的,是伟大的,爱是最高的幸福。

《会饮篇》中,裴卓说:

爱若(Eros,希腊的爱神)是一个伟大的神,为人类和诸神所景仰。

爱神是诸神中间最古老的神……他没有父母。

爱是人类幸福的来源……一个年轻人最高的幸福无过于有一个钟爱自己的情人。

对于人类,无论是生前还是死后,爱是最能导致品德和幸福的。

《会饮篇》中,阿里斯多潘说:

爱是一切神祇中最爱护人类的,他援助人类,给人类医治一切疾病,治好了,人就能得到最高的幸福。

(二)爱最年轻,最美,最善良。爱是公正而审慎的。

《会饮篇》中,阿伽通说:

爱神是神灵中间最年轻,而且永远年轻。

他是神灵中最幸福的,因为他最美,最善良。

现在说爱神的品德。他的最大光荣在于既不害神和人,也不受神和人的害。暴力与他无缘。

爱情都是出于自愿的,双方情投意合才是爱情王国的金科玉律。

爱神不仅公正,而且审慎。爱神既然统治着快感和情欲,岂不是最审慎的吗?

通过以上几位苏格拉底朋友的论述,可以见到柏拉图将爱提到了一个极高的位置,给予爱以极高的评价。

这是十分值得我们重视的问题。在西方哲学两千多年的发展中,特别是近代和现代的西方哲学,都是以本体论、认识论、价值论为哲学的三个主要支柱。虽然价值论与爱有一定关系,但是一般来说,"爱"在近代和现代西方哲学中,并不占主要位置。

而古代西方最伟大的哲学家——柏拉图,却给予"爱"极高的位置和极高的评价;说"爱"是最美、最善良、最幸福的。柏拉图的观点不能不使我们深思:爱究竟应该在哲学中占有怎样的位置?而这正是本书要着重探讨的问题。

《会饮篇》中有两种观点,一种观点是,爱是最古老的;另一种观点是,爱是最年轻的。两种观点看来是矛盾的,其实并非也。爱是古老的,是没有父母的,说明爱是在人类诞生之时就有的,是与人类共生的。爱是年轻的,说明爱是永葆青春的,永远充满活力;它将永远地伴随着人类的发展而发展。

爱既最古老,又最年轻,正能说明:爱与人类,自古至今,直至永远,始终伴随,永不分离。

(三) 爱的对象是多样的。

《会饮篇》中,医生鄂吕克锡马柯的发言是:

爱神的威力伟大得不可思议,支配着全部神的事情和人的事情。

不仅医学完全受爱神统治……就是体育和农业也是如此。至于音乐受爱神统治更为明显。

一般说来爱神的威力是多方面的,巨大的,普遍的。

这个论点非常重要,它说明:虽然男女之间的爱情是爱的十分重要的类别。许多关于"爱"的著作(如弗洛伊德的),主要是以男女之间的性爱为中心议题的;但是柏拉图在《会饮篇》表达的观点是:所谓"爱"并不只是指男女间的爱情,而是多方面的,是普遍的,例如对医学、对体育、对农业、对音乐,等等,都可以有爱。

这个观点也是本书讨论"爱"的基本出发点。

(四) 爱有两种:高尚的爱和凡俗的爱。

《会饮篇》中,包萨尼亚在发言中说:

谁能否认这位女神(指爱神)有两个呢? 一个……我们把她称为天上的;另一个,我们把她称为凡间(或凡俗)的。

凡间或凡俗的爱,所眷恋的是肉体而不是灵魂。

我们不能一遇到爱就能说美,值得颂扬;只有那驱动人以高尚的方式相爱的爱神才美,才值得颂扬。

柏拉图在这里提倡的是"天上的爱"或"高尚的爱"。他所谓的"天上的爱",就是灵魂的爱,或精神的爱。他认为,只有这种精神的爱,才是美的,是值得称颂的。这也就是人们所称的"柏拉图式的爱"。

当然,在夫妻或情侣之间,不能排斥肉体的爱。男女之间的肉体的爱,是人类的本性。柏拉图说过:"一个年轻人最高的幸福无过于有一个钟爱自己的情人。"这里不可能不包含肉体的爱。

然而,我们也不能不承认,即使在情侣或夫妻之间,互相爱慕、互相尊重、互相爱护、互相体谅等精神之爱,比肉体之爱更为重要。

如果只要求肉体之爱,那么,在任何卖淫场所都能得到满足。但缺乏了精神之爱,人类就将自己降低到动物的水平。

从本书第二篇关于爱的类别的论述中可以知道,人的绝大多数的爱都是精神性的,与肉体之爱无关。

因此,柏拉图提出的"精神之爱"的观点,是有深刻启示的。

(五) 爱要与爱的对象合为一体。

在《会饮篇》中,阿里斯多潘提出一个对爱的非常独特的解释。大意是:以前的人是圆形的;头上有两个面孔,一个朝前,一人朝后;一半是男,一半是女。他们体力强壮,总要和诸神作战。宙斯(最高的神)对人类的无理不能容忍,想出一个办法,将每个人剖成两半,以削弱人的力量。人被剖成两半后,这一半非常想念那一半,总想合拢在一起,互相拥抱而不分开。

这就是人类有爱的原因。

当然,这个解释是荒诞的,但是却说明了人类的爱的重要的心理特征,就是愿意与爱的对象,合为一体。

在本书第二篇的许多爱的类别中,人都有这样的心理特征。例如男女情侣或夫妻之间,深挚的感情使双方都愿意与对方合为一体。爱国者热爱祖国,愿意为祖国而献身,他们愿意将自己的生命融合于祖国的解放和发展之中。科学家热爱科学,愿意一生献于科学,愿意将自己和科学的发展融合在一起。

(六)爱追求从无到有,有所新生,并且不断向上提升。

《会饮篇》的对话中最后发言的是苏格拉底。苏格拉底介绍了一个智慧很高的女人——狄欧蒂玛和他讨论爱的情形。狄欧蒂玛谈到她对于爱的一些独到的见解:

爱若是既不穷又不富。他总是处在智慧与无知之间。

追求爱的人用什么办法不折不挠地进行爱的活动呢?……这活动就是在美的东西里面生育。……凭借身体或灵魂。

爱必然是奔向不朽的。

对美的爱是一步一步地向上攀登。……直到这门爱的学问的结尾,就会突然发现一种无比奇妙的美者,即美本身。

这几段话的含义相当深刻。它们大致的意思是:

1. 爱是一种追求,它总是处在"无"和"有"之间的状态。因此它既不富,也不穷;既不是完全"无知",也不是完全"有知"。

在本书第二篇介绍的爱的类别中,这样的情况是很多的。例如父母对子女的爱,并不是只在子女年幼时,也不是只在子女长大后。父母的爱是伴随着子女的成长的。科学界对科学的爱,是他对所从事的科学领域从无知到有知的过程。哥白尼对天体运行规律研究的热爱就是如此。

2. 爱具有创造性。柏拉图谈到"凭借身体或灵魂而生育",就有创造新生事物的意思。柏拉图说:"爱的力量是伟大的、神奇的、无所不包的。"就是

107

指爱的无穷而伟大的创造力。

可以认为，所有的爱，都具有创造性，都能"生育"出新的事物。

夫妻之爱能生育出子女。事业之爱，能创造出新的事业业绩。文艺之爱，能创造出优秀的文艺作品。正是由于有创造性，爱是永恒而"奔向不朽的"。

3. 爱是一步一步向上攀升的。爱会从低级到高级，从凡俗的爱进展到高尚的爱，从肉体的爱（或物质的爱）进展到精神的爱。柏拉图以对美的爱为例，开始时可能是对美的具体形象的爱（如对花的美）；如果你真正地爱美，你会一步一步地攀登到对美的本质（爱本身）的爱。

以上都是柏拉图的《会饮篇》的内容；柏拉图的《裴德罗篇》谈的内容较为集中，主要是苏格拉底和他的朋友裴德罗讨论爱情的问题。裴德罗介绍了一位作家吕西亚斯的文章，该文章的观点是：没有爱情的人要好于有爱情的人。苏格拉底不同意这种观点，他是肯定爱情的。他说：有爱情的人，"无论在爱情旺盛之时还是在爱情衰竭之后他们都可以算是朋友，因为他们深信彼此已经交换过最有约束力的誓言"。

凡是有真正爱情体会的人，都会同意苏格拉底的观点，当然，这也是柏拉图的观点。

从上述的介绍可知，柏拉图对于爱的论述十分深刻。总起来说，他并没有将爱局限于男女之间的爱情，他认为爱的对象是有普遍性的。他不否定肉体的的爱，但更重视精神的爱。他主张人类的爱应一步一步地向上提升，达到更高的境界。他认为爱是有创造性的，能创造出新生事物。他给予爱极高的位置，有极高的评价，认为爱是最美的，是能给予人类最高幸福的。

柏拉图的爱的学说，对西方文化，以至世界文化都有着深远的影响。

亚里士多德论爱

亚里士多德（公元前384—前322）是古希腊时代，继柏拉图之后最重要

108

的哲学家。他提出"实体论",要求人们对于任何事物的研究,从研究事物的个体与它们的种属开始。这为后来的自然科学与社会科学开辟了一条正确的道路,是对人类的巨大贡献。他在逻辑学上建立了三段论法,为后来一切科学论证提供了最基本的的逻辑基础。他在自然科学、美学、政治学等方面的许多学说,影响了西方两千多年的历史。

亚里士多德关于爱的论述,主要是在他的三本伦理学的著作之中,即《尼各马科伦理学》、《欧德谟伦理学》和《大伦理学》,主要是第一本。尼各马科是他父亲的名字,此书献给他的父亲。

《尼各马科伦理学》的第八和第九两卷是专门论述"友爱"的,其中包含了亚里士多德关于爱的主要论点,现归纳如下:

(一)爱有广泛的对象。

亚里士多德所谓的"友爱",首先是指朋友之间的爱,但并不限于此,它还包括男女或夫妻之间的爱情,也包括"父母对儿女、老年人对年轻人、领袖对属民、领导者对被领导者"的关系。甚至如他所说:"一切匠人都热爱自己的作品……诗人对自己的作品有着过度的爱,把它们当作孩子来抚爱。"

因此,亚里士多德对"友爱"的论述,实际上就是对"爱"的论述。他与柏拉图一样,认为爱有很广泛的对象。

(二)爱有三种,爱是一种德性。

他说:"友爱分为三类……相互爱着的人希望对方过得好;他们因此而成为朋友。有些朋友是为了有用。……对他们相互之间有好处。有些是为了快乐。"

他认为友爱有三种不同的目的:1. 为了朋友过得好;2. 为了相互的利益;3. 为了得到快乐。

他详细地论述了这三种不同目的的爱,他认为只有第一种爱(为了对方过得好),才是真正的、可以持久的爱。

朋友之间,如果只为了利益,那么当利益不存在时,友情就会终止。朋友之间,如果只为了快乐,那么当不再感到快乐时,也就不再有友情了。

因此,亚里士多德认为,真正的爱是非功利性的。爱只是为了善,爱是一种德性。他说:"善良者的友爱是完美的,而且与德性方面相类似。……作为善的人他们都是就其自身而善的。那些为了朋友自身而希望朋友为善才最是朋友。……这种友谊就永远维持。"

亚里士多德对于爱的这个观点非常重要,对于我们理解爱的本质是有指导意义的。

(三)爱更多地在爱之中,不是在被爱之中。

亚里士多德说:"大家公认友爱更多地在爱之中,而不是在被爱之中,其证明就是,母亲总以爱为喜悦。有一些母亲把自己的孩子交出去哺养,她们在爱着并知道这一切,但是并不索取爱的回报。……即或(子女)由于不知内情,不把她们当作母亲看待,但她们还是照样地爱他们。"

亚里士多德用上述事例说明了一个十分重要的爱的精神:爱是给予,而不是索取;爱是付出,而不是取得。这是人类的各种爱的共同的精神和原则。离开了这种精神和原则,就不是真正的爱。

(四)爱的本性和动力。

爱是给予,而不是索取,那么人为什么会有爱呢?爱的本性是什么?爱的动力是什么呢?

亚里士多德说:

对友谊的规定,似乎都是取决于人如何对待自身。

对于善良的人来说,善良才是自己真实的存在。每个人都希望自己好。……他对待朋友也正如对待自身。

"对待朋友正如对待自身",亚里士多德这个思想,和孔子的"己所不欲,勿施于人"的思想,基本精神是一致的。这个思想,被伦理学者认为是人类道德的"黄金定律"。

这就是亚里士多德认为的爱的本性。

那么,爱给予爱者什么回报呢?亚里士多德说:"欢乐、快乐也是形成友爱的一个因素。……友爱这种现实活动是高尚的,它最令人快乐,是最可爱的。"

因此,内心的愉快,就是爱的动力。

（五）爱和政治体制的关系。

亚里士多德认为："政治上的群体是为共同福利而开始的，并由此得以维持。"

也就是说，政治群体或国家，都是为着民众的共同利益而建立的。

亚里士多德将当时的政治体制分为三类：1. 君主制，发展到最坏的暴君制；2. 贵族制；3. 民主制。他说："在暴君制下就很少或没有友谊"（如前所述，他所说的"友谊"与爱有相同的含义）。因为暴君"将全部或大部分好的东西都归于自己，又长期占据着主宰的地位"。这样就不可能考虑共同的利益。

他又说："在民主制下则友谊和公正最多，因为在平等的事物中，共同的东西是很多的。"

亚里士多德关于爱与政治体制的关系，限于历史条件，还不可能讲得很深刻，但是给予我们的启示是：人类的爱的实行和体现，是与政治密切相关的。本书在第八篇中将有专门的章节论述这个问题。

（六）关于亲属间的爱。

亚里士多德对于亲属之间的爱，也有分析和论述。他说：

生育者把子女作为自身的一部分，照拂备至。子女则把双亲当作自己存在的来源。

兄弟们相互地爱，由于是自然地出于双亲。这种与他们相关的同一性，就造成他们的同一性。

存在着后代对先辈的爱和人对神的爱，这是对善和尊长的爱，因为他们恩泽长流，是后代的存在和哺养的原因。

亚里士多德的这些论述，与中国儒家关于孝的教导非常接近，说明东西方文化在源头上是相近的。

（七）关于自爱。

亚里士多德对于自我的爱（即自爱）有详细的论述，值得我们重视。

他对于自爱，有以下一些主要论点：

一切与友谊相关的事物，都是从自身而推广到他人的。

一个人是自己最好的朋友。人最爱的还是他自己。

为什么人们会对"自爱"有所鄙视呢？

亚里士多德说：因为人们"把那些多占钱财、荣誉和肉体快乐的人称为自爱者"。他认为："这样来谴责自爱者是公正的。"

他进一步论述："邪恶的人，不应该是爱自己的人……他既伤害了自己，又伤害了他人。"

他又说："若有人所向往的是行公正的事，比所有的人都多……总之，想使自己高尚而美好。"那么，这样的自爱是不能指责的。

他说："只有这样的人才是真正意义下的自爱者。"

所以，亚里士多德区分了两种截然不同的自爱，一种是只考虑自身利益和欲望的自爱；另一种是高尚的、为着自己和他人的善的自爱。前者并不能说是自爱者，而只能说是自私者或自利者，甚至是邪恶者。只有后者，才是真正的自爱者。

从上述亚里士多德对于爱的论述，与柏拉图的论述相比，可以认为，柏拉图的论述更富于诗意、更抽象、更深刻；而亚里士多德的论述更理性，更贴近生活。两位古代哲学家都给我们留下了非常有启发性的对人类的爱的阐述，对后来的人们来说，都是宝贵的精神财富。

中世纪哲学家论爱

欧洲中世纪是欧洲历史上很长的一段时间。中世纪开始于公元 476 年西罗马帝国灭亡，结束于 15 世纪，大约有一千年的历史。这一千年中，大致可以分为两段。11 世纪之前常称为黑暗时代，这一时期内，基督教神学是统治性的思想；人们的理性思维、科学研究和文艺创作都受到了严重压制。11世纪以后情况稍有好转。

中世纪的文化和哲学与基督教是不可分的。基督教的关键性人物耶稣是公元之初诞生的。耶稣和他的信徒的故事和他们传播的教义，被编成《圣经（新约）》，成为基督教的经典。

公元 2—3 世纪，罗马帝国由盛而衰，而基督教却强劲地发展起来。公元313 年，罗马皇帝君士坦丁皈依基督教。公元 392 年，罗马皇帝正式宣布基督教为罗马帝国的国教。

中世纪的哲学与基督教的教义紧密地结合，被称为基督教哲学。基督教哲学不但对于传播基督教有重大影响，对于近代和现代的西方哲学与西方文化，都有深远的影响。在本书关于爱的哲学的讨论中，中世纪哲学也占有重要地位。

中世纪最重要的哲学家是两位：一是奥古斯丁；一是阿奎那。

一、奥古斯丁

奥古斯丁(354—430)是欧洲中世纪哲学的先驱性人物。他长期担任非洲北部希波城的主教。因此，他的哲学被称为神父哲学或教父哲学。

奥古斯丁一生的著作很多，著名的著作有：《忏悔录》、《论三位一体》、《上帝之城》等。他关于爱的论述，主要是在他的《论信望爱手册：致劳伦修》一书之中。

现归纳奥古斯丁关于爱的主要论述如下：

(一)"三位一体"与"上帝是爱"(神爱)。

"三位一体"，指的是圣父(上帝)、圣子(基督)和圣灵，这三者是一个整体。这是奥古斯丁的十分重要的基督教哲学思想。

他在《论三位一体》中说："没有三个神，只有一个神；尽管事实上父生了子，因此父不是子；子是父所生，因此子不是父；而圣灵既不是父也不是子，而只是父和子的灵，他本身是与父和子同等的，属于三位的合一体。……父、子、灵是分不开的。"

因此，奥古斯丁认为，基督教所信仰的上帝、基督、圣灵，三者虽有区别，但是却是一个"合一体"，是同一个神。

奥古斯丁在《论信望爱手册》第 121 章中又说："上帝就是爱。"上帝的爱，基督教有一个专门名词,即"神爱"(Agape)。

当然,奥古斯丁所谈的都是宗教语言,对于信教者来说,不论是圣父、圣子、圣灵,都是能接受的。

那么,对于众多的非信教者来说,他的学说是不是毫无意义呢?

本书作者认为,不能这样说。因为奥古斯丁所讲的圣父、圣子、圣灵,都是世界的主宰者,人类的恩施者,都是永恒的存在。

对非信教者来说,或用理性的思维来说,世界也是有主宰者的,即大自然本身;人类也是有恩施者的,即人类本身,而自然和人类,也是永恒的存在。(在本书第二篇《自然之爱》与《人类之爱》中已有论述)

大自然爱人类吗?我们只要想一想,在浩瀚无边的大宇宙中,至今为止,只知道在这颗蓝色的小行星——地球上具有适合于人类生存的独特的优越的环境条件。我们不能不承认,大自然是对人类特别眷爱的。

至于大自然热爱他的子女——人类,更是不言而喻的。

因此,我们也可以说:"自然和人类就是爱。"这与奥古斯丁说的"上帝就是爱",是同一个意思。

自然、人类,和他们所蕴含的爱的精神,事实上,也构成一种"三位一体"。这个理性所能认识的"三位一体",是人类的生命可以依赖的永恒存在。

这是奥古斯丁的思想对我们的启示。

(二)比信和望更大的恩赐是爱。

古希腊哲学家(苏格拉底、柏拉图、亚里士多德)都认为,人类的美德是节制、正义、虔敬、勇敢;人们称为四大美德。

奥古斯丁认为,对于基督教信仰者来说,在四大美德之外,还应该加上"信、望、爱"三种美德。

奥古斯丁说:"上帝要我们以信、望、爱敬拜他。"

奥古斯丁对于信、望、爱三者的关系有深入的阐述。

信、望、爱这三种恩赐究竟是什么?信是相信上帝,望和爱则是向上帝祈求。

当然,对于基督教信徒来说,信和望都很重要,但是奥古斯丁指出:爱更重要。他说：

没有爱，信则于人无益；没有爱，望也无以存在。

人若没有爱，他所信的即便是真理，他所望的即便是真正的幸福，也是枉然。

因此，奥古斯丁说："比信和望更大的恩赐是爱，是圣灵将爱浇灌到我们心中。"

也就是说，奥古斯丁认为，爱是高于信和望的。

爱高于信和望，这是奥古斯丁一个关于爱的非常深刻的认识。在基督教中，这个论点当然是重要的。如果基督教徒只是信上帝，盼望上帝降福于他；而他并不爱家人、爱他人，那么，他的信就没有意义，他的望也会落空。

奥古斯丁"爱高于信、望"的论点，对于非信教者来说，在理性生活中，也是重要的。例如，一个地方官员可以信任上级领导者，也可以盼望领导者对他重用，但是他并不热爱自己的工作，也不热爱人民大众，那么，他的信任和盼望都会落空。

科学工作者一般都是信仰科学真理的，也盼望能在科学上有所成就；但如果他并不热爱科学、不热爱真理、不热爱人民，他不会在科学上做出大的贡献。

（三）永生是上帝的恩赐。

奥古斯丁说："永生虽是对善行的报偿，但实质上确是上帝的恩赐。"

奥古斯丁认为，爱是比信和望更大的恩赐。这里又讲：永生是上帝的恩赐。可见，他的观点中，是上帝的爱给予人以永生。

这是奥古斯丁的基督教哲学的基本理念。简要地说，奥古斯丁的宗教理念是：因人类的祖先——亚当，没有抵御住欲望的驱使，偷吃了禁果，而使他的后裔——人类都有了原罪。死亡是上帝对人类的惩罚，上帝由于关爱和怜悯人类而给予人以恩典。只要人对上帝有信、望、爱，遵守诫命，就有可能得到上帝的宽恕，而得到永生。

一般来说，"永生"是一个宗教或信仰的问题。但是，如果不将永生看成是肉体的永生，而看作是精神的永生，或灵魂的永生。那么，"永生"就是一个哲学问题。事实上,从柏拉图到康德都有关于灵魂的学说,黑格尔也有绝对精神的学说。中国古代哲学中,儒家是十分重视祖先崇拜的,就是承认祖先灵魂或精神的存在。吴稚晖列举出七条中国人的祖先崇拜的理念,第一条就是"祖先的精神不死"。

北京天安门前有人民英雄纪念碑,碑文写道:"由此上溯到一千八百四十年,从那时起,为了反对内外敌人,争取民族独立和人民自由幸福,在历次斗争中牺牲的人民英雄们永垂不朽!"

"永垂不朽",也就是精神的不朽。

因此,奥古斯丁的"上帝的爱给予人永生"的理念,我们可以从理性的角度给以理解:爱给予人精神的永生!

(四)一切诫命都以爱为依归。

奥古斯丁说:"上帝的一切诫命都是围绕着爱的。"

"爱是每一条诫命的依归。……命令的总归就是爱。"

基督教有十大诫命,如,1. 承认独一的真神;2. 逃避一切偶像崇拜;3. 不可以用咒骂、假誓;4. 殷勤到教会参加礼拜;5. 应对父母和一切尊长表示尊敬、爱心、信实;6. 不可在行为上,放纵自己,亲自或假手于人做出诽谤、仇恨、侮辱或杀害邻舍的事;7. 不可奸淫;8. 不可偷盗;9. 不可作假见证陷害人;10. 不可贪恋人的房屋,妻子、仆婢等。

奥古斯丁的观点是,所有一切诫命,都以爱为依归。他的意思是,正因为人要爱上帝,爱邻居和他人,因此人就不应该做各种诫命中不允许做的事。

这个观点对于现代人的启示是:如果人们具有对于他人或大众的爱心,就不会去做各种法律所禁止人去做的事,例如贪污、贿赂、抢劫、强奸、杀人、假酒、假药、毒奶粉,等等。因此,在现代法治社会中,固然严格执法是完全必要的,但是,也完全需要在全社会进行道德和爱的教育。只有全社会中人们的道德提高了,对他人和大众的爱心普及了,犯法的事件才能减少。

(五)惟独使人生发仁爱的信心才有功效。

奥古斯丁引用使徒保罗的话:"受割礼不受割礼全无功效,惟独使人生发仁爱的信心才有功效。"

奥古斯丁引这句话，是解释人怎样才能得救。如果我们将这句话应用于现实生活，那么，它的意思是：只有与仁爱相结合的信念，才能使人获得人生的真正快乐。

这个思想与孔子的思想十分近似，是人生的重要哲理，值得我们深思。

二、阿奎那

托马斯·阿奎那（1224—1274）是欧洲中世纪后期的最重要的哲学家。他是意大利人，出生在那不勒斯，他父亲是当地一位贵族。他 5 岁时进修道院接受教育。他在 1244 年被派往巴黎深造，1252 年到巴黎大学任神学教授，1259 年到教廷任职，在那里，他有机会接触到大量的亚里士多德的著作。1269 年，他重返巴黎大学任教。于 1274 年去世。

由于以阿奎那为代表的基督教哲学家主要在大学中宣讲他们的思想，他们的哲学被称为"经院哲学"。

如果说，奥古斯丁的基督教哲学主要是接受柏拉图的学说；阿奎那的基督教哲学主要是接受亚里士多德的学说。正是由于他们两位将基督教教义与希腊哲学相结合，才使基督教教义有很强的系统性与理论性，是后来基督教在全世界得到广泛传播的重要因素。

阿奎那一生的著作非常多，总字数在 1500 万以上，主要的著作是《神学大全》。而他关于爱的论述，主要是在他的《神学大全》的《论爱德》等五个章节之中（23—27 题）。

现从这几个章节中归纳他关于爱的主要论述：

（一）爱是灵魂的生命。

阿奎那说："天主藉爱德成为灵魂的生命，又藉灵魂成为肉体的生命。"

人是由肉体与精神两者的结合而组成。所谓"灵魂"，不必理解成鬼魂，比较合理的理解，就是指人的精神。人的精神，指的是人的品德、人的创作、人的思想、人的著作、人的业绩等。人活着时，灵魂是和肉体结合在一起的；人死后，他的肉体是死亡了，但他的精神并没有消失。而真正构成人的生命

117

意义的,并不是肉体,而是人的灵魂,也就是人的精神。这就是阿奎那说的"灵魂是肉体的生命"的意思。

而阿奎那又说:"爱德是灵魂的生命。"可见,他认为在人的精神之中,在人的各种品德之中,在人的各种业绩之中,爱德,是最重要的,是最永恒不朽的。

他这个观点,在本书所讨论的爱的哲学中,有重要位置。

(二)爱是最高的德行。

阿奎那说:"至于爱德,则直接达到天主自己,为能留在天主内,而不是为了我们自己能从他那里得到什么东西。为此,爱德比信德或望德更为崇高,因而也比所有其他一切的德行更为崇高。"

阿奎那这个观点与奥古斯丁是一致的,也就是认为,爱德高于信德和望德。而他提出了更充分的理由。他认为:信德和望德都有自己的目的(认识真理,或获取善果),而爱德并没有目的,因为他本身就是最高的目的。

如果古希腊哲学家将真、善、美看作是人类最高目的,那么,阿奎那的观点就是:爱与真、善、美一样,也是人类的最高目的。

(三)意志是爱的主体。

阿奎那说:"欲望有两种,即:感觉的欲望,以及理智的欲望;理智的欲望也叫做意志……爱德的主体,不是感觉的欲望,而是理智的欲望,亦即意志。"

阿奎那在这里提出一个重要观点,即:爱并不是一种从感觉出发的欲望,而是一种从理智出发的欲望。然而,既然是一种欲望,就是有情感因素的,而不是一种纯粹的理性活动。阿奎那说,爱是一种理智的欲望或意志,他的意思是:爱既有情感因素,又有理性因素。

一般地说,人的爱,或人的意志,都是既有情感因素,又有理性因素。例如人有爱国的意志,就是既对自己的祖国有热爱的感情,又在理智上知道自己的一切都受祖国的恩赐。

爱是情感与理智的综合,这是本书关于爱的一个基本观点。

(四)爱的次序。

阿奎那在《神学大全》的第 26 题的标题,就是《论爱的次序》。

他的主要观点是：

1. 爱应该是有次序的。

他说："在那些以爱德去爱的事物之间，按照其与这爱的第一根源，及天主的关系，必然有着某种次序。"

2. 爱天主应胜于爱自己。

他说："人应该以爱德去爱那大家所共有之善的天主，胜于爱他自己。"

3. 爱自己应胜于爱近人。

他说："一个人自己分享天主之善，比别人与自己一起来分享，是一个更强的爱的理由。所以，人应该以爱德去爱他自己，胜于爱近人。"

4. 爱与自己有血缘关系的人重于无血缘关系的人。

他说："由自然的出生而来的联系，显然先于其他所有的联系，也比他们更为稳定。"

5. 爱父母应重于爱子女。

他说："由于子女与自己的亲密关系，父亲自然而然地更爱自己的子女。可是，从更高尚的善方面来看，子女则自然而然地更爱自己的父亲。"

从上述阿奎那关于爱的次序来看，他的观点，除了将爱天主放在首位（这是基督教哲学的首要观点）之外，其他的观点，与中国儒家的思想是比较接近的，例如对于父母之爱的重视，对于有血缘关系者之爱的重视。爱自己重于爱别人的观点，也是符合人的本性的。

总之，中世纪哲学家奥古斯丁与阿奎那的爱的观点，是与基督教的教义密切结合的。他们的学说，特别是爱比信、望更重要的论述，不但加深了信教者对上帝与基督的热爱，对于非信教者来说，也有启发与教益。

斯宾诺莎与休谟论爱

欧洲的中世纪随着文艺复兴的兴起而终止。文艺复兴从 14 世纪的意大利开始,于 15—16 世纪在西欧各国昌盛起来。

这个时期中,有但丁(1265—1321)《神曲》的创作;有哥白尼(1479—1543)"日心说"的问世;有马丁·路德(1483—1546)的宗教改革;有麦哲伦(1480—1521)航行全球的成功,以及由此而来的资本主义工商业的产生和发展。这一切都无情地冲击着中世纪的宗教在政治上和思想上的统治与垄断,终于导致了中世纪文化的解体。

文艺复兴后,直到 17 世纪,欧洲出现了两股主要的哲学思潮,一是西欧(法国、荷兰)的唯理论;一是英国的经验论。

唯理论学派的主要哲学家有笛卡尔、斯宾诺莎、莱布尼茨等;经验论学派的主要哲学家有培根、霍布斯、巴克莱、休谟等。

文艺复兴运动所冲击的对象,主要是控制中世纪思想的基督教神学。神学的核心思想是爱上帝,爱在基督教哲学中有崇高的位置。基督教哲学在一定程度上,将爱的概念神圣化、神秘化。

近代西方哲学,不论是唯理论,还是经验论,都继承亚里士多德的思路,对爱进行理性的思考,将爱放在伦理学中来讨论。虽然,爱的位置与在基督教哲学之中相比有所下降;但是在近代西方哲学中对于"爱"有更深入和理性的阐述。他们将爱的概念与情感、意志等概念结合起来,将爱与人的自由、人的本质等概念联系起来,因此使爱的哲学在深度和广度两方面都得到发展。

近代西方著名的哲学家很多,本章选择两个对"爱"有较多论述的哲学家作为代表:一是代表唯理论的斯宾诺莎;一是代表经验论的休谟。

一、斯宾诺莎论爱

斯宾诺莎(1632—1677),出生在一个犹太商人家庭,先居住在西班牙,后来迁到荷兰。他 17 岁时从事贸易职业,但他的兴趣是在哲学和科学。他阅读了培根、笛卡尔、霍布斯等的哲学著作,形成了自己的不符合宗教教义的哲学观点。1656 年,他因此而受到严惩,被教会逐出教门。他被迫离开城市,以磨制镜片为业。最后于 1677 年病逝。

斯宾诺莎是一个品格高尚的人,生活简朴,终身没有娶妻生子。

他的主要哲学著作是:《笛卡尔哲学原理》、《伦理学》、《知性改进论》等。他认为,哲学也应像几何学一样,从基本定义、公则出发,经过逻辑推理,得到各种命题和结论。这就是唯理论哲学的特点。

现将斯宾诺莎关于爱的论点归纳如下:

(一)自然神学。

自然神学是斯宾诺莎的十分重要的哲学思想。他的《伦理学》一书的《论神》部分,以及《笛卡尔哲学原理》附录的《形而上学思想》,都阐述了他的自然神学。自然神学与爱有密切的关系。

基督教神学和哲学的核心是爱上帝。斯宾诺莎要回答的问题是:上帝究竟是什么?他的答案是:上帝就是自然!

神的最主要属性是神的永恒性。

神只有一个。

唯有神才能称为无限的。

广大无边属于神……因为它被看作第一因。

(以上引自《笛卡尔哲学原理》附录的《形而上学思想》)

自然中没有任何偶然的东西,反之一切事物都受神的本性的必然性所决定而以一定的方式存在和动作。

(引自《伦理学》的《论神》)

斯宾诺莎的以上论述中,是没有人格神的含义的,即上帝并不是像基督教徒想象中的天上的慈祥老人。他是将上帝看成是大自然本身。因为,只有大自然,才是永恒的,是唯一的,是无限的,是一切事物的第一因。

他说:"一切事物都受神的本性所决定。"很显然,一个慈祥老人的本性不可能决定一切事物的本性;只有自然的本性,才能决定一切事物的本性。

因此,斯宾诺莎的关于神的观点与基督教原来的观点(如奥古斯丁的"三位一体")是不一致的,是背离的。因此,他受到教会的严惩,而被逐出教门。

教会认为,斯宾诺莎是无神论者。其实,斯宾诺莎的著作中,处处提到"神",他不是真正的无神论者,他只是认为:自然就是上帝。

因此,基督教的爱上帝,在他的哲学中,就是爱自然。在本书论述的"爱的哲学"中,他的"自然就是上帝"的观点,有着重要位置。事实上,他这个观点,沟通了哲学、科学和宗教。

(二)人的心灵和身体都由神而出。

斯宾诺莎在《伦理学》中《论心灵》的"命题二十"说:"人心的观念和知识同样存在于神内,并由神而出,正如人身的观念和知识那样。"

因为神就是自然,这个命题的意思是:人的心灵(精神)和身体(肉体)都是自然的本性所形成的。

爱属于人的心灵,因此,人类的爱也是自然或人类的本性所产生的。在本书所讨论的爱的哲学中,这是一个基本观点。

这个命题也说明:斯宾诺莎关于爱的观念,来自上述关于神的观念,而不是来自经验。这是唯理论的思想方法。

(三)身体与心灵的关系。

斯宾诺莎在他的《伦理学》的《论情感的起源与性质》部分中,有许多关于爱的直接论述。他讨论了身体与心灵的关系。

他在"命题二"中说:"身体不能决定心灵,使它思想;心灵也不能决定身体,使它动或静。"

而在"命题十一"中说:"如果一物增加或减少,促进或阻碍我们身体的活动力量,则这物的观念就会增加或减少,促进或阻碍我们心灵的思想力量。"

在"命题十二"中说:"心灵总是尽可能努力去想象足以增加或助长身体的活动。"

将这几个命题综合起来看,斯宾诺莎的观点是:1. 身体和心灵是互相独立的,不能互相决定;2. 身体和心灵是互相影响,互相促进的。

在人们的爱的感情生活中,他这两个观点都是有体现的。本书第二篇中介绍的顾准,他在晚年身患重病,但他热爱自由、热爱人民、热爱祖国的感情并没有改变。说明身体是不能决定心灵的。

但是在正常情况下,一种热爱生活、积极乐观的心灵,是有利于身体健康的。

（四）知识与认识方法。

斯宾诺莎在他的《知性改进论》中指出：人的知识有四种：一是传闻知识；二是感性知识（或经验知识）；三是理性知识（或推理知识）；四是直觉知识。他认为第一、第二两种知识都不可靠，第三种知识比较可靠；第四种知识最可靠。

他这里所讲的是人的认识方法，他特别重视直观方法。这个观点，对于我们认识"爱"有重要意义。人们对父母、子女、情侣、朋友以至祖国，会产生爱的认识和感情，首先依靠的不是理性推理，而是依靠直观，或直接的感受。青年男女之间会有"一见钟情"的情况，就是一种直观。

当然，爱的产生，也需要感性与理性认识

（五）对引起心灵快乐的对象，会发生爱的感情。

斯宾诺莎在《伦理学》的"命题十六"中说："假如我们想象着某物具有与平常引起心灵快乐或痛苦的对象相似的性质……（我们）会对那物发生爱和恨的情感。"

这是斯宾诺莎关于爱的基本观点，他解释了为什么人会对某个对象发生感情？就是因为：该对象能使人的心灵感到快乐。

如果我们考察一下本书第二篇中所罗列的各种类别的爱，那么，它们一个共同的特点就是：它们会使人感到心灵快乐。

父母为什么爱子女？因为子女的成长和进步，使他们的心灵感到快乐。

人们为什么会爱祖国？因为祖国的山水、祖国的独立、祖国的进步，使他们的心灵感到快乐。这是关于爱的符合人性的阐述。

正因为爱引起人们的心灵快乐，爱就成为一种强大的、主动的精神动力。

上述几个斯宾诺莎与爱有关的论点说明：斯宾诺莎的爱的观点，既与基督教哲学有继承关系，同时又大胆地摆脱了基督教哲学的神秘色彩，走向理性，特别是走向人性。

二、休谟论爱

休谟（1711—1776），出生在英国北部苏格兰的爱丁堡郡的一个没落的贵族家庭。他在爱丁堡大学学习法律，因家庭经济原因，中途辍学，在家自修。21岁时就开始写作他的主要哲学著作《人性论》，三年后完成。他随克莱尔将军征讨法国，并出访维也纳、米兰等地。他1749年回国，专心从事著作。1751年将《人性论》第一卷改写成《人类理解研究》，将第三卷改写成《道德原则研究》。1763年受英国驻法公使邀请，去使馆担任秘书。他结识了法国许多进步思想家，如卢梭、狄德罗等。1766年，他回国后担任国务大臣助理。1769年回爱丁堡，1776年去世。

与笛卡尔和斯宾诺莎的唯理论哲学不一样，休谟的学说是英国经验论哲学的代表。唯理论对哲学问题的讨论，是一切从原理、原则出发；而经验论是一切从经验出发。

休谟认为，一切知识是从经验来的，各种原理都是从经验归纳而来，但是经验是有发展变化的，因此，已经得到的原理，并不能保证一定正确。这就是休谟所提出的著名的"归纳问题"和怀疑主义思想。这个观点，对于后来的科学发展有重要的推动作用。

关于爱的问题，休谟提出了非常值得重视的观点。

休谟主要在他的《人性论》和《道德原则研究》两本著作中论述人类之爱，现将他与爱有关的论点归纳如下：

（一）知性、情感、道德。

早在古希腊时代，哲学家们已经对于人类的心灵活动有所分类。

毕达哥拉斯认为灵魂分三部分，即理性、智慧和情欲。理性和智慧在脑，情欲在心脏。

柏拉图将人类心灵分为知性、情感、意志三部分。

休谟基本上遵循柏拉图的"知、情、意"的分类。

休谟1739年发表《人性论》。《人性论》包括三卷，第一卷是《论知性》；第二卷是《论情感》；第三卷是《道德学》。

休谟将人类的心灵活动区分为知性（休谟的知性，就指我们所说的理性）和情感两种，而人类的道德则是由知性和情感两者结合而决定。

在《人性论》中，他以整整一卷来论述"情感"，说明他对于人类情感问题的充分重视。

《论情感》卷只有三章,第二章就是《论爱与恨》。在《道德学》中,有专门的一节讨论《论仁慈与慈善》,而仁慈就是仁爱。

上述说明,休谟认为,爱是一种情感,而仁爱是一种道德。

休谟到 1751 年(40 岁)时,写出了《道德原则研究》。在这期间,他对于爱的认识有重要发展,他将"仁爱",即对他人或大众的爱,提到更重要的位置。

在本书以下的论述中可以证明:休谟将人的心灵活动分为知性和情感两方面,而认为仁爱是知性和情感的结合,这样的观点是科学的,因此是正确的。

(二)仁爱是人类本性的最高价值。

休谟在《道德原则研究·论仁爱》中说:"证明仁爱或较温柔的感情是有价值的,它们不论出现在哪里都博得人类的赞许和善意……这样一些语词如'友善的'、'性情善良的'、'人道的'、'仁慈的'、'感激的'、'友爱的'、'慷慨的'、'慈善的',或与它们意义相同的那些词……普遍地表达着人类本性所能表达的最高价值。"

这段话表示了休谟对于"仁爱"的极高评价。

休谟对仁爱的思想,与中国孔子的以"仁爱"为人类德性的最高原则的思想,非常相似。这也说明了中西方哲学在源流上的相似性。

(三)道德或仁爱的原则。

在休谟的《道德原则研究》的《结论》部分,他总结说:"个人价值在于拥有一些对自己或他人有用或令自己或他人愉快的心理品质。……这条原则……由于它自身的明证性,毋需任何证明或争论就会接受。"

这就是休谟的道德原则。由于他将仁爱看成是人类道德的最高价值,上述原则,也就是仁爱的原则。

这条原则中包括四个要点:1. 对自己有用;2. 对他人有用;3. 使自己愉快;4. 使他人愉快。

因此,休谟的仁爱,要求有"效用性"和"令人愉快",这两者都不仅是对自己,还要对他人。

休谟解释说:"有用的? 对什么有用? 当然是对某人的利益有用。……不只是我们自己的利益……它必定是那些受到称许的性格或行动所服务的人的利益。"

休谟以许多事例证明:"有用"必然会"令人愉快"。

中国当前经常有重大的灾难事件(如四川和青海的地震),在灾难中伸出救援之手,就是一种仁爱的表现。不论是捐款或救人,都是对受灾的民众"有效用"的,也会帮助他们摆脱痛苦,使他们感到"愉快"的;同时,这些行动,也一定使救援者本人感到愉快。

休谟是强调仁爱的效果(对他人有用),同时也重视仁爱的动机(使自己愉快)。因此,他是效果与动机综合考虑的,而以效果为主。

(四)仁爱(或道德)是感情与理性的综合。

休谟在《道德原则研究》的《关于道德情感》部分中说:"尽管理性……足以给我们指明品质和行动的有害或有用的趋向,然而它单独却不足以产生任何道德的谴责或赞许。……在此就必需展现出一种感情。这种感情不可能是别的,只能是一种对人类的幸福的同情和对人类苦难的愤恨。"

这段话已经将理性和感情两者对于仁爱等道德行为的作用都讲清楚了。理性指明了仁爱的方向,感情则是仁爱的驱动力。

爱,包括仁爱,是感情与理性的综合,这是本书所述"爱的哲学"的基本观点。

(五)自爱与仁爱的关系。

按休谟的观点,极端的自私当然不可取,完全无私的仁爱也是不现实的。真正的仁爱和自爱是互相结合的。

他在《道德原则研究·论自爱》中说:"我们可以感受我们自己内心对他人的幸福或利益的欲望,他人的幸福或利益通过这种感情而变成我们自己的利益,而后我们出于仁爱和自我享受的双重动机而加以追求。"

他的意思是:一个真有仁爱心的人会将他人的幸福和利益看成是自己的幸福和利益,在关怀和帮助他人时,得到自我的快乐。

总之,休谟将仁爱看成是人类的最高道德。他关于仁爱的各种观点,对于本书所讨论的爱的哲学有重要启示。

康德论爱

17—18世纪，欧洲兴起了对后世影响巨大的思想启蒙运动。启蒙运动从17世纪英国的霍布斯和洛克开始；而其鼎盛时期是在18世纪的法国。启蒙运动的主要思想家有孟德斯鸠、伏尔泰、卢梭等，都是法国人，或祖籍是法国。

恩格斯关于启蒙运动说过这样一段话（《反杜林论》"引论"）："宗教、自然观、社会、国家制度，一切都受到了最无情的批判；一切都必须在理性的法庭面前为自己的存在做辩护，或者放弃存在的权利。"

启蒙运动的主要内涵是：一、反对宗教愚昧，提倡理性和科学；二、反对封建专制，提倡民主、自由。

在启蒙运动的推动下，到18—19世纪，近代西方哲学在德国形成高峰，出现了几位对后世有重大影响的哲学家：康德、黑格尔、叔本华、费尔巴哈、马克思。

康德的哲学与本书的主题——爱的关系十分密切，本章着重介绍他的哲学思想与爱的关系。

康德（1724—1804）出生在当时东普鲁士哥尼斯堡的一个手工业家庭。1745年毕业于哥尼斯堡大学哲学系后，连续9年担任家庭教师，1755年开始在该大学任教。他一辈子没有离开过哥尼斯堡，终身没有结婚，平平静静地在哲学的思辨中度过了一生。

康德的一生可以以1770年为标志，分为前期和后期两个阶段，前期主要研究自然科学，后期主要研究哲学。他一生写出多本不朽的哲学著作，其中最著名的是：《纯粹理性批判》（1781），《实践理性批判》（1788）和《判断力批判》（1790），即所谓"三大批判"。

他晚年以杰出的哲学家闻名于全世界。他去世时,哥尼斯堡居民连续十多天自发前往瞻仰这位伟大哲学家的遗容。

他的哲学思想对于后世以至当代,都有着深远的影响。

本章的标题是"康德哲学与爱",而不是"康德论爱",因为在康德的哲学著作中,关于爱的直接论述是不多的;没有哪一章节包含"爱"这个字。

柏拉图、亚里士多德、基督教哲学都给予爱以很高的重视,斯宾诺莎和休谟也有较多的关于爱的直接论述,为什么康德哲学中,没有专门的章节谈论爱呢?

如果我们对于康德哲学有深入的认识,我们会理解,其实康德的全部哲学体系都和爱有密切关系。

但他较少地提到爱,这也是事实。可能主要因为康德一生建立的是一个相当完整的严格地以理性为基础的哲学体系。他要求各种概念的明确性。他的哲学框架是:1. 理论理性(知识);2. 实践理性(道德);3. 审美(情感)。

正如休谟哲学所阐述的:爱既是一种情感,又是一种道德。爱是理智和情感相结合而产生的。因此,"爱"是一种混合性或综合性的概念,而不是一个非常明确的独立的概念。康德哲学全部是高度理性的思考,因此在他的理论框架中,难以独立地安排爱的位置。

但是,爱毕竟是人类生活中一个非常重要的因素,事实上,在康德的三个哲学分支中,特别是在实践理性(道德)和审美(情感)中的许多论述,都与爱有很深切的关系。

康德哲学中的许多观点,对于我们加深关于爱的认识有十分重要的帮助。

(一)知识、道德、情感三者关系。

前文已经谈到,康德的哲学体系分为三个部分,他的三部主要的哲学著作分别论述三方面的问题:

1.《纯粹理性批判》:论述的是人的理论理性,即知识问题。

2.《实践理性批判》:论述的是人的实践理性,即道德问题。

3.《判断力批判》:论述的是人的审美和情感问题。

因此，他的哲学包括知识、道德和审美（以及情感）三大部分；而他认为，他的哲学的第三部分（审美与情感）又是第一部分（知识）和第二部分（道德）的中介或桥梁。

在康德哲学中，爱的问题基本上在《实践理性批判》与《判断力批判》两部著作中进行讨论，即在道德与审美（情感）两个范畴中进行讨论。

如果将康德的观点和休谟的观点相比较，我们会发现两者的相同和相异之处。

休谟的观点是：道德是由理智和情感两者综合形成的。

康德的观点是：情感（审美）是理智和道德的中介。

这两种观点的相同点是：理智、道德、情感，三者是互相联系的。

他们的相异点是：康德认为，理智和道德都是有独立性的，两者依靠审美或情感来联结。而休谟认为，理智和情感是有独立性的，而道德没有独立性，要依靠理智和情感两者综合地决定。

从本书第五篇（"爱的科学依据"）中所介绍的现代关于人脑结构的科学研究结果来看，休谟的观点较为正确。在人脑中，并没有独立的管辖道德的结构。而情感与理智是有独立的管辖结构的。

康德所建立的哲学体系是"先验哲学"。他认为道德的形成，也是先验的，即：人有先天的道德意识。这个观点并没有错。因为在人脑管辖理智的结构与管辖情感的结构的互相结合中，完全能产生先天的道德意识。

康德提出：情感（审美）可以是理智与道德的桥梁，这个观点也没有错。因为，情感（审美）的功能，可以沟通理智与道德的联系。

在上述两方面，都应该承认，康德哲学是休谟哲学的重要发展。

康德和休谟关于知识、道德、情感三者关系的观点的比较分析，对于我们较完整地理解爱是很有启示的。

上述问题，在以下几节中将进一步地阐述。

（二）道德命令与爱。

康德说过一句非常著名的话：

有两件事物我愈是思考愈觉得神奇，心中也愈充满敬畏，那就是我头顶上的星空与我内心的道德准则。

他说："道德法则,在人类那里是一个命令。"(《实践理性批判》第一卷第一章,据杨祖陶译本,305 页)

因此,所谓"内心的道德准则"就是道德命令。是人类先天具有的、发自内心的命令。

这里又关系到道德的"先验性"或"先天性"问题。"先验性"指的是与经验无关,或先于经验的;"先天性"指的是天生就有的。当然,先天的,必然是先验的。

康德的观点实际上与中国古代哲学家孟子的观点是很相像的。孟子认为人天生就有"四端"(恻隐、羞恶、辞让、是非之心)。

所有动物都有维护自己的生命的本能,而社会性动物(如蜜蜂、蚂蚁等)都有合群性的本能。人类是一种社会性的高等动物,人类天生具有高度发达的理智与情感,因此,人类天生地具有建立在理智与情感之上的自爱和仁爱(对他人和社群的爱)。孟子和康德关于人类有爱的天性是有科学根据的。

康德的道德命令的思想说明:人类的爱并不是来自外界的压力,而是来自人的本性,是出于人的内心的。

道德或仁爱是一种命令的另一层意思是:人并一定非常乐意地去执行道德命令。他说:"一个要人们应当乐意做某一件事的命令是自相矛盾的,因为当我们已经自发地知道我们有责任做什么时,如果我们此外还意识到自己乐意这样做,对此下命令就完全没有必要了。并且,如果我们虽然做了,恰好不是乐意的,而只是出于对法则(指道德法则—作者注)的敬重。"

"有必要使被造物(指人类—作者注)的准则意向……建立在道德强迫上,不是建立在决不担心内心意志会对法则产生任何拒绝的爱之上。但是仍然使这种爱,成为自己努力的永久的、虽然不可能达到的目标。"(《实践理性批判》第一卷第三章,据杨祖陶译本,348 页)

康德这两段话的意思是:人做符合道德的事,是人的一种责任,人必须或应该服从道德命令,而不一定是人乐意这样做。而爱使人完全乐意地去做道德的事,而决不会拒绝道德法则。

这里,康德指出仁爱与道德,两者虽然方向和目标相同,但两者也有一些区别。道德有一定的强制性,而爱是没有强制性的,是自己乐意去做的。因此,爱比道德的要求更高。这问题,在下面谈审美和情感问题时,还要讨论。

这个观点,在本书讨论的爱的哲学中,有着重要的意义。

(三) 道德法则与爱。

康德根据道德的先验性,提出三条道德法则。

虽然康德指出,爱比道德的要求要高一些,但是在康德哲学中,爱基本上是在道德范畴中的。因此,这三条道德法则,对于爱,应该也是适用的。

1. 道德的普遍性与爱

他说:"要这样行动,使得你的意志的准则任何时候都能同时被看作一个普遍立法的原则。……它提供一条我们称之为道德律的普遍法则。"

康德的意思是:一个道德的意志,不应该只适用于少数人,而应该适用于全人类。

父母爱子女、子女爱父母、夫妻之间相爱、学生爱老师、人们爱自己的家乡和祖国,这些爱的道德,是适用于全人类的。

2. "人是目的"与爱

他说:"人类,以及一般说来的每一个理性存在者,都是作为自身即是目的而存在着,而不是作为由这个或那个意志随意使用的一个手段而存在着。"(《道德形而上学基础》第二章,据孙少伟译本,58 页)

"这是一个可被称为目的王国的王国。"(同上书,67 页)

"人是目的",这是康德提出的一个非常重要的思想原则。在欧洲中世纪的神学教义中,人都是有原罪的,人信仰上帝,人的一切作为,都是为了得到上帝的宽恕和救赎。这样一来,人就成为了一种手段。人的一切,只能听从神的安排。

因此,康德的"人是目的"的提出,是启蒙运动的重大思想收获。而康德的"目的王国"(在此王国中,人人都以自己为目的,也有可能实现自己的目的)的理想,是人类的长远的努力目标。

人类的爱的对象主要就是人,自我、情侣、父母、子女、朋友、老师、同胞、大众,都是人。康德"人是目的"的思想说明:只有将你爱的对象,当成是"目的",而不是当成手段,才是真正的爱。

情侣之间,如果只要求对方满足自己的物质或性欲需要,那就不可能有真正的情爱。子女对父母,如果将父母只看成生活的依靠,也就没有真正的孝爱。父母对子女,如果只指望子女将来养活自己,也就没有真正的慈爱。朋友之间,如果只是相互利用,就不可能有真正的友爱。只有将情侣、配偶、父母、子女、朋友看成是目的,一切为爱的对象本身着想,才可能有真正的爱。

3. 意志自律、自由与爱

他说:"意志自律是一切道德法则和与之相符合的义务的唯一原则。"(《实践理性批判》第一卷第一章,据杨祖陶译本,306 页)

"意志就不只是服从规律……它必须也被认作自己即立法者,而且也只是这个理由,它才服从这个规律。"(《道德形而上学基础》第二章,据孙少伟译本,63 页)

康德的"意志自律"或"为自己立法"的思想,都与自由有同一含义。自由是康德关于道德(实践理性)的核心思想。自由与前两个道德法则是直接有关的:自由是人类的普遍要求;自由的人必须以自身为目的。

意志自律或自由与爱的关系,可以这样理解:人所以有爱(不论是爱自己、爱亲人、爱他人、爱祖国、爱事业等)都必须是出于自己的内心和自己的意志,而不是受任何其他因素的支配(包括功利的驱使或权威者的指令)。同时,自由本身,是人类普遍所热爱的。

以上是康德的"实践理性"与爱的关系,下面讨论康德的"判断力"与爱的关系。

(四)审美与情感(美与爱)。

1. 什么是 Asthetisch?

康德三大批判的第三部著作是《判断力批判》。他认为"判断力"有两类:一是规定性判断力;二是反思性判断力。前者是从普遍原则出发,将特殊事件归入原则;后者是从特殊事件出发,通过反思,归入普遍原则。(《判断力批判》,据邓晓芒译本,13—14 页)

在反思性判断力中,康德着重论述了 Asthetisch（德语,一般翻译是"美学"—作者注）的问题。

Asthetisch 究竟是什么意思? 据卢春红在《情感与时间》中的分析,Asthetisch 本义是"感性的";一般翻译为"审美",而更确切的翻译应该是"直感"。黑格尔在他的《美学》中说:"Asthetik 的比较精确的意义是研究感觉和情感的科学。"

因此,Asthetisch 有审美的意思,也有情感的意思。

康德的《判断力批判》一书主要是论述审美问题的,但它同时也论述了情感问题。康德说:"对于鉴赏的真正入门就是发展道德理念和培养道德情感,因为只有当感性与道德情感达到一致时,真正的鉴赏才能具有某种确定不变的形式。"（《判断力批判》,据邓晓芒译本,205 页）

按休谟的学说,爱既是一种德性（道德）,也是人类的一种情感。因此,康德关于审美的学说与爱必然有联系。康德所说的"道德情感",指符合道德的情感,更与爱有非常接近的含义。

2. 知识与道德的桥梁

康德关于 Asthetisch（审美、情感）的一个重要观点是：Asthetisch 在知识（或自然,或知性）和道德（或自由,或理性）之间架起了桥梁。

康德说:"在高层认识能力的家族内,还有一个处于知性和理性之间的中间环节。这个中间环节就是判断力。"（《判断力批判》,据邓晓芒译本,400 页）

审美可以在知识和道德之间架起桥梁,康德用"自然的合目的性"来说明这个关系。自然本身并没有目的,而自然中的许多美丽（如鲜花的美、鸟鸣的美、山川的美等）使人感到愉快,那就合乎人类追求愉快的目的。因此,自然的美是一种自然的合目的性。

那么,爱是否也是知识和道德之间的桥梁呢? 大量的爱的事例说明：爱也是有这种桥梁或中介功能的。

子女和父母的亲缘关系,也是需要有人的知性才能体会的。亲子关系的认知就是一种知性。

父母应该抚养子女,子女应该孝顺父母,这是人类的道德。

怎样从亲子间的认知关系过渡到亲子间的道德关系呢?那就要依靠亲子之间的爱的情感。父母由于热爱子女,因此,必然会尽心抚养子女;子女因为热爱父母,因此就会孝顺父母。

一般认为康德的"判断力批判"指的是美。事实上,美与爱是密切联系的。人们感到梅花很美,他们就爱梅花。因此,在康德的"判断力"中,既包含美,也包含爱(情感)。这个问题在本书第七篇中还要展开讨论。

在美与善的联系中,我认为,存在着爱的中介。梅花在冬天开花,是高洁的象征。人们感到梅花的美,而喜爱梅花;通过对梅花的爱,人们赞赏梅花所象征的高洁的品性(善)。

3. 共通感与爱

共通感是康德在《判断力批判》一书中提出的重要概念,可以认为是他在哲学上的重要创见。

他说:"鉴赏判断必定具有一条主观原则,这条原则只通过情感而不通过概念,却可能普遍有效地规定什么是令人喜欢的、什么是令人讨厌的。但这一条原则将只能被看作共通感。"(《判断力批判》,据邓晓芒译本,74 页)

什么是共通感呢?按康德上面这段话来理解,共通感就是人类天生的共同情感。

为什么人们普遍地都喜爱美丽的花草、悦耳的音乐、壮观的风景? 就是因为人类有天生的共同情感,即共通感。

康德在人类的知识问题上提出"先验统觉";在道德问题上提出"道德命令",而在审美和情感问题上提出"共通感",这样就构成他完整的先验哲学。

人类是高等动物长期进化的产物,人的先验性(先验统觉、道德命令、共通感)都是在进化过程中形成的,是人类有别于其他动物的天性。他的学说是有科学依据的。

我们认为,共通感学说在爱的哲学中,也是适用的。为什么人类普遍地都会爱情侣、爱子女、爱父母、爱朋友、爱他人,为什么如孟子所说,人都有恻隐之心,都可以用人类的共通感来理解。

小结：

康德对爱的理念方面的主要贡献，是论证了仁爱（道德）的先天性；并确立了"人是目的"的人类之爱的基本原则。他在实践理性（道德）与判断力（情感、审美）两方面，对于人类之爱，都有深入的阐述。

叔本华与费尔巴哈论爱

康德之后，德国相继出现了多位影响巨大的哲学家，有黑格尔（1770—1831）、叔本华（1788—1860）、费尔巴哈（1804—1872）、马克思（1818—1883）等，他们都是 19 世纪的哲学家。

他们之中，叔本华和费尔巴哈两位的哲学思想与爱的关系最密切，他们都直接地论述了爱。

一、叔本华论爱

叔本华（1788—1860）是意志主义哲学的开创人，是西方非理性主义哲学的先驱者。

他出生于但泽（现在波兰北部的格但斯克）。他父亲是富有的银行家。他自幼孤僻、傲慢。1809 年他得到耶拿大学的哲学博士学位。1820 年在柏林大学任哲学讲师，曾想与黑格尔争夺听众，但他失败了。后来一直没有正式职业，就从事写作，依靠遗产生活。他的最重要哲学著作是《作为意志和表象的世界》（1819）。他的意志主义哲学体系以及他关于爱的论述，基本上都表达在这部著作中。

下面讨论他的主要哲学思想与人类的爱的关系，并介绍他关于爱的论述。

（一）什么是意志？

"意志"是叔本华哲学的核心概念。究竟什么是意志呢？

古希腊哲学家柏拉图将人类心灵分为知性、情感、意志三部分，说明"意志"是一个很古老的哲学概念。

休谟和康德两位哲学家，对于意志的理解有一定区别，休谟更强调情感对意志的作用；康德更强调道德理性与意志的关系。

他们两人（特别是休谟）的观点与我们一般人所理解的"意志"两字的意义，比较接近。而叔本华的"意志"，却与一般所理解的"意志"很不一样。

叔本华对于意志的意义有许多论述。有一段比较好的论述是："唯有这（指意志），才给了这主体（指意志的主体）理解自己这现象的那把钥匙，才分别对它揭露和指出了它的本质，它的作为和行动的意义和内在动力。"（《作为意志和表象的世界》，据石冲白译本，151页）

从这段论述看，叔本华认为：意志就是各个主体（包括人和各种有生命和无生命的物体）的本质，是它们行动的意义，又是它们行动的内在动力。

康德的学说是：人所认识的外界事物，都只是"表象"，或"现象"；而外界事物的真正的"自在之物"，人无法知道。

而叔本华认为，各种事物的意志就是它的"自在之物"。

叔本华说："意志这词儿……要为我们揭露自然界任何事物的内在本质。"（同上书，166页）

"无机自然界的一切现象都是普遍自然力的表出。"（同上书，194页）

因此，叔本华的"意志"，并不是只指人的意志；自然界任何事物都有意志。"自然力"是叔本华的"意志"的较好的表达。

我们看一看自然科学中的"力"的概念：在物理学中有引力、电磁力等概念；在化学中有吸引力、排斥力等概念。生物学中有生命力等概念。叔本华的"意志"或"自然力"与自然科学中的各种力，有近似的含义，但并不在同一个级别上，它并不是一个科学概念，而是一种哲学的归纳。

叔本华认为，人的意志是推动人的生命运转的内在动力，是人的一切身体与意识活动的依据。因此，它就是人的自在之物；意志就是人的本质。

叔本华对于人的自由的理解是：人能否定自己的意志。

关于意志与情感的关系，他说："我的身体每次受到外来的作用，这个作用也立刻而直接地激动我的意志,在这个意义上这就叫做痛苦或快活……反过来也是一样,意志的每一剧烈激动,也就是感动和激情,都震撼着身体。"(同上书,161页)

因此,叔本华的观点与休谟比较接近,即认为,意志与情感直接有关;情感能影响意志,而意志又受情感所激动。

(二)意志与爱。

那么,意志与爱是什么关系呢?

人类的爱,与叔本华讲的意志,有非常相似的性质。主要的相似点是:

1. 爱与意志,都是人类自觉发动的意识活动和行动。

2. 爱与意志,都受情感的激动,又支配着情感。

3. 爱与意志,都受理智的制约,受认识的指导。

4. 爱与意志,都是人类的自然力或生命力,是人类生命活动的内在动力。

因此,按叔本华的观点,可以认为,爱就是一种人的意志。爱只能从人的意志中去寻求。

当然,爱并不是意志的同义词。意志可以是善的,也可以是恶的(做坏事的意志)。爱可以认为是一种善的意志。

(三)一切仁爱都是同情。

叔本华对于仁爱有专门的论述。他的一个论断是:"一切仁爱(博爱、仁慈)都是同情。"(同上书,514页)

他说:"无私的爱……就把别人的个体和别人的命运和自己的完全等同起来。"(同上书,514)

"达到最高善和(有了)完人心境的当事人就会为了多数别人的幸福而整个的牺牲自己的幸福和生命。"(同上书,514)

仁爱就是同情,是将自己和他人相融合;也可以说,将自己的意志和他人的意志相融合。这是叔本华对于仁爱的一个很深刻的思想。

孔子关于仁的一个解释是:"己所不欲,勿施于人。""己欲立而立人,己欲达而达人。"叔本华与孔子的观点,在精神上是一致的。

（四）性欲是最坚决的生命意志。

叔本华说："本人生存时间上是这么短促,性欲的满足却肯定生命到个体的死亡以后,到无定期的时间。"他把性欲看成是"最坚决的生命意志的肯定"。（同上书,450 页）

人的性欲与男女之间的爱欲是直接联系的,叔本华指出,性欲是最坚决的生命意志,进一步说明,爱就是一种意志。

叔本华将性欲联系到生命与大自然的永恒,与我们在本书第二篇中所谈的人类之爱与自然之爱,可以联系起来理解。都说明,在人类爱的对象中有永恒性的存在。

他对于性欲或爱欲的强调,引导了后来的弗洛伊德学派的学说。

叔本华关于爱的观点,给予我们的主要启示是：爱是人类的一种善的意志。他提出：爱是人类的本质。这个观点后来由费尔巴哈进一步肯定。

二、费尔巴哈论爱

费尔巴哈（1804—1872 年）是德国继黑格尔之后的一位重要哲学家。

他出生于德国南部的巴伐利亚一个法学教授之家。早年学习神学,因对神学教义不满,而到柏林跟随黑格尔学习哲学,成为青年黑格尔学派的成员；后来与黑格尔的哲学决裂。1828 年从柏林大学毕业,曾任教于埃尔兰根大学,因宣传无神论,遭受迫害。他隐居乡间,从事哲学研究。1837 年后定居于乡村,达 20 年之久。他的主要著作有《黑格尔哲学批判》、《基督教的本质》、《未来哲学原理》等。他提倡人本主义与唯物主义,他在近代西方哲学家中以宣扬"爱"而著称。

费尔巴哈与爱有关的主要论点,归纳如下：

（一）人的本质。

人的本质是黑格尔哲学关注的问题。黑格尔主要从主观精神方面阐述人的本质,费尔巴哈提出异议。费尔巴哈关于人的本质的学说包含三个层面：

1. 人的自然本质。他说:"自然力不仅作用于我的表面、我的皮肤、我的身体,而且也作用于我的核心、我的灵魂。"(《费尔巴哈哲学著作选集》下卷,537页)他的意思是人的身体和大脑都来自自然。

2. 人的社会本质。他说:"但人之所以能够存在,应归功于自然力,而他之所以能够是人,却应归功于人。没有了别的人,正如他在形体上一无所能一样,在精神上也是一无所能。""个人的知识是有限的,但理性、科学却是无限的,因为,它是人类共同的活动。"(同上书,113页)

他的意思是,人不能离开社会,离开人与人的交往,离开人的共同生活和共同的劳动。一切文化、科学都是人类社会长期的共同活动所创造的。

马克思后来提出"人的本质是人的一切社会关系的总和",是受到费尔巴哈学说的影响的。

3. 人的精神本质。他说:"一个完善的人,必定具有思维力、意志力和心力。思维力是认识的光,意志力是品性之能量,心力是爱。理性、爱、意志力,这就是完善性,这就是人的绝对本质。"(同上书,28页)

他的"理性、爱、意志"就相当于古希腊哲学家所提出的"知性、情感、意志"。值得注意的是,他是将爱作为情感来看待的。这与休谟的观点是接近的。而与叔本华的观点不同,叔本华是将爱看成是一种意志的。

这里也说明,近代西方哲学家总的认识是:爱是人类的情感,也是人类的意志。

"人的本质"的概念,应该能解释为:人的根本属性,人的由来,人与其他动物的根本区别。从这些要求看,费尔巴哈关于人的本质的观点是比较全面的。

费尔巴哈提出人的"类"与"类本质"的概念。所谓人的"类",指的不是个体的人,而是人类全体。所谓人的"类本质",指的是人类的本质,而不是任何一个个人的特性。上述"人的本质"的三个层面,都是人的"类本质"。"类本质"的概念,后来被马克思所引用。

(二)爱是人的最高本质。

费尔巴哈说:"如果人的本质是所认为的至高本质,那么,在实践上,最高

和最首要的基则,也必须是人对人的爱。"(同上书,76 页)

为什么费尔巴哈认为,爱是人的最高本质呢?因为在他看来,与他人没有联系的人,虽然也具有思维力和意志力,但他还不是真正的人。要成为真正的人,必须有社会生活,必须是"类"的一分子,必须有人与人之间的相爱的关系。

因此,费尔巴哈关于"爱是人的最高本质"的观点,是和他的人的社会本质的观点分不开的。

马克思认为:"人的本质是人的一切社会关系的总和。"而费尔巴哈认为,在各种社会关系中,人与人之间的相爱是"最高和最首要的基则"。这两种观点是有差别的。这也是费尔巴哈的思想长期被马克思主义哲学批评的原因。

如果我们客观地评价,费尔巴哈、马克思、恩格斯的时代都是在 19 世纪,是资本主义发展的早期,社会上的阶级对立十分严重。在阶级对立严重的时代,过分强调"爱"并不很现实,甚至还会阻碍必要的革命进程。这样的背景下,费尔巴哈的观点受到批评是可以理解的。但是时代发展到今天(21 世纪),资本主义得到高度发展。民主化的政治制度和科学技术的高度发展,都促使社会上阶级矛盾的妥协和缓和。人与人之间的和谐、各阶层之间的合作成为全社会的要求。在这样的新的时代背景下,费尔巴哈的思想是值得我们重视的。很可能是他关于"爱是人的最高本质"的观点,更有利于推动人类的进步。

(三)爱是上帝。

费尔巴哈说:"爱就是上帝本身,除了爱以外,就没有上帝。爱使人成为上帝,使上帝成为人。……爱,是上帝与人,精神与自然之真正的统一。"(同上书,76 页)

在 19 世纪时,费尔巴哈的《基督教的本质》一书,以对基督教的神学思想的批判而著称。他对于神或上帝的理解是:"无限的或属神的本质,就是人的精神本质;但是,这个精神本质被人从人里面分离出来,被表象成一个独立的存在者。"(同上书,上卷,327 页)

他的意思是:人们所信仰的上帝,或所想象的上帝,其实就是人自己的愿望;是人将自己的愿望集中在上帝(独立的存在者)身上。

那么,人的主要愿望是什么呢?就是被人所爱。而上帝的精神就是爱人类,愿意赦免人类的罪孽,而救援人类。因此,他说:爱是人和上帝的统一,爱就是上帝。

斯宾诺莎说:自然就是神。费尔巴哈说:爱就是上帝。他们两人关于神或上帝的观点,帮助我们深刻地认识基督教的本质。同时,他们的观点,也是今天和未来世界上基督教信教者和非信教者的对话和沟通的基础。

(四)幸福、利己和利他。

费尔巴哈的爱的学说与他的幸福观是一致的。他将人的幸福作为人所追求的主要目标。他说:"人的任何一种追求都在于幸福的追求。"(同上书,536 页)

在幸福的追求中,他要求利己主义与利他主义的结合。他说:"本人的利己主义的满足也是同别人的利己主义的满足有关系的。"(同上书,434 页)"幸福不是单方面的,而是双方面或是各方面的。"(同上书,下卷,432 页)

关于幸福的利己和利他结合的观点是爱的哲学中一个非常重要的问题,本书在以下各篇章中都会论及。

总之,尽管费尔巴哈关于爱的学说,在中国,长时间内不被人们重视,甚至有所批判,但是如果我们真正认清时代发展的趋势,我们不能不对他关于爱的学说,有一个新的认识。在人类向着"和谐世界"的方向前进时,费尔巴哈的爱的学说,将会发放出耀眼的光芒。

弗洛伊德学派论爱

19 与 20 世纪之交,欧洲出现一位精神分析学家——弗洛伊德,他的精神分析研究具有深刻的哲学意义。他关于性欲和爱的研究对后世影响甚大,形成了弗洛伊德学派,马尔库塞与弗罗姆是 20 世纪弗洛伊德学派中两个重要的哲学家,他们对于"爱"都有专著。本章介绍他们三位有关爱的思想,并有所评述。

一、弗洛伊德

西格蒙德·弗洛伊德(1856—1939),出生于奥地利。父亲是犹太毛皮商人,不太讲人情;母亲给他较多的抚育和感情。1860年,全家迁到维也纳,弗洛伊德在此居住了78年。1873年,他中学毕业后,以医学为职业。1882年,弗洛伊德进入维也纳总医院。1885年,弗洛伊德完成了他对脑髓的研究,被任命为神经病学讲师;他和布罗伊尔共同出版《歇斯底里研究》一书。1896年,他创立了精神分析方法。1899年出版《梦的释义》。后来又有一系列的著作问世:《日常生活心理病理学》(1901)、《性学三论》(1905)、《精神分析引论》(1917)、《论创造力与无意识》、《超越快乐原则》(1920)、《集体心理学与自我的分析》(1920)、《群众心理学和自我分析》(1921)、《自我与本我》(1923)等。

他的学说在人类心理学的影响非常大,对西方哲学也有深远影响。

弗洛伊德的学说与人类的爱有密切关系,现评述如下:

(一)潜意识与爱。

弗洛伊德在观察许多精神病患者的症状后发现,人是具有潜意识的。他说:"分析通常表明这些症状皆起源于潜意识过程,但在各种有利的情况下,它们可以变为意识的。"(《精神分析引论》,据彭舜译本,283页)

潜意识是弗洛伊德的一个重要发现,他自己认为这可以与哥白尼的日心说和达尔文的进化论相提并论。

从人的心理来讲,潜意识确实是一个重要的概念。如果从人类的理智、情感、德性三种精神活动来说,潜意识应该是一种低层次的情感(或欲望);在这个层次上,人只有一种情感上的模糊性的诉求,而没有达到理智分析与德性判定的层次。

本书的前文中提到:爱是情感与理智的综合,是高层次的情感。

因此,潜意识与人类的爱不是一回事。但是,潜意识是从人的内心来的,是人类爱的心理基础。潜意识的学说说明:1. 人类的爱是植根于人的内心的,因此,爱比理智与德性有更深、更早的心理源泉。2. 爱高出于潜意识,爱是情感和理智相结合的意识活动。

举一个生活中常见的例子。一个已婚的男子(或女子),可能会在一段短暂的接触中,产生对某个女子(或男子)的爱恋之心。但这是一种潜意识,当他从理智考虑时,他会克服这种潜意识。

潜意识并不是一个贬义词,事实上,人类许多值得肯定的爱的萌芽,正是来自潜意识。幼儿对母亲的爱恋,不能说是意识活动,而是一种潜意识。

(二)性本能与爱。

除潜意识外,弗洛伊德自认为他在心理学中另一个重要发现是"力比多"。他说:"我们将脑子里代表着性本能的力量叫做'力比多'(Libido),即性欲,并把它看成类似于饥饿、欲望的力量,或者是渴望权力的意志,以及自我倾向中的其他类似的趋势。"(《论创造力与无意识》)

按他的意思,力比多就是性欲,或性本能,是追求性满足的力量或意志。

性欲是人类爱情的基础,力比多概念的提出,说明爱情是有一种本能性的力量所驱使的。弗洛伊德并没有深入研究这种力量(力比多)的物质基础或神经系统的机理(这是人体生理学的任务),但是他已经启示人们,包括爱情在内的人类情感,与理智与德性大不相同,不仅是大脑的思维活动,并且是与整个神经中枢反应有关,也很可能与某种生化物质有关。正由于此,它能形成一种力量和意志,使人感到有一种冲动或激情,为达到某种目的而付出努力。

弗洛伊德的力比多学说,使人想到叔本华的意志学说;力比多就是一种意志力。他的学说告诉人们:性欲和爱欲都是一种意志力,是人的一种生命力,它是有创造性的,是能推动人的行动的。

(三)人类集体中的爱的联系。

弗洛伊德后期的著作中有一部《集体心理学与自我的分析》,对于人类的集体心理以及人类的爱的问题,有着深刻的阐述。

他说:"只要一个集体的形式存在着,只要在他的限度内,该集体中的个人的举止行为就表现得好像他们是统一的,他们相互宽容其他成员的缺点,把自己和其他人看做是平等的,对其他人也不会产生厌恶情绪。""在原始集体中,人的情感得到强化,人的理智受到抑制。"(《集体心理学与自我的分析》,纽约版,55—56页)

他指出:集体中个人与个人之间的联系,是一种"爱的联系","一个集体的本质在于它自身存在的一些力比多联系"。(同上书)

在这里,弗洛伊德已经超出了他早期的认识,不再将力比多只限于人的性欲,而将性欲扩大到集体中人的爱欲。

由此我们可以想到费尔巴哈对于人的社会本质的认识,正因为人与其他高等动物的一个重要区别是人的社会性,那么,在人的集体性的社会生活中,人类必然有"相爱"的本性。弗洛伊德是从人的心理学方面证明:人类为什么会在人与人之间相爱,为什么爱是人类的本质性的特性。

二、马尔库塞

赫伯特·马尔库塞(Herbert Marcuse,1898—1979),是德裔美籍哲学家和社会理论家。他生于柏林一个犹太人家庭。1917—1919 年曾参加德国社会民主党左翼,后完全退出政治活动。1922 年他拿到弗莱堡大学的博士学位,随后回到柏林,以售书为生。1929 年他重回弗莱堡,在海德格尔指导下写论文。1933 年,他加入法兰克福社会研究所,与霍克海默合作。随后离开德国,前往瑞士和美国,1940 年获得美国国籍。从 1952 年开始,在哥伦比亚大学和哈佛大学授课。1964 年担任加州大学洛杉矶分校教授,1965 年担任柏林自由大学教授。20 世纪 60 年代后期,他被西欧、美国的激进学生运动奉为精神领袖。1979 年逝世于德国。

他著作有:《理性和革命》(1949)、《爱欲与文明》(1955)、《单向度的人》(1964)、《论解放》(1969)、《艺术和永恒性》(1976)、《审美之维》(1978)等。

马尔库塞的哲学思想深受海德格尔和弗洛伊德的影响,同时也受马克思

早期著作的影响。他将弗洛伊德主义和马克思主义结合起来,对于人类的爱,有一些重要的阐述。现介绍、评述如下:

(一)性欲到爱欲。

弗洛伊德的著作中的"性欲",有时指与人的生殖机能有关的肉欲要求,有时指人追求快乐的普遍要求,后者又称为"爱欲"。

马尔库塞的学说是:在文明社会中,性欲必将上升为爱欲。

他说:"在成熟文明中……'在肉体区域获得快乐'的冲动可能进一步从持久的、扩展着的力比多关系去寻找目标,因为这种扩展增加并加强了本能满足。而且,爱欲的本性丝毫不能证明,这种冲动的扩展将以肉体领域为限。……精神领域成为爱欲的'直接'对象的同时,仍然是一个力比多对象。"

他又说:"在爱欲的实现中,从对一个人的肉体的爱到对其他人的肉体的爱,再到对美的作品和消遣的爱,最后到爱的知识的爱,乃是一个完整的上升路线。……精神的'生育'同肉体的生育一样,都是爱欲的工作。"(《爱欲与文明》,据黄勇等译本,138页)

马尔库塞的意思很清楚,性欲或性爱只是爱欲的最原始的一种,爱欲的对象是广泛的,包括对其他人的爱,也包括对艺术作品和科学知识等精神领域的爱。而所有的爱,都来源于爱欲(力比多)。

(二)非压抑性文明与爱。

马尔库塞在《爱欲与文明》一书的导言中说:"西格蒙德·弗洛伊德认为,文明以持久地征服人的本能为基础。"(同上书,1页)

他指出,弗洛伊德的观点是:文明对人类的本能,包括性欲或爱欲,是压抑性的,是一种压抑性文明。而他自己,并不赞成这个观点。他认为,有可能建立一种"非压抑性文明"。

他说:"在非压抑性条件下,性欲将成长为爱欲……爱欲想使自己在一种永久的秩序中长久不衰。……确实,世界上普遍的缺乏和贫困可被有效地克服,以便普遍的自由逐渐成长,但这种克服似乎是自行推进的,是一种持久的劳动。""劳动时间和劳动能量的减少,将导致人类生存发生质的变化;决定人类生存内容的,不是劳动时间,而是自由时间。不断扩展的自由王国真正

成为消遣的王国。"（同上书,147 页）

这里,可以明显地看出马尔库塞受到马克思的影响。

总之,马尔库塞认为,随着人类持久的劳动,随着世界上的贫困的被克服,人类完全有可能得到更多的自由,使爱欲得到更完满的实现。

三、弗罗姆

埃里希·弗罗姆（Erich Fromm,1900—1980）,生于德国法兰克福的一个犹太人家庭。1918 年,弗罗姆进入法兰克福大学学习法学。1919 年后,进入海德堡大学学习,改学社会学。次年至慕尼黑大学专攻精神分析学。1925 年至 1930 年间,他在柏林精神分析学会接受精神分析训练。1930 年,他开始临床实践,加入法兰克福社会观察学会。纳粹在德国执政后,弗罗姆搬到日内瓦,1934 年到纽约哥伦比亚大学工作。离开哥伦比亚大学后,在 1943 年他帮助组建华盛顿精神病学学校纽约分校。1950 年,在墨西哥国立自治大学出任教授。从 1957 年到 1961 年担任密歇根州立大学心理学教授,又从 1962 年担任纽约大学心理学客座教授。1965 年弗洛姆退休。1974 年搬到瑞士。1980 年,他在八十岁生日前五天去世。

他毕生致力于调和弗洛伊德的精神分析学跟人本主义的学说,其思想可以说是新弗洛伊德主义与新马克思主义的交汇。他是"精神分析社会学"的奠基者之一

他的著作很多,有《逃避自由》(1941)、《自我的追寻》(1947)、《心理分析和宗教》(1950)、《健全的社会》(1955)、《爱之艺术》(1956)、《马克思论人》(1961)、《社会主义的人道主义》(1965)、《人的本性》(1968)、《占有还是生存》(1976)、《弗洛伊德思想的伟大和局限》(1979)、《生存的艺术》(1993)、《存活的人》(1997)等。

他关于爱的学说主要在他的《爱之艺术》中,现归纳、评述如下:

（一）爱是对人类存在问题的回答。

他说:"人类最深层次的需要是克服疏离感。""对人类存在的问题的真正

全面的回答是要在于人际和谐,在于彼此之间的融合,在于爱。"(《爱之艺术》,据赵正国译本,12—21页)

由于人类的天性是一种社会性的高等动物,人类需要在社会中,或人际关系中生存。一旦,人离开了社会,或离开了其他人,人必然会感到最大的痛苦,这就是弗罗姆所讲的"疏离感"。疏离感是人类生存的根本性问题,只有人与人之间的爱,才能解除疏离感,使人有幸福感。

(二)爱是一种行动。

弗罗姆说:"爱是一种行动,是人类力量的实践。爱只有在自由中才能得到发挥,而且永远不会是强制性的产物。"(同上书,24页)

弗罗姆"爱是一种行动"的观点,对于我们认识"爱"有重要意义。当然,爱需要有理智,但理智并不就是行动,而爱是出于情感的,是一种生命力,是要付出行动的。这是爱与理智的区别。

(三)爱是给予。

弗罗姆说:"爱是一种主动性的活动,而不是一种被动性的情感。……可以用是一种给予而不是索取,来描述爱的特征。"

"有些人把给予当成一种牺牲,他们认为,正因为给予是痛苦的,所以才应该这么做。""对有创造性性格的人来说,给予是潜能的最高表达。恰恰是通过给予,我们才能体验我的力量,我的富足,我的能力。对活力与潜能增强的体验使我充满快乐。"(同上书,24页)

弗罗姆这段话说得非常好。"爱是给予,而不是索取。"这是爱的真谛。如果将爱看成索取,那就不是真正的爱。正因为爱是给予,爱是不求回报的。不求索取的爱,才使自己感受到爱的愉悦。

(四)自爱与爱人。

弗罗姆说:"爱,在原则上说,是无法将'对象'跟自己分别开来的。……爱是积极地渴望被爱着的发展和幸福;这种追求的基础是人自爱的能力。"

"一个人能创造性地爱,那他必然也爱他自己。"(同上书,52页)

因此,弗罗姆的观点是:自爱与爱人是统一的。你不爱他人,你就不是真正的自爱,因为你丧失了自己的德性和快乐。

与马尔库塞相比,弗罗姆对爱的观点更接近于人道主义或人本主义。

小结：

弗洛伊德最早的学说,主要是在性欲方面,后来马尔库塞与弗罗姆将弗洛伊德学说从性欲发展到爱欲,并且与文明的进步联系起来(非压抑性文明),提出"爱是给予,不是索取"等重要观点。应该承认,弗洛伊德本人和他的学派,对于加深人们对于爱的认识上,有重要的贡献。

辛格论爱

艾维因·辛格(Irving Singer)是美国当代哲学家,他是麻省理工大学的哲学教授。他从 1951 年开始写作,至今已经有 20 多本著作。

他的研究领域十分广泛,而性(Sex)和爱(Love)是他哲学研究的重点问题。他关于性和爱的著作有：《人类的性的目的》(1973),《爱的性质》(1984—1987),《爱的性质与追求》(1995),《生活的意义》(1994—1996),《性：哲学入门》(2004),《探索爱与性》《2001》,《爱的哲学——部分总结》(2009)。

从他的著作名称中,我们可以认识到,他是西方现代以性与爱作为研究主题的一位重要的哲学家。

他的最新著作《爱的哲学——部分总结》概要地总结了他关于性和爱的研究成果。此书是他献给美国"性与爱哲学学会"的,于 2009 年出版(至今尚无中文译本)。从这部著作中,可以归纳他关于爱的研究的一些主要论点如下：

(一)他对西方哲学家关于爱的观点的评述。

辛格对于西方自古代到当代许多位哲学家关于爱的观点或学说,都有所评述。

1. 柏拉图

辛格认为,柏拉图是哲学之父,是最伟大的哲学家。他是西方世界中关于爱的探索的开创者。

在柏拉图的中期著作《会饮篇》(The Symposium)中,他借阿利斯芬之口谈到男女同体的寓言(本书第三篇中有介绍)。但在他晚年著作中,如《法律篇》(The Laws)中,柏拉图的观点有很大改变。他反对同性恋,而主张一男一女的婚姻。在《理想国》(The Republic)中,他对于人类爱的理解是:对善的追求,对美的欣赏,对于理想社会的寻求,对科学真理的探索,对于祖国与民族的奉献,对于神的爱。这类高尚的爱远远超越了性爱。

他认为,柏拉图的思想是每个受教育的人都应该学习的。

2. 休谟

辛格提到休谟关于爱的学说。休谟认为有两种爱,一种是性爱;另一种是仁爱。按休谟的观点,性爱是很有活力的,也没有任何错,即使是婚前的,或非婚的。但休谟坚持认为,性爱只是爱的一种,它很快可以转入仁爱。仁爱关心人的幸福,也仰慕对方的善良。

休谟认为,性爱有三个组成部分:双方的热恋,对于对方的美丽的爱,对于对方的责任感。

辛格指出,休谟关于性爱的分析是很有意义的。

3. 叔本华

辛格对叔本华的评述是:叔本华是悲观主义者。叔本华认为,世界是意志(will)推动的。意志的目标是在生物学上保存并延续人类,而爱只是它的设施(device)。爱使一男一女在一起,发生性的关系,从而产生下一代。对叔本华来说,爱基本上就是性。

叔本华认为,人类要解救自己,就要拒绝接受意志,这样才有人的尊严与快乐。

4. 尼采

辛格指出,尼采是受到叔本华的深刻影响的。

尼采早期基本接受叔本华的思想,后来建立起与叔本华有所区别的哲学。叔本华要求人们要对意志说"不!";而尼采提出,我们要学习怎样对意志或自然说"是!"

尼采一个重要观点是"命运之爱",就是接受任何事物,按事物的本性去爱任何事物。这是尼采对于"超人"的理解。超人就是意志的主人,它能实现事物的本性,并且充实它们。尼采在他的著作中的超人的例子是艺术家。他肯定,一个真正的艺术家知道怎样去爱,怎样在与各种事物的关系中发挥创造性。

5. 弗洛伊德

辛格谈到弗洛伊德关于爱的二元论。辛格指出,20世纪以来,许多哲学家对于"真正的爱"与"坠入恋爱"进行了比较。一般认为,真正的爱是与婚姻相联系的,与对方生活在一起,并不必须有热恋或性感的快乐。这里又联系到休谟的两种爱的学说。

有男性病人向弗洛伊德诉说:"我在情妇那里能享受到性的快乐,而在妻子那里却享受不到。"弗洛伊德向病人宣传的观点是:"你能贪欲的地方,你不能爱;你能爱的地方,你不能贪欲。"

这是弗洛伊德的爱的二元论观点。

6. 桑塔亚那

辛格认为,乔治·桑塔亚那(Geoge Santayana)是20世纪最重要的柏拉图主义者,或新柏拉图主义者,同时,他又是一个唯物主义者与自然主义者。他将两种思想(即理想主义与唯物主义)融合起来。

他不赞成以下观点:科学是真理的唯一源泉,而宗教是意识性的伪科学。他对于宗教怀有深刻的理解,同时他对于友爱与其他人类爱的形式也有深刻了解。

辛格特别赞赏桑塔亚那关于两种爱有共同源泉——即诚爱(Piety)的观点。诚爱指的是:对你的国家和人民的忠诚,对伴你而生的你的文化与宗教虔诚。

辛格承认,虽然他不完全同意桑塔亚那的某些观点,桑塔亚那的思想对他自己影响甚大。

(二)西方社会中爱的历史发展。

辛格专门分析了西方社会中爱的历史发展。他指出,在西方社会,爱从中世纪的贵族化爱,转变到近代的浪漫化爱,又发展到当代的民主化爱。

1. 贵族化爱

据他分析,贵族化爱有如下特点:

(1)基督教是中世纪的主流宗教,而"神爱"(Agape)是基督教的核心观念。"神爱"是上帝的爱的赠予。辛格承认,他自己关于爱的赠予的观点来自基督教的"神爱"。

(2)贵族化爱是将基督教思想的人性化。它包括对自然的爱,不仅因为自然是上帝的创造物,并且因为它本身就值得爱。人类可以有爱,并不只是与上帝有关,还可以与另一个人,特别是异性者相爱。人们可以像爱上帝那样地热爱他的伴侣。

(3)贵族化爱的社会圈子很小,主要是在精英阶层,不包括一般百姓。而出身下层的人,如诗人,可能颂扬上层的妇女。

2. 浪漫化爱

浪漫化爱是从17世纪时的清教主义与理性主义开始的,它继承了贵族化爱的部分观念。清教主义者主张在宗教框架内享受人类的性爱。理性主义者主张不盲目地服从性感的激情,而对待爱有理性的认识。

莎士比亚在他的杰出的戏剧中表达了浪漫化爱的观念。

到19世纪,法国大革命的平等、博爱、自由的思想渗透进来,鼓励人们去爱任何一个他希望爱的人,而摆脱家长的干涉。

浪漫化爱中,妇女的作用有很大改变。她们获得了更多的平等地位。她们得到更多的性自由。妇女不需要再屈从于男子,因此她们能享受更多的情爱。

辛格指出,卢梭是提倡浪漫化爱的重要人物。根据卢梭,浪漫化爱有两种类型:一是仁慈的爱;二是热恋的爱。卢梭认为,仁慈的爱能使人生活得很有意义。

3. 民主化爱

民主是法国革命与美国革命的产物,因此民主化与浪漫化是互相影响的。现代民主主义的理念是每个人都有权利按照自己的愿望与方式追求自己的幸福。因此人们可以爱任何人,并不必须是异性。同性恋开始合法化。

美国越战时期,对各种性自由的限制都受到反对。裸体游行、性狂欢都盛行过,但是目前这股潮流已经过去。性自由的活动被限制在特定区域,但同性恋的趋势较强。

今天,民主化与全球化一起,正在普及到全世界。

(三) 关于爱的赠予(Bestowal)和评赏(Appraisal)。

辛格本人关于爱的观念,主要在于"爱的赠予和评赏"。

他说:"评赏:是在自己或他人中,发现价值的能力;赠予:是创造价值,并不是评赏所得的价值,而是一种新的价值。"(Philosophy of Love, p. 52)

辛格所谓的"评赏",是指对所爱对象的容貌、人品或智慧的欣赏;而他所谓的赠予,是指对所爱对象的关爱、付出与奉献。

辛格认为,真正的爱,不仅需要有评赏,更重要是要有赠予。

上面谈到,辛格关于赠予的思想是从"神爱"来的,而"神爱"——上帝的爱,主要就是上帝对人类的拯救,这是一种赠予。

应当说,辛格关于赠予和评赏的观点,是关于爱的一种深入的阐述。

(四) 创造力(Creativity)的作用。

辛格晚年的一个重要思想是关于赠予和创造力的关系。

他说:"我现在开始理解的事实是,赠予必须作为人类创造力的普遍存在而有想象力的组成因子。"(同上, p. 112)

他的意思是:人们在爱中的赠予能产生人的创造力。

虽然这个问题,辛格在《爱的哲学》一书中没有展开论述,但是我认为,这是辛格关于爱的哲学的重要阐述,也是本书作者的一个重要观点。

总之,辛格总结了西方世界关于爱的哲学思想,同时也总结了爱的历史演变,对于我们理解西方社会的爱,是很有帮助的。他本人提出的爱的赠予和评赏的观点,以及爱与人类创造力的关系,对于我们加深理解人类爱也很有启发。

西方人关于爱的观点综述

西方哲学的发展,从柏拉图到今天,已经有 2300 多年的历史。并不是每个西方哲学家,对于人类爱的问题,都有阐述。但是毕竟有许多杰出的哲学家,提出了十分重要的关于爱的学说或理念,对于后世以至当代,都有深刻的影响。

现将对后世影响最大的西方哲学家关于爱的论点,综述如下。

一、西方人认识爱的历程

虽然近代(17—18 世纪)以来,西方哲学以认识论为主体,关于人类爱的问题,没有得到足够的重视,但是西方哲学的开创性人物——柏拉图,却将爱放在一个极高的位置。这是值得人们深思的问题。

柏拉图提出:

爱是人类最高的幸福,爱是最美的,是最善良的。

爱是有创造性的。

爱最古老,又最年轻。

爱是愿与爱的对象合而为一

爱的追求不断上升,由肉体到精神。

柏拉图关于爱的一系列思想,是西方哲学中关于爱的主题的珍贵的思想财富。即使在今天,仍然是非常有启示性的。

柏拉图又是理性的推崇者。他的"相论"(即"理念论")是人类理性哲学的开始。他的学生——亚里士多德提出"实体论",更开创了西方以理性思维为基础的哲学与科学的发展方向。

17—18 世纪,西方哲学界的主要流派是英国的经验论,和法、荷等国的唯理论。不论是经验论或唯理论，都以阐述人的认识问题为主体，近代西方哲学由此而进入认识论的时代。

在这样的思潮下，关于人类爱的直接论述，在哲学著作中减少了。

启蒙运动后，西方哲学家对于自由、民主、平等、人权、法治等观点大为增强。康德提出"人是目的"的著名观点。这样的思想背景，又为人类之爱（包括男女情爱、自由之爱等）的实现，提供了良好条件。

到 19 世纪时，德国的费尔巴哈提出"爱是人的本质"的重要思想。他的思想虽然遭到马克思主义的唯物论者的批评，认为他所强调的爱，是脱离阶级关系的不切实际的空想。但是他的观点在西方哲学界还是有相当影响的。

19 世纪后期，弗洛伊德提出以性爱为中心的精神分析学说，引起了人们的重视。弗洛伊德学说的继承者形成了弗洛伊德学派，如马尔库塞、弗罗姆等 20 世纪的哲学家，将弗洛伊德学说从性爱扩大到了人类广泛的爱。

到了当代，在西方人文哲学中，爱的重要性又得到许多哲学家的认同；美国已经有专门的"爱与性的哲学学会"。关于爱的哲学的专著，已经出现了几本。

关于人类的爱，又成为西方哲学研究的一个重要课题。

二、上帝的爱与自然的爱

"神爱"（Agape）是基督教关于爱的基本思想。"神爱"即上帝的爱；因为有上帝对人的爱，因此就有人对上帝的爱。

奥古斯丁与阿奎那，这两位主要的中世纪哲学家，都是"神爱"的积极阐述者。他们提出：与信仰（信）与期望（望）相比，上帝更大的恩施是爱；爱高于信和望。

他们提出：永生是上帝给予人类的爱的恩施。上帝的一切诫命都是围绕着爱的。

他们关于"神爱"的思想，在全球基督教信仰者中，有深刻的影响，成为了构成他们人生信念的指导性思想。

他们认为,在物质世界中,科学的功效是不能怀疑的;但是科学难以解决人类精神生活的需求。基督教的爱的思想,是他们精神的寄托。

17世纪荷兰哲学家斯宾诺莎提出的"自然神学",是西方哲学史上一个有重大影响的学说。

他的学说的核心思想是:自然就是神。因此,上帝对于人类的爱,就是大自然对于人类的爱。

这个思想既继承了中世纪的"神爱"思想,又接受了16—17世纪以来重要的科学的发现(如哥白尼的学说)。它是融合哲学、科学与宗教三者的思想。

自然就是神的思想,可以证明,又可以解释一系列关于神的功能。

例如,神学认为人是神所创造的。自然神学则提出人是自然创造的,因此自然就是神。

又如,神学认为神给予人以永生。自然神学则提出人类在自然的恩施下,将会永远存在。对个人来说,人的肉体会死亡,而精神不会消亡。

今天绝大多数科学家,如果是信教的,一般都能接受自然神学的思想。即使不信教(如中国的多数科学家),他们也不反对自然神学。因为自然神学,既不排斥科学,又在一定程度上,满足人们的精神需求。

三、理智、情感、道德的关系

理智、情感与道德的关系,是西方哲学长期争论的问题。

毕达哥拉斯认为灵魂分三部分,即理性、智慧和情欲。理性和智慧在脑,情欲在心脏。事实上,理性与智慧基本上是一体的,因此,人的灵魂就是理智与情欲两者。

柏拉图将人类心灵分为知性、情感、意志三部分。但他没有阐明三者之间的关系。

休谟将人类的心灵活动(或意识活动)区分为知性和情感两种,而人的道德则是知性和情感两者所决定的。

康德的哲学由三部分组成：理性、实践（即道德）、审美（或情感）。他认为，审美（或情感）是理性和道德的桥梁。

康德的哲学，是从人的思想与行为体系来考虑的，因此，道德，同认知与审美（情感）一样，具有独立的重要性。

但是，如果从人的心灵的来源——人脑的组成来看，情况不完全是这样。本书在《爱的科学依据》一篇中将要介绍，人脑由三部分组成：最内层的 RB，管辖人的生理（如心跳、呼吸等）；中间层的 LB，管辖人的情感（爱、恨等）；最外层的 NB，管辖人的理智（语言，思想等）。

因此，从科学的角度看，休谟的观点是正确的。人的生理活动之外，基本心灵活动只是情感与理智。这两者都是有人脑的物质基础的。而道德，在人脑中，并没有一个独立的区域来管辖。它是情感与理智共同的产物，与意志的情况相似。

人脑组成的阐明，是现代科学在 20 世纪晚期到 21 世纪早期的进展。这里也可以从一个方面理解：为什么在 18—19 世纪的近代西方哲学（康德、黑格尔、马克思等）的著作中，"情感"没有被作为一个独立的重要问题来讨论，而是将道德问题突出出来，压倒了情感问题。

现在，人脑的组成已经基本弄清，哲学家不能不重视情感问题，包括人类爱的问题的研究。

四、西方的爱的广义与狭义

西方哲学中的爱有广义与狭义之分。狭义的爱，就是性爱。

西方从柏拉图开始，就没有将人类的爱局限于性爱。

柏拉图在《会饮篇》中说："爱神的威力伟大得不可思议，支配着全部神的事情和人的事情。"

亚里士多德关于爱的理解也是十分广泛的。他谈的"友爱"，包括："父母对儿女、老年人对年轻人、领袖对属民、领导者和被领导者"的关系。他说："一切匠人都热爱自己的作品……诗人对自己的作品有着过度的爱，把它们当作孩子来抚爱。"

将人类的爱的研究,集中于性爱的,是弗洛伊德。弗洛伊德关于性爱的研究,在哲学、心理学、精神病学等方面,是有重大贡献的。但是将人类的爱局限于性爱,是对于人类爱的过于狭义的理解,并不能阐明人类爱的全部含义。

因此,弗洛伊德学派的继承者,如马尔库塞、弗罗姆等,就将弗洛伊德的学说扩大到更大的领域,而提出许多有价值的观点。

本书是主张采用人类爱的广义的,即研究人类的广泛的爱。

当然,我们不否认,男女之间的性爱,或夫妻之间的情爱与恩爱,是人类各种爱之中一种极为重要的爱。

五、西方人关于爱的重要观点

(一)爱高于信与望。

信、望、爱是中世纪基督教的神学思想,而基督教哲学家奥古斯丁和阿奎那都提出:爱高于信和望。

信就是信仰,望就是希望,爱就是敬爱、热爱与仁爱。基督教的教义中,这三者都是人对上帝(或基督)而言的。"爱高于信和望"的意思是:你能够爱上帝,爱他人,爱大众,比你信仰上帝,盼望上帝赐福予你,更重要。

应该说,爱高于信和望,这个理念不仅对信教者有意义,对所有人都有意义。如果你不信宗教,但你会有其他的信仰和希望,例如信仰科学,希望科学会造福予你;但是如果你不爱科学,不爱大众,那么,科学对你不会有真正的意义。居里夫人发现镭等放射性元素,是她对于科学的巨大贡献。推动着她不懈努力的最根本的精神动力究竟是什么?只能是她对于科学的热爱,对真理的热爱,对人类的热爱,而不是其他。

(二)爱的接受与给予。

古希腊时期,亚里士多德就提出了"友爱更多地在爱之中,而不是在被爱之中"的观点。

20世纪哲学家弗罗姆说:"可以用是一种给予而不是索取,来描述爱的特征。"

当代哲学家辛格地提出"爱的赠予应高于评赏"的观点。

爱的给予高于爱的接受,自古至今,许多西方哲学家提出这个观点。这是值得我们重视的。

(三)爱的创造性。

古希腊时期,柏拉图就提出了爱的创造性的观点。他说的大意是:爱的活动凭借身体或灵魂,在美的东西里面生育。这里就有创造性的含意。

当代哲学家辛格说:"(爱的)赠予必须作为人类创造力的普遍存在而有想象力的组成因子。"

可见,自古至今,都有西方哲学家关于爱的创造性的论述。

爱的创造性是本书关于爱的哲学中一个非常重要的观点。

第四篇 中国哲学家谈爱

本书在论述中国哲学与爱的关系前,先论述西方哲学中的爱,是因为西方哲学的特色是概念清晰,逻辑性强,便于我们对于爱在人类精神生活中的位置,有一个明确的认识。

但是从哲学的内容来讲,中国哲学中却对于爱更为重视。这是因为中国哲学一贯以伦理学(人性、德性)为主要内涵,而爱正是伦理学中的重要概念。

中国哲学中关于爱的论述,有以下一些特点:

(一)中国古典哲学著作中,"爱"字是用的,有时也用在很重要的位置,例如,孔子的"仁者,爱人";墨子的"兼爱"等。但一般说来,"爱"字的应用并不太多;也就是说,中国许多哲学经典中,关于"爱"的直接论述并不很多。但是与爱有关的论述却非常多。古代哲学家们用许多其他的名词来论述爱,重要的有:理、道、性、心、情、忠、孝、弟、尊、善、亲、良知,等等。当然,这些名词除有爱的情感之外,还多一些道德含意。

(二)从上述这许多名词来看,中国哲学家将爱的概念细化了、对象化了;对于不同的爱的对象,采用不同的名词。例如,对于国家或君王的爱,是"忠";对于父母和祖先的爱,是"孝";对于兄弟的爱,是"弟";对于师长的爱,是"尊";等等。

(三)中国哲学中的爱,与西方哲学相比,更多地与哲学本体论、宇宙观、政治学、人生观相联系,也就是说,中国哲学家将爱提高到一个更高的水平、更广的视野上来认识。

以上这些特点,是下面论述各位著名哲学家关于爱的理论时所需要理解的。

老子论爱

老子,原名是李耳(也叫李聃)。他的生卒年代至今已不明确。现在学术界多数人承认老子与孔子是同时代人(孔子的生活年代是公元前 551—479),而老子比孔子年长。孔子曾经专门去向老子请教过,这件事在《史记》、《礼记》、《吕氏春秋》等多本古书中都有记载。《史记》中说,孔子对老子有很高的评价,称他"犹龙",意思是像龙一样崇高。

有的哲学家(如冯友兰)认为,老子的《道德经》(或《五千言》),成书较晚。从它某些内容来看,应该是孔子以后的作品。然而,1993 年在湖北郭店楚墓出土了简本《老子》,这部书的时代肯定在战国中期之前。因此,《史记》的记载又比较可信了。

《道德经》是中国古代一部具有很高学术价值的哲学著作。前面提到,中国的传统哲学(以孔子为代表)是以伦理学为主要内容的;而《道德经》不同,它有极为深刻的形而上学(本体论)内容,而本体论正是哲学的核心。

《道德经》讨论的内容非常广泛,有本体论、宇宙观、自然观、世界观、人生观、政治哲学、军事哲学等,并且有丰富的辩证思想。

《道德经》的许多论述与人类的爱有关,现归纳、评述如下:

(一) 道为"天地母"与爱。

老子说:"有物混成,先天地生。寂兮寥兮,独立而不改,周行而不殆,可以为天地母。吾不知其名,故强字之曰道。"(《道德经》,25 章)

老子的意思是:道是在天地之前就有的,道是天地的母亲。

这就是老子的宇宙观,宇宙不是某个人格化的神(上帝)所创造,而是宇宙最初的混沌状态("混成")所创造。这个观点与现代宇宙大爆炸的科学理论比较符合(因此,老子的学说受到现代物理学家的重视)。对于宇宙的创造者,老子称它是"道"。

根据《道德经》的全部论述,道,可以理解成是宇宙或大自然的本质与运行规律。

老子将"道"称为天地之母,这不仅是一个比喻,并且是带有浓厚的情感的。母亲必然热爱自己的子女,而子女都会热爱自己的母亲。因此,老子的话表明:道是热爱天地的,当然也热爱天地之中的人。道应该受到人的热爱。

基督教的哲学是:上帝创造了人,因此,人必须爱上帝。老子学说中的的道,与基督教哲学中的上帝,具有完全同等的功能与位置。在《道德经》中,处处能见到老子对于道的崇尚与敬爱。

(二)"道法自然"与爱。

老子说:"王法地,地法天,天法道,道法自然。"(同上书,25 章)

如果说,在老子哲学中,道是自然的本质和运行规律;那么,自然本身,就是最高的本体。因此,老子要说:"道法自然"。

本书第二篇中,我们谈到了"自然之爱"。当然,人们对于壮观的山河、美丽的花草、悦耳的鸟鸣的喜爱,是自然之爱。而老子在《道德经》中所谈的"自然",是指整个宇宙界、全部的大自然。既然道是天地之母,所谓"道法自然",就是说:天地的创造者是道,而道只能依据自然的本性而运行。

因此,老子所表达的是人类对自然的最高的敬爱。

(三)道"衣被万物"与爱。

老子说:"大道氾兮,其可左右。万物恃之以生而弗辞;成功遂事而弗名有。衣被万物,而弗为主;则恒无欲也,可名于小。万物归焉,而弗知主;则恒无名也,可名为大。"(同上书,34 章)

这段话的大意是:大道的分布非常广泛,无处不在。自然万物依靠她(因为道是天地母,故这里用女性的她)生存,她从不推辞自己的责任;万物获得了成功,她决不夸耀是自己的功劳。她用她的温暖像衣服一样保护万物,而从不去做万物的主宰;她永远没有自己的欲望,可以说是非常谦虚。万物都归附于

161

她,却不知道谁是他们的主宰;她永远不要名声,可以说是非常伟大。

这段话充满了对大道的赞美的情感,充分体现了老子哲学中对大道的热爱。同时,它也说明了大道对于自然万物的热爱。大道创造了、养育了万物,却不做万物的主宰,不做命令或限制万物行动的事,让万物按它们的天性自由发展。大道也绝不要求什么名声,完全是默默无闻地做着贡献。大道对自然万物的爱,与父母对子女的慈爱,非常相似。

大道给予万物的,就是一种真正的慈爱!

这一段话可以认为是:老子对大道的爱的颂歌。

(四)道“无为而无不为”与爱。

老子说:“道常无为,而无不为。侯王若能守之,万物将自化。”(同上书,37章)

“无为”是老子的重要的哲学思想,也是他的政治思想。他所谓的“无为”,就是让世界万物按它们的本性自然地、自由地发展。在中国的传统哲学与政治中,一般是强调“教化”或“礼”,以规定并限制人们的行为举止。“自由”的理念,在儒家、法家、墨家学说中是没有位置的。这是中国传统思想与17—18世纪的启蒙运动后的西方思想的十分重要的区别。但是应当指出,老子与庄子的哲学中,是有“自由”的思想源泉的。老子的“无为”思想,重点是要求政府或官员(上文中的“侯王”)对于人民的思想与生活减少干预,让他们自己发展、自由地发展。

从“爱”的角度来讲,大道对万物的爱,不但表现在她创造了万物,并且体现在她的“无为”上,也就是让万物根据它们的天性自然地、自由地发展。

老子在这里,提出了关于爱的一个重要原则:对你所爱的对象,你不应该过多地干预或限制,而要尊重被爱对象的天性,帮助并鼓励他们自然地、自由地发展。

在父母对子女的爱、老师对学生的爱、夫妻之间的爱、官员对人民的爱等等方面,老子的“无为”思想所体现的原则是值得我们重视的。

(五)“道生之,德畜之”与爱。

老子的《道德经》分为《道经》与《德经》两部分。究竟“道”与“德”是什么关系呢?

老子说:"道生之,而德畜之;物形之,而器成之。是以万物尊道而贵德。"(同上书,51章)

老子的意思是:"道"创造了万物,"德"养育了万物。"道"规定了万物有一定的形式,而"德"则根据形式而构成了万物。因此,人们既应尊敬"道",也应重视"德"。

老子的"道",有原则、法则的含义。"德"是"道"的原则的实现,有通常所说的"道德"的含义,也就是人们行动的准则。

上面提到:"道"有"衣被万物"之爱;因此,对万物有爱,是"道"的原则。而这个原则,需要通过"德"或符合道德的行为加以体现,

如果我们联系康德的"实践理性",康德认为,人应该接受先验的"道德命令"。老子哲学中,"道"就是先验的("先天地生"),而"德"是"道"的实现。可见,康德的思想与老子是相近的。

联系到爱(爱万物),老子的思想就是:爱是由"道"而来的,是先天的;各种爱的道德行为,都应出于人的爱的天性。完全依靠外力(如法律、教育等)都不能有真正的爱。当然,教育可以启发人的爱的天性,法律可以制止人的作恶,对于社会都是必需的。但是,教育与法律都必须尊重,并遵循人的天性,而不能违背人的天性。

(六)"天之道,利而不害"与爱。

老子说:"圣人无积。既以为人,己愈有,既以与人,己愈多。故天之道,利而不害;人之道,为而弗争。"(同上书,81章)

"利而不害"是天道的本性。这是一个宇宙观与自然观的重要观点。从科学角度看,宇宙对人类是非常眷顾的。到当代为止,浩茫的大宇宙中,还只发现地球——这颗太阳系的不起眼的小小行星上,具有这样优越的动植物(包括人类)生存的环境条件。尽管地球上有时有地震、海啸、水旱灾害,但是这些灾害毕竟是暂时的,是人类可以克服,或减轻损失的。地球上的大部分时间内,人类都可以正常地生存、繁育,发展自己的体力,特别是智力,从而形成高度的文明。

因此,天道或大自然,对于人类,确实如老子所说,是"利而不害"的。

"利而不害"就是大自然,或老子说的天道,对人类最大的爱。

(七)"上善若水"与爱。

老子说:"上善若水。水善利万物而不争,处众人之所恶,故几于道。"(同上书,8章)

这段话的意思是:他用水来比喻高尚的善(上善)。水有利于万物,而不争自己的利益。甘愿处在人们不愿意住的低下的地方。这种品性是接近于"道"的。

老子在《道德经》中,他用较多的文字来阐述他的"上善若水"的哲学。他总的意思是教导人们,不要争强好胜,不要争名夺利,不要以强欺弱,而要保持谦虚谨慎的人生态度,做有利于他人或大众的事。

"上善若水",也是老子的一种爱的哲学,他要求人,用水一样的温柔的品性来对待情侣、父母、子女、朋友、大众;设身处地为所爱者着想,谦虚谨慎地做有利于所爱者的事,而甘愿自己有所不利,甚至作出必要的牺牲。

小结:

老子在《道德经》中充分而详尽地阐述了他关于天道爱万物,天道爱人的思想。天道对万物与人,都是"利而不害"。天道的爱,不是管制性的,而是让万物与人依据他们的天性而发展。天道爱万物、爱人,而从不居功,从不要求回报。天道对于万物与人的慈爱与父母对子女的慈爱非常相似。

普及于西方世界的基督教文明,所信仰的是"神爱",即上帝对人的爱。孔孟儒家所倡导的是"仁爱"。只有老子,他所宣扬的是天道对万物与人的爱。所以,从中外文明史来讲,老子的学说是非常独特的。

孔子论爱

孔子是中国古代最重要的哲学家,他创立的儒学哲学,不但主宰了中国后来两千多年的政治与文化;即使在当代,还在全球华人的思想与行为准则中留下深刻影响。如今他的学说已经传播到了全世界。

孔子的原名是孔丘,字仲尼。他的生活年代是公元前551—前479,比苏格拉底要早约80年。

孔子出生在山东曲阜。父亲叔梁纥,是一名武将,为鲁国立过战功。叔梁纥娶过三个妻子。孔子是他第三个妻子颜徵在所生。孔子三岁时,父亲去世,由母亲抚养成人。孔子自幼就非常聪明,又特别爱好学习。他从母亲和外祖父——颜襄那里受到良好教育。母亲教的许多字,他一遍就能记熟。

孔子年轻时当过一些小官,例如管理账目、管理牛羊等。由于他知识广博,态度端正,很早就被人称为"夫子"。30岁时,他就开始创办私人学堂;传说有三千学生,有突出成就的有72人。他开的课目有《诗经》、《尚书》、《周易》、《春秋》、《仪礼》和《乐经》,后人称为"六经"。

孔子到50岁时,才担任鲁国的中都宰,中都是鲁国一个城市,靠近今天山东的汶上。后来他被提升为鲁国的司空(管理工程)和司寇(管理治安),孔子都做得很有成绩。不久,齐国送来80名美女,鲁定公贪图欢乐,不理朝政。孔子十分失望,就带了几个最满意的学生,周游列国,历时13年,但是却四处碰壁。孔子晚年回到故乡,专心从事教育和文化工作。他去世时73岁。

孔子的思想,主要由《论语》传给后代。《论语》是孔子的学生记载的孔子的谈话,在中国古代哲学中有极高的价值。

孔子的学说有深刻的理性思维,同时,他又是一个富有情感的人,是一个热爱人民、热爱学生、热爱生活的人。

如果我们了解孔子是有丰富情感的人,我们就能从孔子的理性论述中理解其中的爱的内核。现归纳并评述如下:

(一)"仁者,爱人"与对人之爱。

仁是孔子哲学中的核心思想。"仁"这个字,在《论语》中出现的次数最多,有一百次以上。可见孔子对于"仁"的重视。至于什么是"仁",孔子在不同场合,有许多不同的解释,其中几种重要解释是:

1."樊迟问仁,子曰爱人。"(《论语·颜渊》)

2."夫仁者,己欲立而立人,己欲达而达人。"(《论语·雍也》)

3."仲弓问仁,子曰:'……己所不欲,勿施于人。'"(《论语·卫灵公》)

4."子张问仁于孔子。……孔子曰:'恭、宽、信、敏、惠。'"(《论语·阳货》)

5."樊迟问仁。子曰:'居处恭,执事敬,与人忠。'"(《论语·子路》)

6."曾子曰:'夫子之道,忠恕而已矣。'"(《论语·里仁》)

7."子曰:'仁,远乎者? 我欲仁,斯仁至矣。'"(《论语·述而》)

8."子曰:'民之于仁也,甚于水火。'"(《论语·卫灵公》)

这许多解释中最核心的解释是:"仁者爱人"。因为其他的解释都可以从"爱人"中引申出来。

例如,为什么"己所不欲,勿施于人"? 为什么"己欲立而立人,己欲达而达人"? 就是因为你对于他人有爱,你自愿地为他人着想。因此你自己不愿意接受的事(如欺骗、伤害等),你也不会要他人接受;而你自己想达到的目标(如幸福、成功等),你也愿意帮助他人达到。

孔子对仁的阐述中,提到多种人的美德,有恭、宽、信、敏、惠、敬、忠恕等。

"恭"、"敬",即恭敬,是出于对长者的敬爱,例如对于师长的爱。

"宽"、"恕",即宽容,是对他人的要求而说的。对待他人,总能设身处地从他人的角度考虑,要求不是过高、过严。即使他人(包括自己的孩子或学生)有过错时,也不责备过多。这是来自对他人的爱。

"信",即诚信。诚信既是一种自爱的表现,也是对他人或社会的负责与关爱。一个爱护人民的政府必须有诚信;做出的许诺,必须兑现。

"敏",即勤敏。不论做任何事,都能勤奋而敏捷,体现着你对他人的爱心。例如,医院中护士对病人的爱心,商店里服务员对顾客的爱心。

"忠",即忠诚。孔子讲的"忠",并不只指对君王的忠心,更多是指对他人。对民众的关爱;对他们尽心尽责,做好服务。

以上的论述是要说明:孔子对仁的多种解释,都与"仁者爱人"有直接关系。"仁者爱人"是仁的各种解释的总纲。

上面第七句话非常重要，"我欲仁，斯仁至矣"。它说明：你的仁，或你对他人的爱，是出于你的内心的，是你自愿的。因此，你想做到仁，仁就能做到。

两千年后，康德的"道德命令"的思想与孔子是接近的；而孔子的"爱人"，在道德中，更多一些情感的成分。

上面第八句话表明：人民对于仁的需要，就像对于水火的需要一样。因为仁就是爱人的精神；因此，孔子的观点是：仁爱的精神是人民所最热切盼望的。人民最大的愿望，就是有一个爱的世界！

仁是孔子的核心思想，而仁就是爱人。因此，孔子的整个思想体系，都围绕着"爱人"这个总的精神。

（二）"民无信不立"与人民之爱。

《论语》中有许多孔子的话，是关于对人民之爱的。如：

子贡问政。子曰："足食，足兵，民信之矣。"子贡曰："必不得已而去，于斯三者何先？"曰："去兵。"子贡曰："必不得已而去。于斯二者何先？"曰："去食。自古皆有死，民无信不立。"（《论语·颜渊》）

子曰："泛爱众，而亲仁。"（《论语·学而》）

子曰："道千乘之国，敬事而信，节用而爱人，使民以时。"（《论语·学而》）

子路曰："愿闻子之志。"子曰："老者安之，朋友信之，少者怀之。"（《论语·公冶长》）

上面第一段话是孔子关于政府与人民关系的重要论述。孔子认为，治理好国家需要三个条件：人民丰衣足食；国家兵力强盛；人民对政府的信任。

足食（充裕的粮食）和足兵（坚强的国防），都是从人民的需要和利益出发而考虑的。但是只有足食、足兵还不够；更重要的是要得到人民的信任。只要人民对政府有信任，对国家有信心，即使经济还不够发达，国力还不够强大，国家还是有希望的，政权还是巩固的。否则，即使暂时有足食、足兵，如果有大量官员贪赃枉法，那么，人民就不可能对政府或执政者有信心；这种情况下，政权还是不巩固的。

上面第二和第三句话都直接表明孔子的爱民思想。"仁者爱人"是孔子思想的总的原则，而"泛爱众"、"节用而爱人"，则是孔子明确地表明他的政治思想原则,即对人民大众的爱。

第四句话表达了孔子的志向:给老人以安抚,给朋友以信任,给年青人以关怀。这是孔子的爱民思想的具体化。

人民对政府的要求是多方面的。在孔子的时代,主要是要求执政者有爱民之心,不但使国家足食、足兵,并且通过德政,取得人民的信任。

时代发展到今天,仅仅依靠政府的"爱民"是不够的。现代政治表明,只有在民主机制下产生的政府,只有时时、事事接受人民监督的政府,才能产生真正爱民、为民的政府,才能得到人民的充分信任。

(三)"学而时习之"与知识之爱。

子曰:"知者乐水,仁者乐山。"(《论语·雍也》)

这句如诗一样高度概括的话表明了孔子对"知"与"仁"两者的赞扬与评价。

孔子并没有抬高"仁"而贬低"知",他是将"知"与"仁"并列的,认为两者都是人生修养中的重要目标。但是两者的特性不一样。

"仁"是对人的道德要求,"仁"是原则,是人的行为准则,是不能任意改变的;"仁"的性格像山那样地坚定不移。因此,有"仁"的人(仁者)是喜爱山的。

而"知"不一样,"知"包括人的多方面的知识。它因不同对象而变化,也需要因情况的改变而有所调整,"知"的性格像水那样活动多变。因此,有"知"的人(知者)是喜爱水的。

孔子不但重视"仁",对"知"也十分重视。他所创办的学校中,讲授的课程有:《诗经》、《尚书》、《周易》、《春秋》、《仪礼》和《乐经》。其中,《诗经》是文学课,包括一些自然知识;《书经》是政治课;《春秋》是历史课;《周易》是哲学课;《仪礼》讲各种仪式和生活规则;《乐经》讲音乐原理。"六经"中,固然有"仁"的原理,也有各方面的"知"。

因此,"知者乐水"这句话,表明了孔子对知识的热爱和对求知者的赞扬。

关于仁与知的获取,孔子提出学习与思考两种方法。

子曰:"学而时习之,不亦说乎?"(《论语·学而》)

这是《论语》中孔子说的第一句话。它充分表达了孔子对学习的热爱。

但是孔子认为，"学而不思则罔，思而不学则殆"。(《论语·为政》)

意思是：学习而不思考，就会越学越糊涂；思考而不学习，就有走向歧途的危险。

因此，孔子既爱学习，有爱思考，并且要求将学习与思考结合起来。

(四)"入则孝，出则弟"与孝弟之爱。

《论语》中有孔子关于家庭与社会之爱的论述，如：

子曰："弟子入则孝，出则弟，谨而信。"(《论语·学而》)

子夏曰："事父母，能竭其力；……与朋友交，言而有信。"(《论语·学而》)

子游问孝，子曰："今之孝者，是谓能养。至于犬马，皆能养；不敬，何以别乎?"(《论语·为政》)

孔子要求人们在家时，要孝顺父母；出外时，要以友爱与诚信待人。对父母的孝，绝不是仅仅是尽到养育的责任，而应给予父母敬爱之情。孔子讲的"弟"，既指兄弟之间的手足之爱，也指朋友之间的友情与友爱。

孔子是中国最早的提倡孝弟之爱的哲学家。孝悌之爱在中国的影响非常深远。在全世界范围内，华人社会中都十分重视孝悌之爱。孝悌之爱使华人的家庭关系与社会关系，较为和睦友好，形成一种伦理特色。这里都有孔子思想的影响。

(五)"天丧予"与学生之爱。

孔子创办了中国最早的学校，他对于他的三千学生怀有真挚的关爱，付出了他的全部辛劳和智慧，被后世赞誉为"万世师表"。

关于孔子对于学生的爱，在本书第二篇第七章的《师生之爱》中，已有介绍。这里着重以颜回为例，说明他对学生之爱。

在所有的学生中，他最喜爱的就是颜回。在《论语》中，他多次提到颜回，如：

贤哉，回也! 一箪食，一瓢饮，在陋巷，人不堪其忧，回也不改其乐。贤哉，回也! (《论语·雍也》)

意思是：颜回多么贤惠啊! 在极简朴的生活中，他能保持乐观的人生态度。

子曰:"回也,非助我者也,于吾言无所不说。"(《论语·先进》)

意思是:颜回虽然对我帮助不多,但对我讲的每一句话都感到愉悦。

子曰:"回也其庶乎,屡空。"(《论语·先进》)

意思是:颜回在修养和学问方面已经很够了,只是常常贫困。

子曰:"吾与回言终日,不违如愚;退而省其私,亦足以发;回也不愚。"(《论语·为政》)

意思是:我与颜回谈话,他从不提反对意见,好像有点愚笨。但他回去后能反省自己的言行,并有所发挥。因此,他是聪明的。

从这几句话充分表明,孔子对颜回非常钟爱。

颜回去世后,孔子十分悲痛地恸哭。

颜渊死,子曰:"噫! 天丧予! 天丧予!"(《论语·先进》)

孔子对颜回的真挚感情,使人非常感动,这代表着孔子对他学生的深爱。

(六)"闻《韶》不知肉味"与文艺之爱。

孔子对音乐有特殊的喜爱,甚至达到入迷的程度。

子在齐,闻《韶》,三月不知肉味,曰:"不图为乐之至于斯也。"(《论语·述而》)

子谓《韶》:"尽美矣,又尽善也。"(《论语·八佾》)

《韶》是虞舜时代的乐曲。孔子听到了《韶》,居然三个月不知道肉是什么味道,感叹地说:"真想不到乐曲能美妙到这样的境地!"又说:"《韶》的乐曲是尽善尽美的。"

可能今天的音乐家,也难以像孔子那样,对某一首乐曲的赞赏达到"三月不知肉味"的热爱的程度。

孔子对文艺之爱,不仅是在音乐上,他对诗歌也有深刻的研究与爱好。

子曰:"小子何莫学夫《诗》?《诗》可以兴,可以观,可以群,可以怨。"(《论语·阳货》)

这是孔子对学生们的教导。他说:你们为什么不学习《诗经》呢?《诗经》可以激发人的情感,可以观察社会动向,可以加强人际间融合,可以表达人的怨愤。这里,孔子列举了诗歌的多种功效。

由于孔子对诗歌的热爱与重视,他对当时流传的诗歌做了认真的整理与订正的工作,对于《诗经》的成书作出重要贡献。

(七)"食不厌精"与生活之爱。

《论语》中有下面一段话:

食不厌精,脍不厌细。食饐而餲,鱼馁而肉败,不食。色恶不食,臭恶不食。失饪不食,不时不食。割不正,不食。不得其酱,不食。肉虽多,不使胜食气。唯酒无量,不及乱。(《论语·乡党》)

这一段话记载了孔子在饮食方面的要求。意思是:食物不嫌做得精,鱼肉不嫌切得细。食物放久了会变味,不吃;鱼不新鲜、肉有腐败,不吃;颜色变了,不吃;有臭味了,不吃;烹调不好,不吃;不合时鲜,不吃;切割不合规矩,不吃;没有放该用的酱,不吃。

读者可能感到孔子对饮食的要求太高了。学者们介绍孔子思想时,一般很少介绍这一段话。其实这一段话正说明孔子是一个热爱生活的人。他的一些要求有的是符合饮食卫生的,有的是他对烹饪质量的讲究;只要他的经济条件许可,我们没有理由说他要求过高。

人们往往将像孔子这样的"圣人",想象成庄重严肃、不好亲近的人。从《论语》全书来看,孔子并不是这样的人。孔子虽然学识与修养都很高,但却是一个有血有肉、有欢乐、有痛苦、有常人生活爱好、很乐意与人接近的长者。

上面所引的一段话,正说明他是一个热爱生活的人。

对生活的热爱,是人类爱的一个极其重要的方面。如果一个人对生活没有乐趣,没有感情,你要求他爱家人、爱他人、爱大众、爱事业,那是不可能的。因此,热爱生活,是人类爱的基本要求与出发点。

小结

孔子全部哲学的核心,是一个"仁"字;而"仁"的含义,是"爱人"。因此,也可以说。孔子的哲学,从它的基本内容来讲,就是:爱人的哲学。

孔子是一个热爱生活、感情丰沛的人。他热爱知识，热爱学习，热爱思考，热爱学生，热爱音乐，热爱诗歌，也热爱美好的食物。

可以认为，从学说到为人，孔子是中国古代爱的典范。

墨子与庄子论爱

一、墨子论爱

墨子原名墨翟。墨子的生卒年代并不很确定，一般认为是公元前468—前376。他的出生比孔子晚83年，比孟子早103年。他的时代是在春秋和战国之间。墨子做过宋国的大夫，他可能出生于手工业者家庭。他有手工制作技术，有丰富的历史、文化知识，还有几何学、物理学等科学知识，这在先秦哲学家中是很少见的。

墨子与孔子一样，也曾周游列国。后来他创办了一所半工半学的十分有特色的学校。这座学校有结社的性质，他的学生形成一个纪律严明的政治团体。

墨子和他的弟子代表了社会的中下层，特别是手工业者。他们反对繁多的礼仪，主张"节葬"、"非乐"，提倡生活的节俭。

墨子对于爱有明确而独特的主张。他关于爱的主要观点就是提倡"兼爱"。《墨子》一书是他的思想的汇总，其中就有专门的《兼爱》一卷。而在《尚贤》、《非攻》、《节用》各卷中的论述，都与爱有关。现分别介绍和评述如下：

（一）《兼爱》与爱。

墨子在《兼爱》中所表达的主要观点是：

1. 天下的治或乱，都与爱有关。

墨子指出，天下之乱的根源，就是不相爱。子只知自爱，而不爱父；弟只知自爱，而不爱兄；臣只知自爱，而不爱君，就是乱。相反，父对子不慈爱，兄对弟不慈爱,君对臣不慈爱,也是乱。

如果天下兼相爱,爱人就好像爱自己,会有不孝敬吗? 会有不慈爱吗? 因此,墨子的结论是:"天下兼相爱则治,交相恶则乱。"(《墨子·兼爱上》)

2. 天下的利、害与爱有关。

天下的祸害是哪里来的? 墨子认为,诸侯只知道爱自己国家,而不爱别人的国家,就会以举国之力,去进攻别国。家庭主人只知道爱自己的家,而不爱别人的家,就会以举家之力,去侵犯他家。人只爱自己身体,而不爱他人身体,就会举自己之力,去损害他人。

墨子说,应该将他人的国家,看成自己的国家;将他人的家庭,看成自己的家庭;将他人的身体,看成自己的身体。那么,"人与人相爱,则不相贼;君臣相爱,则惠忠;父子相爱,则慈孝;兄弟相爱,则和调。天下之人皆相爱,强不执弱,众不劫寡,富不侮贫,贵不敖贱,诈不欺愚"(《墨子·兼爱中》)。

人与人相爱后,强大的不会欺负弱小的;人多的不会侵犯人少的;有钱的不会侮辱贫穷的;尊贵的不会傲视低贱的;狡猾的不会欺骗老实的。这样,全社会就能达到和谐共处。

3. "兼相爱,交相利"。

有人说:"兼爱"是好,但是难做到。墨子回答说:那是因为人们不知道兼爱的好处。其实,人们相爱,他们都能得到利益。

"兼相爱,交相利……夫爱人者,人必从而爱之;利人者,人必从而利之。"(《墨子·兼爱中》)

你爱别人,别人必定会爱你;你做对别人有利的事,别人必定会做对你有利的事。

4. "兼相爱,别相恶"。

墨子说的"兼"就是人与人之间互相爱护的意思;他说的"别",是人与人之间互相憎恶、残害的意思。

他是肯定"兼相爱",而反对"别相恶"的。

他说:"兼以易别。"(《墨子·兼爱下》)就是说,必须用"兼相爱"来替代"别相恶"。

他说：实行了"兼相爱"，可以使"老而无妻子者，有所侍养以终其寿；幼弱孤童之无父母者，有所放依以长其身"。(《墨子·兼爱下》)

因此，必须以"兼相爱"的原则来施政。

墨子是两千年前的人物，有人可能认为，墨子的思想太理想化了。两千多年来，世界和中国经历了无数的战争，也有许多暴行，哪里是"兼相爱"所能解决的。

的确，历史有它自身的发展规律，民族矛盾、阶级矛盾、国家之间的争斗，都不是仅仅依靠"兼相爱"的道德原则所能解决的。

但是，时代发展到今天，全球化的大趋势正在加快向前推进，国家和民族之间的战争对谁都没有好处。由于经济与科技的进步，各国国内的阶级矛盾得到缓和，国际间的经济联系越来越密切。在这样的时代大背景下，墨子提出的"兼相爱、交相利"的思想，不论是对于各国执政者，还是对于学术界或普通人民，都是很有启发的。

(二)《尚贤》与爱。

《墨子》中《尚贤》卷的中心思想是要尊重并选用贤人。

那么，怎样的人是贤人呢？墨子举了三个人作例子，即大禹、后稷、皋陶。他们三人都是唐尧帝所选用的贤人。大禹成功地治理江河；后稷教导百姓种植庄稼；皋陶制定了法律。

墨子说："则此言三圣人者，谨其言，慎其行，精其思虑，索天下之隐事遗利，以上事天，则天乡其德，下施之万民，万民被其利，终身无已。"(《墨子·尚贤中》)

墨子说，他们三位言谈严谨，行为慎重，思考周到，求索百姓被遗忘的利益；让上天享用他们的德行，让老百姓都得到利益，一辈子受用不尽。

因此，墨子所谓"尚贤"，就是要求执政者尊重并选用对于百姓怀有深爱之情的贤人。

(三)《非攻》与爱。

《墨子》中《非攻》卷的中心思想是反对征伐性的战争。

墨子对征伐性战争是非常不满的。他说："杀一人谓之不义，必有一死罪

174

矣。若以此说往,杀十人,十重不义,必有十死罪矣;杀百人,百重不义,必有百死罪矣。当此,天下之君子皆知而非之,谓之不义。今至大为不义攻国,则弗知非,从而誉之,谓之义。……此可谓知义与不义之辩乎?"(《墨子·非攻上》)

他的意思是:杀死一个人,叫做不义,必定是死罪;杀死十人,必定是十重的不义,十个死罪;杀死一百人,就是一百重不义,一百个死罪。天下的有文化的人都知道这个道理而反对杀人,称杀人是不义的。但是,对于征伐他国的战争,却不加批评,反而称赞它,说是符合正义的。这样做,难道真正知道正义和不义的差别吗?

墨子对于这种不辨是非的人是极为不满的。

他说:"当若繁为攻伐,此实天下之巨害也。今欲为仁义,求为上士,尚欲中圣王之道,下欲中国家百姓之利,故当若非攻之为说,而将不可不察者,此也。"(《墨子·非攻下》)

墨子的意思是:频繁的攻伐战争,是天下的巨大灾难。你想施行仁义,做一个高尚的人,对上符合圣人之道,对下符合国家和百姓的利益,你不能不考虑"非攻"的学说。

因此,墨子的"非攻"完全是从对人民百姓的爱心出发的。

墨子本人出身于社会的底层,他的哲学与政治学说,基本上是维护底层的弱势群体的利益。这在中国古代哲学家中,是很少见的。

总之,墨子学说的核心是提倡人与人之间的相爱、国与国之间的相爱、执政者对于人民大众的关爱。

在今天的时代,他的思想是值得我们重视的。

二、庄子论爱

庄子原名庄周。生活年代大约是公元前369—前286年,是在战国中期,与孟子是同一时期。但他寿命比孟子长,活到了八十岁以上。他是宋国人,一生没有担任过重要职务,只在家乡做过管理漆园的小官。他的生活很贫穷,有时甚至无米下锅。传说楚威王知道他的才华,曾经请他当宰相,却被他拒绝。他宁肯在贫困中自得其乐。

庄子继承了老子的"道"、"无为"等思想,而又提出了一套在中国哲学上很有特色的思想体系。《庄子》这部书,分为:内篇、外篇和杂篇三部分。内篇的七篇文章的思想水平最高,一般认为是庄子自己写的;外篇和杂篇,可能是庄子思想的继承者写的。下面的介绍以内篇为主。

在《庄子》一书中,"爱"这个字,出现并不多。这个情况与《老子》有些相似。"爱"字,在《论语》与《孟子》中,主要是指仁爱;在《墨子》中,主要是指"兼爱",都是关于人与人之间的关系的。而庄子与老子一样,他们关注的并不是人与人的关系,而是人与自然(或"道")的关系。在中国古代语言中,人与自然的关系,一般不用"爱"字来表达。

什么是爱?按本书的理解,爱是一种在理智基础上的,符合道德原则的情感的投入,是一种带有情感的意志力。

根据这样的理解,在现代生活与现代语言中,"热爱自然"这个概念,人们是能理解并接受的。本书第二篇中,已经将"自然之爱"作为人类爱的重要内涵。

庄子与老子一样,他们的爱的主要对象,就是自然(或"道")。在《庄子》一书中,处处能见到庄子对于自然之爱。

重要的是,在庄子的自然之爱中,缊涵着他对自由之爱。

(一)《逍遥游》与自然和自由之爱。

庄子的思想继承了老子,但也有所区别。老子虽然说"道法自然",而他的哲学是以"道"为核心的。《道德经》的第一句话就是:"道可道,非常道。"庄子虽然也敬崇"道",但他的哲学是以"自然"为核心的。《庄子》的第一段话表明:鲲(一种大鱼)和鹏(一种,大鸟)是《庄子》一书的主角。

北冥有鱼,其名为鲲,鲲之大,不知其几千里也。化而为鸟,其名而鹏,鹏之背,不知其几千里也;怒而飞,其翼若垂天之云。是鸟也,海运则将徙于南冥;南冥者,天池也。(《庄子·逍遥游》)

庄子的著作一开始这一段话按笔者的理解,就是对自然与自由的赞美。在这几句短短的字句中,既谈到天,谈到海(北冥),更谈到在天空和海洋之间翱翔的大鸟。而他特别赞扬的,是大鸟的自由而高远的精神。大鸟的精神与庄子自己的人生哲学是吻合的。庄子自己,正是一个不屑于人间一切名利、地位、财富,志向十分高远,不愿意受任何拘束的人。

从庄子对于天、海与大鸟的赞美中,不难看出他对于自然的热爱,他不但热爱自然的宽阔雄伟,更热爱大自然中生命的自由精神。

(二)《齐物论》与自然和自由之爱。

《齐物论》的最后,庄子有一段非常著名的描述:

昔者庄周梦为蝴蝶,栩栩然蝴蝶也,自喻适志与!不知周也。俄然觉,则蘧蘧然周也。不知周之梦为蝴蝶与,蝴蝶之梦为周与?周与蝴蝶,则必有分矣。此之谓物化。(《庄子·齐物论》)

意思是:庄子做梦,成为了高高兴兴地飞翔着的蝴蝶。他自己感到非常满意,根本不知道自己是庄子。突然他醒了,很惊恐地发现自己是庄子。自己无法判断,究竟是庄子做梦成为蝴蝶呢?还是蝴蝶做梦成为庄子。庄子与蝴蝶,必定是有区别的,而他们两者,物、我不分,融为一体了。

这一段像寓言一样的叙述,可以认为是《庄子》一书的精华。它的中心思想,是"物化"两字,即人与自然的融合。

特别值得注意的是:庄子做梦成为蝴蝶时的内心感受,他是非常高兴的,非常满意的("栩栩然蝴蝶也,自喻适志与!")。这种感受说明,他是非常乐意让自己与自然融合一体,变为他所喜爱的自由自在的蝴蝶。

我们在第二篇中谈到,柏拉图关于爱的论述中讲到爱是愿意与被爱的对象融为一体的。因此,庄子的"物化"的愿望,不正说明了他对于自然和自由的热爱吗?

(三)《养生主》与自然和自由之爱。

《养生主》中谈到:"泽雉十步一啄,百步一饮,不蕲畜乎樊中。神虽王,不善也。"(《庄子·养生主》)

意思是:草泽中的野鸡,走十步才啄到一口食;走一百步,才饮到一口水,但是它不愿意关在笼子中。虽然关在笼中,神态看来还好,但是它是不舒适的。

这一段话,说的是野鸡,其实含义非常深广。这里也见到庄子对自然之爱。庄子对大自然中各种动植物的自由自在的生活十分羡慕与赞扬。而作为人,庄子认为,人都应该像自然界的生物那样,自由地生活,自由地发展,这是人的天性。

(四)《人间世》与自然和自由之爱。

庄子在《人间世》中,说了一个栎树的故事。大意是:一个名石的木匠在齐国看到一棵极大的栎树,它的树干,有十丈粗。木匠不看一眼,走过去了。徒弟问他:"这么大的树,你为什么不看一眼呢?"木匠说:"那是一棵没有用的散木。用它做船,会沉没;用它做棺材,会腐朽;用它做房子,会有虫蛀。正因为它没有用,它才有这么长的寿命。"

晚上,木匠做梦见到栎树。栎树对木匠说:我寻求没有用的办法很久了,几乎被人砍死。到现在才保护了自己,这对我来说是最大的用了。假如我是有用的,我能长得这么大吗?

庄子这一段叙述,粗看使人感到,他是提倡做无用的人。其实对今天的人类来说,它是有深刻的积极意义的。

1. 他主张不要随意去利用、改造自然界的天然事物。包括天然的动植物,也包括自然的景观。这是符合现代生态学观点的。人类在几千年来,特别是工业化以来,随着科技与经济力量的增强,人类已经对大自然有过多的改造,以至于消灭了无数天然物种,对环境造成严重的损害。工业废气的过量排放后,已经使全球气候有变暖趋势,对于人类和大自然形成了严重威胁。

在这种背景下,庄子从爱护自然出发的哲学思想,对于人类是有警示意义的。

2. 从人生来说,庄子上述寓言的启示是:做人,主要要有自己的生活目标,不要只想着怎样受他人重视?怎样为他人所利用?或者为一些身外之物(如名誉、地位、财产等)所利用,而丧失自我的灵魂、自由的意志。

总之,热爱自然和自由是庄子哲学的重要核心。他所谓的热爱自然,既是关心和爱护大自然;愿意使自己和人类与大自然和谐相处,融为一体;也是他的人生知趣,像自然万物一样自由自在,有自己的人生志向与生活目标。

曾子与孟子论爱

一、曾子论爱(孝爱)

曾子,原名曾参,生活年代大约是公元前505—前435年,在春秋后期,是鲁国南武城(今山东嘉祥县南)人。他是孔子最满意的弟子之一,在《论语》中,谈到孔子弟子言行的篇章,以曾子最多。后世尊他为"宗圣"。

曾子的主要著作是《曾子》,但早已失传。另一部著名的著作是《孝经》。根据高望之《儒家孝道》一书中的介绍,《孝经》是曾子和他的弟子共同完成的。

《孝经》有《古文孝经》与《今文孝经》两个版本。流传较广的是《今文孝经》,但两个版本的内容差别很少,是出于同一原本的。

《孝经》的主要内容是阐述孔子对于孝的教导,也包括曾子自己的关于孝的论述。从西汉开始,《孝经》一直被列入全国学校的必读经典。唐代以来,《孝经》都是学校教育和科举考试的必考课目。

《孝经》与儒家孝道的广泛而久远的传播,使孝的观念在中国人和全球的海外华人的头脑中根深蒂固,成为全世界华人共同的道德准则。

孝与爱是什么关系呢?

其实,"孝"就是人对父母之爱(也包括对祖先之爱),本书称为"孝爱"。

孔子说:"敬其所尊,爱其所亲,事死如事生,事亡如事存,孝之至也。"(《中庸》)

孟子说:"孩提之童,无不知爱其亲。"(《孟子·尽心上》)

可见,孔子和孟子都认为,孝,就是爱自己的亲人。

曾子的《孝经》与《大戴礼记》、《礼记》中有关曾子的章节，都为我们了解曾子的孝（孝爱）的思想，提供了重要资料。现归纳并评述如下：

（一）"孝，大经也"。

曾子说："夫孝者，天下之大经也。夫孝，置之而塞于天地，衡之而衡于四海，施诸后世，而无朝夕。"（《大戴礼记》，五十二篇）

曾子对于孝的观点，完全是继承孔子的。

孔子说过："孝，德之始也。"（《大戴礼记》，六十篇）"孝者，人道之至德。"（孙星衍编《孔子集语》）

孔子对孝有极高的评价，认为：孝是最高的德行，是道德的开始；而曾子认为：孝，即对父母之爱，是天下的根本法则。

由此看来，子女对父母之爱，是儒家学说所极为重视的，儒家将它当作是最早的、最高的人类道德。

这个观点，与基督教不一样。基督教认为："神爱"（对上帝的爱）是至高无上的。儒家的观点与道教也不完全一样，道教更重视自然之爱与自我之爱。

与基督教和道教相比，儒家学说（儒学）更为入世，即更为世俗化；也可以说是，更符合人性，与人民大众的生活更接近。

从现实社会来看，儒家关于孝（孝爱）的观点，是比较理性的。因为现代社会要求人与人之间和谐相处，互相爱助。那么，在人与人之间的各种爱之中，子女对父母之爱，在人的一生中，确实是最早就有的，是建立在血缘和家庭生活基础之上的。如果你对父母有爱，你就有可能对其他人，对人民大众产生爱。否则，你连父母都不爱，你怎么可能对他人和大众产生爱？

（二）"爱而敬"与孝。

"曾子：民之本曰孝，其行之曰养。养可能也，敬为难。"（《大戴礼记》，五十二篇）

"曾子：［答单居离问：'事父母有道乎？'］有，爱而敬。"（同上）

曾子的意思是：子女对于父母，养育父母是比较容易做到的，而能从内心尊敬父母，比较难，不是每个人都能做到。

那么,怎样才能正确地对待父母呢?曾子的回答是:爱而敬!

也就是说,你首先要对父母有爱的情感,有了爱的情感,就能做到尊敬。

这里,曾子将爱与孝的关系讲得很清楚:孝必须以爱为基础,或者说,孝决不只是一种养育的责任,而是一种对父母深怀情感的付出。

(三)"乐其心"与孝。

曾子说:"孝子之养老也,乐其心,不违其志,乐其耳目,安其寝处,以其饮食忠养之。"(《礼记》,十篇)

这一段表明:子女应该怎样做,以爱他们的父母?曾子的论述是:首先,要使父母欢欣、快乐;其次是不违反父母的愿望,满足父母的爱好;最后是照顾好父母的居住和饮食。

这一段论述比较全面,考虑到子女对父母应该做的各方面。而在所有的该做的事中,最重要的是使父母高兴、快乐。

这又进一步说明,子女对父母的孝,首先要有爱的情感。因为有了爱的情感,才能将父母的欢欣,看成自己的欢欣

(四)"谏而不逆"与孝。

曾子说:"父母爱之,喜而不忘。父母恶之,惧而无怨。父母有过,谏而不逆。"(《大戴礼记》,五十七篇)

这一段话是告诉人们:应该怎样与父母相处。父母称赞你,应当高兴而不忘记;父母批评你,你引为教训,但不怨恨;重要的是第三句。父母有过失时,你应该规劝他们,但不要仇恨他们。

这样的态度,是对父母真正有敬爱之情的。如果没有感情,当父母有过失时,一种可能的做法是:随它去,与己无关;另一种可能就是仇恨他们,与他们划清界限。曾子认为,后两种态度都是错误的

因此,与父母有正确的关系,其关键还是在于:对父母有敬爱的感情。

(五)"事父可以事君"与孝。

曾子说:"事父可以事君,事兄可以事长。"(《大戴礼记》,四十九篇)

他的意思是:你能正确地对待父亲,你就能正确地对待君王(或国家);你能正确地对待兄长,你就能正确地对待其他年长者。

这句话说明,曾子认为,一个人对父母之爱(孝爱)是与他对他人、社会、国家的感情有联系的。你对父母有爱,你对他人、社会、国家,才会有爱。

总之,曾子对于父母之爱(孝爱)的深入阐述(以上所述,仅是很少一部分),可以代表儒家的对于孝爱的思想,是值得我们重视的。

二、孟子论爱(仁爱)

孟子的姓名是孟轲,生活年代是公元前 365—前 304 年,战国时人。

他是鲁国的贵族孟孙氏的后代。他的祖先家道衰落后,从鲁国迁到邹国。

孟子出生比孔子要晚一百多年,他的老师是孔子的孙子——子思。因此,他可以说是孔子的间接的学生。他的学问很广博,性格很坚强。他的抱负就是要发扬孔子的学说。当时齐国的国君在首都的西门建了一个学术中心,叫"稷下学宫",孟子就是稷下的著名学者。

孟子的一生经历与孔子有点类似。他像孔子一样,也希望通过从政,实现自己的学说和理想。他先后向梁惠王、梁襄王、齐宣王、邹穆公、滕文公、鲁平公等国君建言献策。这些国君虽然尊重孟子,但是都没有采纳他的主张。到了晚年,他以从事教学为乐。他的学生有万章、公都、陈代、公孙丑等。《孟子》一书是他和学生共同完成的。

从唐代韩愈开始,就承认孟子是孔子学说的主要继承人。孟子不但忠实地继承孔子以"仁爱"为核心的思想,并且有重要的发展。

现对孟子思想中与仁爱有关的部分归纳并评述如下:

(一) 仁者人也。

孟子说:"仁也者,人也。"(《孟子·尽心下》)

而孔子是说:仁者爱人。

仁是孔孟学说的共同核心。从上述两种论述来看,两人的观点基本上是一致的,但也有一些区别。

首先,孟子是完全同意孔子的"仁者爱人"的思想的。他说:"仁者爱人,

有礼者敬人。爱人者,人恒爱之;敬人者,人恒敬之。"(《孟子·离娄下》)

因此,孔子和孟子的"仁"的主要含义,就是"仁爱"。仁爱是中国儒家的主要道德原则,也是儒家对于爱的学说的主要贡献。

但是孟子讲的仁与孔子讲的仁,又不完全相同。

孔子说的:"仁者爱人",是一种伦理学的观点,将仁作为人的主要道德原则,应该同情他人,关爱他人。"己所不欲,勿施于人。"

而孟子说的:"仁也者,人也。"则是将仁提高到"以人为本"的本体论原则。将人本身作为道德的出发点。孟子的"人",不仅是指他人,首先是指人本身,即人的本性;同时也指"民",即人民。这样,孟子的"仁爱",就不仅是伦理学,也是人性论和政治学。这两者都是孟子对孔子学说的重要发展。

孟子对于仁爱的阐述,丰富了儒家哲学,并为后来两千多年的中国人所承认。

(二)人性与仁爱。

孟子是"性善论"的首创人。

孟子说:"人性之善也,犹水之就下也。人无有不善,水无有不下。"(《孟子·告子上》)

"恻隐之心,人皆有之。……恻隐之心,仁也。"(同上)

孟子认为,人有四种天性——"四端",即恻隐之心、羞恶之心、辞让之心、是非之心。

他说:"人之有是四端也,犹其有四体也。"(《孟子·公孙丑上》)

"无恻隐之心、非人也。"(同上)

以上论述,非常明确地肯定以下几点:1. 人的本性是善的;2. 仁爱就是人的恻隐之心;3. 没有仁爱,人就与禽兽没有区别,就不能称为人。

这里,孟子就将孔子讲的仁(或仁爱)与人的天性结合起来,认为,仁爱是人的一种天性。

这是孔子哲学的一个非常重要的发展。它也帮助我们对仁爱的认识,提到一个新的高度。

（三）仁政与仁爱。

《孟子》这部书，讲得最多的内容，可以归结为"仁政"二字。在《孟子》的许多章节，都谈到"仁政"问题。例如：

王如施仁政于民，省刑罚，薄税敛，深耕易耨……（《孟子·梁惠王上》）

以不忍人之心，行不忍人之政，治天下可运之掌上。（《孟子·公孙丑上》）

老吾老以及人之老，幼吾幼以及人之幼，天下可运于掌。（《孟子·梁惠王上》）

这一些论述，都是将仁爱与仁政直接联系起来，这样，仁爱就不仅是伦理学，而成为政治学。仁爱就不仅是一个道德原则，而成为执政者的施政原则。

"老吾老以及人之老，幼吾幼以及人之幼。"这句话，即使在今天，也是完全适用的。不仅作为个人，应该有这种高尚的道德情怀；特别是各级政府，都应该将这句话作为政府的施政目标，使老者、弱者都有所养，使年幼者都得到教育，受到关爱。

（四）仁义与仁爱。

《孟子》一书中，较多地方是将"仁"与"义"两者并提的。究竟"仁"和"义"是什么关系呢？

"孟子曰：仁，人心也；义，人路也。舍其路而弗由，放其心而不知求，哀哉！"（《孟子·告子上》）

孟子的意思是：仁是人的善良的内心；义是人实现仁爱所必须走的道路。放弃该走的路不走，丧失善良的内心而不去求，真悲哀啊！

这里，孟子是将仁与义两者密切地结合起来。他的观点是：仁爱必须与正义的行动相配合，如果没有正义的行动，就不能体现善良的内心。

本书所论述的爱的哲学中，爱不仅是一种情感，而是要付诸行动的。没有行动的爱，并不能认为是真正的爱。

（五）民本与仁爱。

孟子将仁爱与仁政相联系，又进一步，将仁爱与民本相联系。

民为贵，社稷次之，君为轻。（《孟子·尽心下》）

得天下有道,得其民,斯得天下矣;得其民有道,得其心,斯得民矣。(《孟子·离娄上》)

君之视臣如手足,则臣视君如腹心……君之视臣如土芥,则臣视君如寇仇。(《孟子·离娄下》)

上面几句话的总的意思是:在一个国家中,人民应该放在第一位;得到人民内心的拥护,才能有巩固的政权。如果统治者轻视以至侵害人民的利益,人民就会将统治者看成是仇人。

在中国两千多年的帝王专制的体制中,孟子的上述言论是十分大胆的。(明太祖朱元璋曾经因孟子的这方面言论,要将孟子的圣贤的碑位废除掉)

虽然孟子的民本学说与现代的民主学说并不相同,但是民本学说对于古代人民肯定是有利的,对于中国两千多年内统治者与人民大众的关系的缓和是有利的。

这是孔子与孟子的仁爱思想对中国历史的贡献。

汉代哲学家论爱

先秦在中国哲学史上是最辉煌的时期。到了汉代,哲学有了较重要的进展,但是也经历了曲折的道路,它在哲学上的总体成就,并没有超过先秦。

为什么是这样?

秦国战胜六国,实现中国的统一,是依靠了法家的学说,讲法家的"法、术、势",不是讲儒家的"仁义"和"德政"。秦国得胜后,社会上还有不少儒生,对于秦国的暴政议论纷纷,流露不满。在这种形势下,李斯就向秦始皇提出建议:除了"医药、卜筮、种树之书"外,要求将所有书籍全部烧毁。李斯说:"有偶语《诗》《书》者,弃市;以古非今者,族。"(《史记·秦始皇本纪》)意思是,敢于谈论《书经》《诗经》等儒家著作的,一律要判死刑;敢于用古代的制度来反对当代政治的,要连累家族。这种严酷的文化暴政,使儒家等先秦学说遭受严重摧残。但是秦始皇的暴政激起了人民的剧烈反抗,秦朝只维持了15年(公元前221—前206年)。

汉朝建立后,前期的几位皇帝(惠、文、景,以至武帝)要求士大夫整理经籍,广献经书。武帝时,还设立五经博士。这样,经学就恢复起来。所谓五经,就是中国春秋时期流传下来的五本经典著作:《易》、《书》、《诗》、《礼》、《春秋》。汉代的哲学就是围绕对于这几部经书的解释而展开的,因此称为"经学"。

汉代初期,出现了一部重要的经学著作《礼记》,它并不是孔子当年的《礼》(孔子时的《礼》,已无从查考);其中有两个重要的篇章,即《大学》和《中庸》,使儒家学说达到了一个新的较高水平。

关于《大学》和《中庸》的出现时代是至今为止中国哲学界的意见很有分歧的问题。《大学》和《中庸》是《礼记》中的两个篇章,而《礼记》这部书是汉代戴德、戴圣两人编辑而成,内容杂乱。古人认为《大学》是孔子学生曾参所著;《中庸》是孔子的孙子子思所著(《史记·孔子世家》说:子思作《中庸》)。当代中国哲学史著作中,也多有这种说法。但是,宋代欧阳修、吕东莱等早就对子思作《中庸》的说法提出怀疑。冯友兰在《中国哲学史新编》中,将《礼记》和《大学》、《中庸》都安排在汉代哲学中叙述。台湾劳思光在《新编中国哲学史》中,用较多的篇幅,论证《中庸》不是子思所作。他认为《中庸》和《大学》都是秦至汉初的儒家著作。他的重要理由之一是《中庸》有:"天下车同轨,书同文,行同伦。"的文句,显然这是指秦始皇以后的事。

我比较同意冯友兰和劳思光的观点,因此也将《大学》、《中庸》两书放在汉代哲学中讲。本书以爱为主题,下面着重介绍《大学》与《中庸》中有关爱的论点。

一、《大学》论爱

《大学》是《礼记》中的一篇文章,唐代韩愈等将它看作与《孟子》同样重要。到宋代,程颢、程颐兄弟与朱熹竭力推崇它,并且对它重新编定了章次,还作了补写。因此,后来流传的《大学》,已经有了宋代理学家的思想。

《大学》中贯彻的主要思想,就是"仁爱"。它的仁爱思想体现在一个完整的"人生与政治目标"之中。

《大学》中提出"三纲"与"八目"。

所谓"三纲",是"明明德"、"新民"、"止于至善"。

所谓"八目",是"格物、致知、诚意、正心、修身、齐家、治国、平天下。"

(一)"三纲"中的爱。

"明明德"的意思是:弘扬光明而伟大的德性。

"新民"的意思是:使人民弃旧图新,有革新的精神。

"明明德"与"新民"的目的,是"止于至善",即达到最高的道德境界。

那么,什么是"至善"呢?

《大学》中的解释是:"为人君,止于仁;为人臣,止于敬;为人子,止于孝;为人父,止于慈;与国人交,止于信。"

意思是:君王的最高道德是对人民的仁爱;官员的最高道德是对君王的敬爱;子女的最高道德是对父母的孝爱;父母的最高道德是对子女的慈爱;与别国交往时的最高道德是友爱与信义。

这里罗列的"止于"的"至善",归结起来,都是一个"爱"字:仁爱、敬爱、孝爱、慈爱、友爱。

(二)"八目"中的爱。

《大学》中说:"物格而后知至,知至而后意诚,意诚而后心正,心正而后身修,身修而后家齐,家齐而后国治,国治而后天下平。"

这就是《大学》提出的人生与政治目标:格物,致知,诚意,正心,修身,齐家,治国,平天下。宋代朱熹称为"八条目"。

从爱的角度讲,格物、致知,是对于知识与真理的热爱;诚意、正心、修身,都是对自我修养的要求,是高尚的自我之爱;齐家,是对家庭与家人的爱;治国、平天下,是对人民、国家以至世界的爱。

《大学》的《释治国平天下章》中说:"上老老而民兴孝,上长长而民兴弟,上恤孤而民不倍。"

意思是：为政者尊敬老人，人民就会兴起孝爱之风；为政者敬爱长辈，人民就会兴起友爱、敬爱之风；为政者关爱并救济孤儿，人民就会照样去做。

因此，八目也是以仁爱为中心的。

虽然《大学》中所提倡的爱，或儒家所倡导的"仁爱"，有为巩固当时的专制制度的作用；但排除了对君王的忠诚，儒家的仁爱学说，特别是家庭中孝爱与慈爱、全社会对弱势群众的关爱、人与人之间的互爱、对人民与国家以至世界的关爱，即使是今天，仍然有很高的伦理价值。

二、《中庸》论爱

《中庸》是一部哲理性很高的著作。它最重要的一句话是："喜怒哀乐之未发，谓之中，发而皆中节，谓之和。中也者，天下之大本也；和也者，天下之达道也。致中和，天地位焉，万物育焉。"

前四句是谈人和客观世界的关系。人对客观世界，要有超脱"喜、怒、哀、乐"的客观而冷静的认识，这就是"中"。对于客观世界的处理，要合理而适当，这就是"和"。

中间四句话是对于世界（包括主观和客观）的根本性认识，也就是哲学上的本体论。它提出，"中"是世界的根本属性；"和"是世界运行的规律。

后三句话强调"中和"对于世界的重要性。遵循"中和"的原则，世界万物（包括人类社会）就能各得其所，万物也能有秩序地运行和发展。

"中"与"和"，都是表明世界与社会中的和谐相处的万物关系与人间关系。以人间关系来说，"中"的意思是：人与人之间的平等、协调地相处；不存在以大欺小，以强欺弱。"和"的意思是：人与人之间和平、亲密地相处，互相关爱，互相帮助。

因此，《中庸》的这段话，是从本体论的高度，阐明人类社会中的相爱的原则，有很高的理论水平。

《中庸》中还有一些重要与爱有关的思想，如："万物并育而不相害，道并行而不相悖。"

意思是自然界的万物共同和谐地相处在一起;不同的思想体系(道)可以共同存在而不相冲突。

前一句话将"相爱"的精神扩大到了自然界,这个观点与现代生态学是吻合的,动物、植物和自然环境形成一个协调的生态系统,人类也应与自然和谐相处。后一句话说明,世界上不同文明、不同思想,有可能和谐并存。这个观点在当代世界与当代社会,仍有重要意义。

《中庸》中谈到治理天下的法则中,说:"柔远人,则四方归之。"

这是中国古代非常明智的外交思想。中国历史上,在外交上比较重视睦邻友好,例如汉代和唐代,对于北方民族多次采用"和亲"的方式。这种友好的外交方式,与西方国家在 19 世纪时对于殖民地的侵略战争,很不一样。

三、董仲舒哲学与爱

董仲舒是汉代的重要哲学家,他的思想对于后世影响很大。

董仲舒,河北省枣强县人,生活年代是公元前 179—前 104 年。他经历了汉代早期三个皇帝——文帝、景帝和武帝。汉初,朝廷设立了讲授经学的博士。董仲舒就担任过讲授《公羊春秋》的博士。《春秋》的记载极为简略,后人解释《春秋》的著作,称为"传",主要有三家:《公羊传》、《谷梁传》和《左传》。《公羊春秋》就是《春秋》的《公羊传》。《公羊传》是秦始皇焚书坑儒后,由汉初的胡母生凭记忆,用隶书写成的,因此叫"今文"。研究今文经书的学者,就叫今文学家。董仲舒是研究《公羊传》的重要今文学家。公羊学的特点是依托《春秋》的经文,联系现实政治,有很多发挥,所谓"微言大义"(从普通的文句,阐明重大的含义)。董仲舒的学说就有这个特点。

由于秦始皇的暴政对于人民的生计有严重摧残,汉代在文帝和景帝时,采纳老子的"无为"的学说,让人民休养生息。到武帝时,窦太后仍然坚持道家学说。武帝是一个有抱负、有作为的皇帝,等太后一死,武帝立即恢复儒家的权威。武帝向数百个学者征询国家的治与乱、盛与衰的道理。董仲舒提出了他的"天人三策"的建议,得到武帝的赞赏。他的著名著作有全面解释《公羊春秋》的《春秋繁露》等。这些著作使他成为汉武帝时最重要的儒学家。他的学说对于汉代和后世哲学有重要影响。

(一)三纲思想。

古代阴阳学说中,阳主,阴次,阴是服从于阳的。董仲舒从阴阳学说出发,规定了一套社会伦理思想。他说:"君为阳,臣为阴;父为阳,子为阴;夫为阳,妻为阴。阴道无所独行,其始也不得专起,其终也不得分功,有所兼之义。"(《春秋繁露·基义》)。他的意思是:处于阴的位置的臣、子、妻,在事情开始时,不能独自行动;结束时,不能分得功劳;他们只能尽义务,为处于阳的位置的君、父、夫而服务。在同一篇中,他提到"三纲",即:"君为臣纲,父为子纲、夫为妻纲。"

"三纲"的伦理思想,是对人间相爱原则的歪曲。我们不谈君臣关系(已经过时),而谈父子与夫妻关系。父子之间,应该是相爱,有父母对子女的慈爱,也有子女对父母的孝爱。如果只强调父母对子女的权威;子女对父母的服从,那就不可能有真正的亲子之爱。夫妻之间,也应该是相爱。如果只强调丈夫对妻子的权威,妻子对丈夫的服从,那就不可能有真正的夫妻之爱。

"三纲"思想在中国统治了两千年之久,成为中国人沉重的精神枷锁,造成无数的政治、社会和家庭悲剧。它成为20世纪初"五四"运动时,陈独秀等先进思想家批判的主要对象。

(二)独尊儒术,罢黜百家。

董仲舒在"天人三策"的最后一策中,向武帝提出了一个对于中国文化有严重意义的建议。他说:"臣愚以为诸不在六艺之科、孔子之术者,皆绝其道,勿使并进。邪辟之说灭息,然后统记可一而法度可明,民知所从矣。"

意思是:除孔子的儒家学说之外,其他学说都要禁止传授。这样一来,才能扑灭那些不合乎帝王利益的言论,使国家有统一的规章制度,人民才知道有所服从。

独尊儒术,罢黜百家的主张,后来得到中国汉代之后许多帝王的采纳,对于中国古代的思想文化发展,有严重的阻碍作用。

独尊儒术,罢黜百家的思想政策,是《中庸》所说的"道并行而不相悖"原则的严重倒退。中国历史上,凡是统治者热衷于思想与舆论垄断的,都阻碍了国家和社会的进步,例如,清代盛行的文字狱。

不同思想、不同学说之间的平等交流,和睦相处,是社会进步的动力。中国战国时期的百家争鸣,推动了中国哲学的大繁荣。"文革"结束之后的思想解放,推动了改革开放的新时代。

思想与舆论垄断的问题,中国至今还没有完全摆脱。这是当代中国政治与文化改革的重要任务。

(三) 开创谶纬神学。

董仲舒提出"屈民而伸君,曲君而伸天"(《春秋繁露·玉杯》)的政治理论。"曲民而伸君",就是要树立皇帝在万民之上的权威,人民必须无条件服从皇帝。"曲君而伸天",是让"天"凌驾于皇帝之上。其目的,一方面给予皇帝一定的行动限制,皇帝要听取"天"的意志;而更重要的,是要树立皇帝的至高权威,因为皇帝的地位是"天"赐予的。

为了说明"天"对于皇帝行为的制约,他又杜撰出一套古怪的"灾异论"。他说:"灾者,天之谴也;异者,天之威也。"(《春秋繁露·必仁且智》)意思是一些自然灾害(旱、涝、地震、大火等)都是"天"对于皇帝行为失当的警告,目的还是要保护皇帝。这种理论后来发展成汉代盛行的"谶纬"迷信。

谶纬神学是孔孟以"仁爱"为主体的儒学思想的倒退。

小结:

《大学》与《中庸》两部汉代早期哲学家的著作,关于爱有层次很高的理论阐述。

《大学》中的所谈的最高目标的"至善",归结起来,都是一个"爱"字:仁爱、敬爱、孝爱、慈爱、友爱。

《中庸》所谈的"中也者,天下之大本也;和也者,天下之达道也。致中和,天地位焉,万物育焉",将体现着人与自然之间、人与人之间的和睦之爱,提高到本体论和宇宙观的高度。

汉代哲学家董仲舒的学说,对于中国维持两千年之久的专制统治是有利

191

的;但是"三纲"思想,是对于以人性为基础的孟子的"仁爱"的一种倒退,更不适合现代社会。

魏晋唐代思想家论爱

一、魏晋哲学与爱

自秦到汉,中国有440年的统一局面。东汉在公元220年(献帝末年)结束;该年曹丕称帝,建立魏朝。直到公元589年,南陈灭亡。整个这一段历史,历史上称为魏晋南北朝时期,共延续了360年。这个时期中,政局非常混乱,朝代的更迭十分频繁。东汉灭亡后,就出现了魏、蜀、吴分裂的三国时代(公元220—265年);接着有短暂的西晋。西晋亡后,北方先有十六国的割据,后有北魏、东魏、西魏、北齐、北周等并立。南方有东晋、宋、齐、梁、陈的朝代演替。

但是,由于长期性的中央集权专制力量的丧失,以及南北族群和中外民族的大融合,带来不同文化的大交流,使这一时期在思想、文化上显示出相当活跃的局面。

魏晋时期,哲学上出现了"玄学"。玄学的哲学水平要高于汉代经学。魏晋玄学成就了中国哲学史上光辉的一页。现介绍魏晋时期最具代表性的两位哲学家——王弼与阮籍,他们的哲学思想与爱的关系较为密切。

(一)王弼哲学与爱。

王弼的生活年代是公元226—249年。

王弼是山东人,出身于士族家庭。他在少年时就聪明过人,十几岁时,喜欢与人讨论老子的学说。何晏见到王弼,赞叹说:孔子说"后生可畏",就是像王弼这样的人了。(事见《魏志》)可见当时的名人都认为王弼是天才。

王弼在他很短暂的一生,完成了许多部著作:《周易注》、《周易略例》、《老子注》、《老子指略》和《论语释疑》。在这几部著作中,他阐述了他自己独创的哲学见解。这些见解的水平之高,可以和先秦哲学家相比拟。

王弼主要的哲学成就是提出了"以无为本"的独特的本体论思想;他也提出"得意忘言"的认识论观点,对形成中国诗歌、绘画的传统风格有重要贡献。

关于与爱有关的伦理学方面,王弼提出"名教顺应自然"的观点。

所谓"名教",就是封建礼教。儒家是主张"正名定分"的。孔子说:"君君,臣臣,父父,子子。"董仲舒提倡"三纲",都是要求人们:处在什么位置(名),就要尽那个位置的本分(分)。名教的基本目的是要维护专制统治下的政治和社会秩序。

本书所阐述的爱,是出于人性的;而礼教,在一定程度上是违背人性的。例如董仲舒提倡的"三纲"中的"夫为妻纲",是违背男女平等的人性的。

魏晋时期,在思想界就产生了"礼教"与"自然"之争。所谓"自然",就是主张人性的自然发展。

王弼的主张是:"名教顺应自然"。

王弼在《老子注》中说:"夫载之以大道,镇之以无名,则物无所尚,志无所营。各任其贞,事用其诚,则仁德厚焉,行义正焉,礼敬清焉。"

意思是:只要遵循老子所说的"道"和"无名"的学说,人们就不会去追求虚伪,不会去钻营名利;各人都做他应做的正事,人们都会真诚相待;那么全社会的品德就会纯厚,行为就符合正义,人们就会相互敬爱。

这段话总的精神是:人的思想行为,不应受礼教的束缚,而应顺应自然的天性(即人性);这样,人与人之间就能真诚相待,互相敬爱。

以今天的眼光看,王弼主张人间的真诚的爱,不赞成礼教的限制。他的观点是有进步意义的。

(二)阮籍、嵇康哲学与爱。

阮籍的生活年代是公元210—263年;嵇康是224—262年。阮籍做过校尉,嵇康做过中散大夫,都是不大的官。他们两人都名列"竹林七贤"之中。

"竹林七贤"是魏晋时期的七个文学家,他们都反对礼教的束缚,在京城难以安身,因此纷纷隐退;他们常到郊外的竹林之中,饮酒吟诗。由于他们在文学、诗歌、哲学思想上的杰出成就,被人称为"竹林七贤"。

阮籍和嵇康最主要的哲学倾向就是："越名教而任自然。"

阮籍说过："造立仁义，以婴其心；制为名分，以检其外。劝学讲文以神其教。……开荣利之途，故奔骛而不觉。"（阮籍《难自然好学论》）

意思是：统治者用"仁义"来束缚人的思想；用"名分"来限制人的行动；用经文来神化自己的权势。引导人们追逐名利，无恶不为。

嵇康说得更大胆。他为拒绝做官，给朋友的信上说自己是"每非汤武而薄周孔"。"游山泽，观鱼鸟，心甚乐之。一行作吏，此事便废。安能舍其所乐，而从其所惧哉。"（嵇康《与山巨源绝交书》）

意思是，他经常非难商汤王、周武王，轻视周公和孔子。他乐于游山玩水，欣赏自然，而惧怕做官。他说，我怎能放弃我喜爱，而去做我所惧怕的事呢？

因此，阮籍、嵇康的思想解放比王弼更彻底。王弼是承认名教的，而主张名教应顺应自然；而阮籍和嵇康则是否定名教的，主张完全发展的人的天性。

现代社会在爱的问题上，比较接近王弼的观点。现代社会中，人们对男女爱情的处理，是主张在法律许可的条件下，依靠男女之间的情感的天性而自然发展；并不主张父母的强制，也不鼓励让爱情受到财产、名利、地位等的制约。同时，也不鼓励违反法律的爱情，如重婚或第三者等。

朋友之间的友爱，应建立在不违反社会公德条件下的感情基础之上，而不是依靠利益或权势。

二、唐代哲学家论爱

魏晋南北朝之后，由隋文帝重新统一了中国，隋代时间很短，但接踵而至的是中华帝国的盛世——唐代。

佛教是在西汉末到东汉初期，开始从印度引入中国。佛教经典的全面引进、中国佛教哲学的形成，都是在南北朝和隋唐时期。道教是在东汉末开始形成的，而道教哲学的建立，也是在南北朝和隋唐时期。在同一时期中，儒学也有重要发展。因此，在整个南北朝和隋唐时期，哲学上形成了佛、道、儒的大交流，大融合。在中国哲学史上，这是第一次中外哲学思想的大汇流，对于中国历史上的政治和文化都产生了深远的影响。

唐代重要的儒家哲学家有韩愈、柳宗元、刘禹锡等，以韩愈的影响为最大。

韩愈的生活年代是768—824年，他是唐代中期（代宗到穆宗）的人。他祖籍在河南，先代居住河北昌黎，所以，也称韩昌黎。他自幼勤奋，志向甚高。他考取进士后，当过监察御史；因劝阻皇帝迎佛骨而被贬到潮州当刺史；后来又担任过兵部、吏部侍郎等高官。他是一个富有开拓精神的人才，在文学上他提倡古文，对转变当时形式华丽而内容空泛的文风有很大贡献。他在哲学上，恢复孔孟儒学的本来内涵，将人们的思想从佛、道两教的空谈和迷幻中拉回到了人间社会。他在中国哲学史上有着重要地位。

他的哲学论文很多，有《原道》、《原性》、《原人》、《原毁》、《原鬼》等，涉及的方面很广。韩愈在哲学上的主要贡献，是恢复了儒学的正规传统。

本书前面两章提到，董仲舒等汉代儒家将儒学引导到谶纬神学的方向，与孔子、孟子的以伦理学为主体的儒学方向是违背的。

韩愈将儒学重新拉回到伦理学的方向，因此，他自己认为是继承孔、孟的真正传统的。

韩愈说："尧以是传之舜，舜以是传之禹，禹以是传之汤，汤以是传之文武周公，文武周公传之孔子，孔子传之孟轲，轲之死，不得其传焉。"（《原道》）

韩愈认为孟子作为孔子思想的主要传人，这个论点应该说是正确的。他说：孟子之后，儒学失传了。这是对以董仲舒为主的汉代经学和谶纬神学的有力否定。这个观点恢复了孔孟儒学以"仁"和"仁政"为中心的本来涵义，直接影响到宋代之后的新儒学。

因此，韩愈是中国儒学承上启下、继往开来的一位重要哲学家。

韩愈的重要论述是："博爱之谓仁，行而宜之之谓义，由是而之焉之谓道。足乎己无待于外之谓德。"（《原道》）

他这句话将儒学的精华概括为：仁、义、道、德。大意如下：

仁，就是博爱，是儒学的最高原则；

义,是将仁付之于适当的行动;

道,是由仁、义出发去做人;

德,仁、义出于自己的内心,而不依赖外因。

韩愈这句话概括了几个十分重要的与爱有关的论点:

(一)他将"仁"作为儒学的最高原则;而什么是"仁"? 他明确提出"博爱之谓仁"的观点。

孔子提出过"仁者爱人";孔子对"仁",还有许多不同的解释。而韩愈继承并发展了孔子的学说,认为,"仁"就是博爱。

18世纪的法国大革命时期,提出过"自由、平等、博爱"的口号,将博爱提高到人类进步的最高原则。而韩愈在8—9世纪时,就将博爱作为人类道德的最高原则。当然,韩愈的时代与法国大革命的时代是很不一样的;韩愈当时不可能将博爱与民主、自由思想相结合。但是从伦理学的角度看,韩愈在中国的中世纪的唐代,将博爱提高到道德的最高原则,是一个非常值得重视的哲学成就。

(二)韩愈将"仁"与"义"相联系,这是继承孟子的思想,并且对"义"提出更明确的含义:"行而宜之之谓义"。意思是:将仁付之于适当的行动,称谓"义"。

因此,仁爱不能停留于口头,而必须有行动,并且是合宜的行动。口头挂着"仁爱、博爱",而没有实际的行动,不是真正的"仁爱"或"博爱"。有爱心而行动是不适宜的,例如父母对子女的溺爱,破坏别人家庭的男女情爱等,都不能认为是真正的爱。

(三)韩愈将仁爱与道德相联系。

他认为道德必须建立在仁爱的基础之上。对民众没有仁爱之心的"道德",只能是假道德。

当代中国,官场与商场上道德沦丧的情况很突出。官场上,有贪污受贿的,有欺压民众的;商场上,有卖假药的,有卖有毒奶粉的。对于这些现象,当然应建立民主监督、舆论监督、法律惩处等强大的制约机制;在全社会,也需要大力宣扬中国传统的"仁义"和"道德"思想,以树立社会的道德规范。

宋明思想家论爱

中国宋代的迄止年份是960—1279年,元代是1271—1368年,明代是1368—1644年。欧洲的中世纪是公元5世纪到15世纪,欧洲的文艺复兴是在15—16世纪。因此宋、元、明时期,正是欧洲的中世纪后期到文艺复兴时期。欧洲的中世纪,是一个受宗教控制的愚昧而黑暗的时期,而宋明新儒学,却显示了较高的理性思维。这是认识宋明新儒学的一个重要出发点。

宋明的儒学发展到一个很高的水平,和汉唐的儒学相比,有很多的新内容、新观点。在中国哲学史上,被称为"新儒学"。

宋明新儒学的产生,有一些经济、文化和思想背景:

(一)宋、元、明时期的经济发展。农民虽然仍租种地主的土地,但已有较多的自由。宋代通过垦田、围田,农田面积有很大增加。特别是南方的水稻种植技术有很大提高。制茶、纺织、瓷器、造船技术在世界上也很有名。苏州、杭州、扬州、泉州等工商业城市相当繁荣。

(二)科技和文化的进步。火药、指南针、活版印刷等发明都在宋代出现,传播到全世界。著名科技著作有秦九韶的《算术九章》、沈括的《梦溪笔谈》等。宋词、元曲、明杂剧的成就都很高。经济和文化的繁荣,都要求有新的哲学思想的引导。

(三)哲学思想上,儒、佛、道三家思想的大融合。新儒学吸取了佛学和道学思想的精华。

(四)宋明时期,全国建立许多传播学术思想的书院,并且树立了不少学派,学派之间的自由争论盛行。这种自由、平等的学术风气,对于新儒学的发展关系甚大。

宋明新儒学,与先秦时期的孔孟儒学相比,更为完整;因为先秦儒学主要

197

是伦理学和政治哲学;而新儒学则包含了本体论、宇宙观、人生观、认识论、伦理学、心理学等许多内容。但是,并不能说它比先秦儒学更为完美;相反,它具有一定的理论缺陷。到明末清初之后,它为许多学者所批评,并且成为社会进步的阻力。

宋明新儒学与孔孟儒学的共同特点是对伦理学的重视。因此,宋明新儒学的理论与人类的爱有密切关系。新儒学与孔孟儒学相比,它将伦理学以及对人类爱的论述与本体论结合得更紧,因此也将伦理学与爱的学说提到一个更高的水平。

根据宋明新儒学的发展过程,下面按时间的先后,选择几个最主要的哲学家来介绍。他们是,张载、二程、朱熹、王守仁。

一、张载

张载的生活年代是 1020—1077 年,他是周敦颐(新儒学的开山祖师)的同时代人。他生于长安,长期住在陕西眉县横渠镇,因而人们称他为"横渠先生"。他的弟子多是关中人,所以人们称他的学派为"关学"。他是一个务实的人,年轻时喜欢谈兵法。他曾经研习老子和佛学多年,感到没有收获,就研读儒学,探索宇宙和人生,确立了自己的哲学体系。

他的弟子描述他:"终日危坐一室,左右简编,俯而读,仰而思,有得则识之;或中夜起坐,取烛以书。"他的主要著作是《正蒙》。这部书的最后有一篇《西铭》,后来二程称《西铭》是孟子之后儒学的最杰出文献。

与人类爱有关的学说,他有以下几点思想:

(一)"天地之性和气质之性"的人性观。

关于人性问题,张载说:"形而后有气质之性,善反之则天地之性存焉。"(《正蒙·诚明》)

张载将人性分为"天地之性"和"气质之性"两部分。所谓"天地之性"是天所赋予人的本性。这种人性,例如人性之善、仁义道德等,是永恒不变的。每个具体的人(形而后)所表现出的是"气质之性",气质之性有美恶、智愚的差别。每个人只要善于反省自己（善反之），那么，就能保留"天地之性"。

对人民大众的仁爱、父母对子女的慈爱、子女对父母的孝爱，按张载的学说，都是属于"天地之性"。至于具体的人，对仁爱、慈爱、孝爱，会有不同的表现；有的人能充分理解并实践人类的爱；有的人则不论是对大众、对父母、对子女，都没有感情，这就是"气质之性"。但后一种人，如果能经常反省自己，也能恢复他的"天地之性"。因为只有"天地之性"是人的固有本性。

（二）"民胞物与"的社会-生态观。

张载有一句著名的言论是："民吾同胞，物吾与也。"（《正蒙·西铭》）

意思是：我把世界上的所有人都看成是我的同胞；将自然万物看成是我交往的朋友。也就是说：要将一个人的爱扩大到我的所有同胞，并且扩大到自然中的各种生物。

这句话的思想境界相当高，在一千多年前的中国，有这样的思想相当不容易。这两句话在今天世界正在进入全球化的时代中，在世界人民更加重视自然生态的保护的时代中，有很强的指导意义。

（三）"为天地立心"的人生哲学。

张载还有一句非常有名的语录："为天地立心，为生民立道，为往圣继绝学，为万世开太平。"（《张子语录》）

"为天地立心"的意思是：要使人们的心灵能够感悟宇宙和世界的本质和规律。"为生民立道"的意思是：要使人民大众都能寻求到做人的道理和社会幸福的途径。"为往圣继绝学"，意思是：要继承和发展成为"绝学"的正统儒学。"为万世开太平"，意思是：要为人类的世世代代开辟一个永远和平、美好的未来。

对今天来说，其中的第三句，不一定理解为继承儒学，而可以理解为继承人类的一切优秀科学与文化传统。

从人类爱的角度看，这几句话既有对宇宙和大自然的爱，又有对广大人民的爱，还有对人类未来的爱，是有极高思想水平的。

二、二程

二程，就是程颢和程颐兄弟两人。他们都是宋明新儒学中理学一派的奠基人。程颢的生活年代是 1032—1085 年（宋仁宗到神宗）；程颐则是 1033—1107 年。弟弟比哥哥多活了 20 年，这也是程颐的学说发展得较为完整的原因。他们是河南伊川人，长期在洛阳讲学，被人称为"洛学"。后来学者称程颢为明道先生，称程颐为伊川先生。

理学是宋明新儒学中的主流学派，有时人们就称宋明新儒学为"宋明理学"。但这个称呼并不很合适，因为宋明新儒学中还有张载等的"气学"和陆九渊等的"心学"。

理学家讲的"理"，意思是"天理"，也就是：自然和社会的根本规律。他们认为，自然的一切事物都是根据"理"而运行的；人类的一切行为，从人的天性来说，也都是遵循"理"的。自然规律和社会的道德准则是一致的，这就是他们的"天人合一"的本体论。

理学的基本观点，首先是程颢提出的，但后来程颐的阐述更全面一些。

二程哲学中与人类爱有关的主要论点是：

（一）天人合一。

程颢说："人与天地一物也。"（《河南程氏遗书》卷十一）这是明确的"天人合一"论。

中国传统哲学讲的"天人合一"，有两层含义：一是指自然界和人是处在同一个系统中，这个观点和现代的生态学观点是符合的；二是指自然界与人具有同样的本体。

人类爱之中，不仅有家庭范围内的慈爱与孝爱，也不仅有社会范围内的仁爱，还有人对大自然的爱，对宇宙的爱。"天人合一"的观点，就体现着人类与大自然之间的和谐、友爱的关系。这个观点将人类爱提高到宇宙观的水平。

（二）性即是理。

程颐另一个观点是："性即是理。"他说："性即是理，理则自尧舜至于涂

人，一也。才秉于气，气有清浊，秉其清者为贤，秉其浊者为愚。"(《程氏遗书》)

所谓"性"，就是人的天性。程颐这段话的意思是：人的天性是客观存在的，有不会改变的运行规则，这个规则就是"理"。人的天性，从尧舜到普通人，都是一样的。至于人的才能所以有贤、愚之分，是由于气质不同，气质清者，就是贤；气质浊者，就是愚。

理在人本身的体现，就是"性"，或"人性"。至于什么是"性"呢？那就是孟子讲的"性善"。

程颐说："孟子言人性善是也。虽荀、扬也不知性。孟子能独出儒者，以能明性也。性无不善，而不善者才也。"(同上)

他的意思是：在儒家中，只有孟子是真正认识"性"的，那就是，人性是善的。荀子、扬雄等都不真正懂得"性"。至于每个人在素质、品行上的差别，那不是"性"的差别，而是"才"或"气"的差别。

孟子所讲的"性"或"人性善"，就是指人具有天生的仁爱之心。这还是从伦理学或人性论角度来阐明人类的爱，而程颐提出："性即是理"，那就将人类之爱，提高到本体论的高度。

"性即是理"的意思是：人的仁爱是人类的客观存在的、不变的本质。我们注意到西方19世纪哲学家费尔巴哈提出过"爱是人类的本质"的观点。中国11世纪时的二程，已经提出了十分相似的观点。

三、朱熹

朱熹的生活年代是1136—1200年，是南宋高宗到宁宗时期。他祖籍徽州，生于福建龙溪。他曾在福建任官、讲学，因此人们称他的学派为"闽学"。

他早年学习佛学、道学，后来进入儒学，博览群书，知识广博，终于成为一位集新儒学之大成的著名学者。他在福建、江西、湖南都当过州官，但他对做官兴趣不大。他在庐山修复白鹿洞书院，在长沙修岳麓书院，培养了许多学生。

他的著作非常多,《朱子语类》有 140 卷,《朱文公文集》有 120 卷,重要著作有《四书集注》、《周易本义》等。

朱熹哲学中与人类爱有密切关系的哲学观点有:

(一)"理为气先"的理本论。

张载的哲学是"以气为本"的,用现代语言来理解,张载的"气"有物质的意思。二程的哲学是"以理为本","理"有物体运行法则或规律的意思。

朱熹继承二程"以理为本"的本体论思想,并且有进一步的发展。他的一个重要发展是提出"理为气先"。他说:"若论本原,既有理而后有气。……若论秉赋,则有是气而后理随气具。"(《晦庵先生文集》,以下简称《文集》)

他的意思是:从事物的本性讲,理和气是同时并存的。而从自然万物的来源讲,是先有理,后有气。"理在气先"是朱熹独创性的提法。

二程提出"性即理",而朱熹又提出"理在气先";将这两个论点联系起来理解爱,就说明:爱是人的本质,也是人的天性,爱心是人天生就有的。

这样就从哲学本体论的高度,肯定了孟子的"四端"学说,即"恻隐之心,仁之端也","无恻隐之心,非人也"。

总之,从儒学思想的发展来看,孔子最早提出:"仁者爱人",是对仁爱的一种性质的肯定;孟子将仁爱提到人性论的高度;而二程与朱熹将仁爱提到哲学本体论的高度。

(二)"心统性情"的人性论。

"心统性情",虽然是张载首先提出,但对于这论点,真正加以发挥的是朱熹。朱熹说:"性者,心之理也;情者,心之用也。心者,性情之主也。"(引自《朱文正公文集》)

他的意思是:人的心(也可以理解为人的精神或意识)管理两个方面:一是"性";二是"情"。"性"就是人的本性,从儒家来说,就是忠孝、仁爱等美德,这些都是人天生而有的。"情"就是人的喜怒哀乐等感情和欲望。

这里,朱熹将人的仁爱与人的情感分割开来,这个观点并不适当。因为人的仁爱,必然与人的情感是密切联系的。离开了情感的仁爱,就只留下了一套礼仪或行为规则,是没有生命力的。

从这个观点出发,朱熹有这样的话:"学者须是革尽人欲,复尽天理,方始是学。"(引自《朱子语类》)

这就是朱熹的"存天理,灭人欲"的思想。虽然按朱熹的原意,他并不认为,人的一切欲望都是坏的。他认为,人的合理欲望是需要的,应当消除的是那些损人利己的欲望。

但是"存天理,灭人欲",毕竟是一种违反人性的思想。他的"存天理,灭人欲"思想,在清代后期,特别是"五四"运动时期,受到进步思想家如陈独秀等的严肃批评。

四、王守仁

前面介绍的几位哲学家,都是宋代的人。而王守仁是明代的人。他的生活年代是1472—1528年,是明宪宗到世宗时期。他的思想继承了陆九渊的学说。

他不仅是一个大学者,又是一个杰出的军事家和政治家。他34岁时,冒死抗谏,反对当权的奸臣刘瑾,因而入狱,被贬到贵州龙场,当一个小小的驿宰(交通站长)。而就在这时候,他静思苦想,领悟到"心学"的道理,后人称为"龙场悟道"。刘瑾死后,他才恢复到较高的职位,当过福建、江西的巡抚(军事长官)。1519年,他47岁时,在短短35天内平定了宁王朱宸濠在江西的叛乱,立了大功。

他在治学方面的经历也很曲折,他搞过词章文学,信仰过佛、道,钻研过朱熹的学说,最后创立了自己的学说。他的主要理论著作是《传习录》。

他的主要哲学观点是:"心即理"和"致良知"。他说:"心即理也。天下又有心外之物,心外之理乎?""心即理也,此心无私欲之蔽,即是天理。"(《传习录》)

"心即理"是陆九渊和王守仁等心学派的基本观点。

儒家经典《大学》中说:"格物致知。"朱熹的解释是,要进行"格物"(观察与研究事物)之后,才能得到知识。王守仁的解释则不同。

他说:"致知云者,非若后儒所谓充广其知识之谓也,致吾心之良知焉耳。"(《王文成公全书》)

他的意思是,所谓"致知",并不需要掌握许多知识,只要做到你自己的良知所要求你做的就行了。

王守仁说:"是非之心,不虑而知,不学而能,所谓良知也。"(同上)

他的所谓"良知",就是指人天生就有的判断道德是非的准则。通俗地说,就是人的良心。因此,即使人不学习,也是有"良知"的。

王守仁的"心即理"和"致良知",在伦理学范围内是正确的。良知是一个判别善恶价值的标准。由于爱是人的天性,因此,人类天生就有对与错、好与坏的一定的判断能力。

二程提出"性即理";王守仁则认为"心即理"。将这两个论点联系起来,就说明:仁爱是人的本质属性,人有出于内心的认识仁爱的能力。

王守仁的"致良知"与康德所说的"内心的道德准则"有很相似的含意。他们的观点,与现代心理学的研究结果是基本符合的。

由此可知,宋明新儒学,在人类爱的问题上,达到了一个较高的水平。

中国近现代思想家论爱

明代后期,中国在经济和文化、思想方面都发生了重要变化。

经济方面,明代后期,手工业从农业中独立出来,江南地区的纺织业、铸铁业、制瓷业都很发达。到清代乾隆、嘉庆时期,丝绸、茶叶、瓷器等畅销国外市场。经济的发展,人民生活的改善,激发了人们求富的欲望,因此严重冲击了宋新儒学"存天理、去人欲"的主张。

思想文化方面,这时期,西方通过传教士将西学引入中国。徐光启(1562—1633)是明末第一个把欧洲先进的科学知识介绍到中国的科学家。清代初期康熙皇帝,亲自认真地学习西方几何学。西方自然科学的引进,必然冲击宋明新儒学的宇宙观和本体论。

民国早期,从1919年的"五四"运动开始,中国全面地引进西方文明的精华——科学和民主,由此进入中国现代哲学的时代。

这四百多年是中国的近代与现代时期,出现了许多著名哲学家。

近代哲学家有:黄宗羲、方以智、王夫之、戴震、康有为、梁启超等。

现代思想家、哲学家有:孙中山、陈独秀、胡适、梁漱溟、熊十力、张君劢、方东美、徐复观、唐君毅、牟宗三、冯友兰等。

他们的哲学学说,重点在本体论、认识论与政治哲学等方面。与人类爱有关的人性论与伦理学方面,有重要论述的有以下几位:

一、戴震

戴震是安徽休宁人,生活年代是1723—1777年,已是在雍正到乾隆时期。他四十岁中举人,学问渊博,在经学、文字学、考据学、天文学、数学等方面都有很深的造诣。他不信奉程朱理学,因此,多次参加会试,但都没有考中。

康熙、雍正、乾隆三朝,是中国长期的帝王专制社会即将灭亡之前,最后一个较为繁荣稳定的时期。在这时期中,社会矛盾非常严重,统治者出于对汉族士大夫反抗意识的恐惧,更加推崇程朱理学,压制异端思想,大兴文字狱。

在这种政治、思想背景下,戴震写出一系列著作。他的主要哲学著作有《原善》、《孟子字义疏证》等,他针对程朱理学提出不少不同的观点。他的思想对于清末民初的进步思想家,如章太炎、梁启超等有很大影响。

在与人类爱有关的人性论与伦理学方面,他提出的主要论点有:

(一)"血气心知"的人性论。

关于"性",宋儒的观点是:"性即理",意思是"性"就是人的天赋的道德本性,也就是孟子的"性善"或"恻隐、羞恶、辞让、是非"的"四端"。

戴震的看法有很大不同。他认为:"天下惟一本,无所外,有血气,则有心

知。"（《孟子字义疏证》）"人生而后有欲，有情，有知，三者血气心知之自然也。"（同上）

他这里讲的"天下"是就人性而言的。他的意思是，所谓人的性，包含"血气"和"心知"两个方面。"血气"指的是人的身体和生理活动；"心知"指的是人的认知能力和心理活动。

他将人性分为"欲、情、知"三方面，这三者都来自"血气"、"心知"。

他的"欲、情、知"与西方哲学家谈的理智、道德与情感是相似的；而他特别提到"欲望"，应该说是更符合人性的。

人类的爱，是戴震所讲的"欲、情、知"的综合产物。人类爱，是以理智（心知）为基础的；同时也有人的欲望与情感。

宋代理学家说"性即理"，将人性完全归之于公理或真理，而不谈人的欲望与情感，这种观点并不完全符合人性。

朱熹提出的"灭人欲，存天理"，是违反人性的。戴震纠正了理学家的片面观点，将人类的爱纳入理智与情感相综合的较为正确的认识轨道。

（二）"理存于欲"的理欲关系。

戴震于"理"和"欲"的关系，提出了自己的看法。

他说："理也者，情之不爽失也。未有情不得而理得者也。"（同上）

"天下之事，使欲之得遂，情之得达，斯已矣。……遂己之欲者，广之能遂人之欲，达己之情者，广之能达人之情。道德之盛，使人之欲无不遂，人之情无不达，斯已矣。"（同上）

意思是：所谓"理"，就是要使人的欲望和感情得到满足。不但自己的欲望和感情要得到满足，还要使大家都能得到满足，这样才是道德的高度发展。

从人类爱的角度看，戴震的观点是，要使人们的各种爱——仁爱、慈爱、孝爱、友爱、对自然之爱、对自由之爱等，都能在欲望与情感上得到满足，这是人类社会的公理与理想。

戴震的"理存于欲"，对于中国人在近代的思想解放，对于唤醒中国人对于自己正当利益和欲望的追求，发挥了重要的启蒙作用。

二、康有为

康有为,广东南海人,生活年代是 1858—1927 年。他出身官僚地主家庭,自幼接受封建正统教育,在科举考试中屡次失败后,学习西方新知识。1891 年(33 岁)在广州创办万木草堂。1888 年首次上书光绪皇帝,提出变法自强的主张。1895 年趁在北京参加会试时,联合各省举人上书皇帝,就是有名的"公车上书"。1898 年,推动了"戊戌变法",失败后逃亡国外。晚年,他坚持君主立宪的主张,反对民主共和。

他的著作很多,具有哲学内容的有《内外篇》、《大同书》、《新学伪经考》、《孔子改制考》等。

康有为在他的《大同书》中,提出他的政治与道德理想。

《大同书》,初稿在 1885 年已写成,到 20 世纪初,又经过补充、修改,1913 年正式发表。这是一部体系十分完备而思想十分大胆的在中国历史上少见的著作。

《大同书》其中几个部分的大意是:

(一)"去国界合大地":大同世界中无国家之分,全世界建立一个公共政府。

(二)"去级界平民族":大同世界无阶级之分,一律铲除奴隶制度。

(三)"去形界保独立":男女一律平等。设立女学,女子可以当进士、博士,可以选举为官,甚至当总统;婚姻由女子自主。一切有害于女子的陋习,如缠足、细腰等一律废除。男女交好有限期,不得为夫妻。

(四)"去产界公生业":实行公农、公工、公商。实行以上各条的根本在于"天予人之权也"。也即在于:人人都有天赋的人权。

(五)"去苦界至极乐":大同世界即为人类的极乐世界。

"大同"这个词,是从儒家所推崇的《礼记·礼运》来的,其中说:"大道之行也,天下为公,选贤与能,讲信修睦……是谓大同。"

这是古代儒家对于美好社会的一种向往。康有为用"大同"的概念来描绘自己对于未来社会的理想。

康有为的《大同书》的思想，是他综合了儒学、佛学和西方近代民主思想和乌托邦思想的一个混杂的产物。

从人类爱的角度来看，《大同书》的思想中有进步的方面，例如对于"天赋人权"的肯定，对于男女平等的倡导，对于铲除奴隶制的主张，等等。这些思想是符合人类爱的要求的，比孔孟的仁爱是有所进步与发展的。

但是，《大同书》中也有不少乌托邦式的空想，例如取消家庭、全部实行公产等。这里一个重要问题是：他不重视个人自由和个性发展，这又是中国儒家思想的一大弱点，是和现代社会以"自由"为基石的思想背道而驰的；也与人类对家庭之爱、对自我之爱、对自由之爱的基本要求相违背，因此也不可能推动社会的进步。

《大同书》是近代中国思想家将儒学思想和西方近代思想相融合后的一种过渡性的思想体系，在后来孙中山、毛泽东的思想中，都有《大同书》思想的影子。

三、梁启超

梁启超是中国近代非常重要的政治家和思想家。他的生活年代是1873—1929 年，广东新会人。16 岁考中举人，17 岁求学于康有为的万木草堂。他在北京会试时积极参加"公车上书"。后在上海任《时务报》主编。1898 年被光绪帝召见，是"戊戌变法"主要推动者之一。变法失败后，逃亡日本；先后创办《清议报》、《新民丛报》、《新小说》、《时报》、《政论》、《国风报》等多种报刊。他发表的一系列文章，热情洋溢，议论雄辩，文笔流畅，具有极大的说服力。他早期主张君主立宪，与革命派有激烈争论。民国成立后，他拥护民国，在反对袁世凯称帝和张勋复辟的斗争中都有重要贡献。他晚年从事学术研究，在历史、思想、哲学等方面写出不少有价值的专著。

他的主要著作有：《清代学术概论》、《中国近三百年学术史》、《先秦政治思想史》、《墨经校注》、《自由书》、《开明专制论》、《欧游心影录》等。

在人性论与伦理学方面,他提出:要树立自由人格的"新民说"。他首先认为,"新民是今日中国第一要务"。"国也者,积民而成。……欲其国之安富尊荣,则新民之道不可不讲。"(《新民说》)

他的《新民说》有以下一些观点:

(一)"若有欲求其真自由者,其必自除心中之奴隶始。"

梁启超要求中国人追求自由,克服奴性,这种思想显然受到西方近代民主、自由思想的影响,在中国儒家哲学中,是难以找到的。

(二)"善能利己者,必先利其群,而后利己之理亦从而进焉。"

梁启超讲的就是利己和利人的关系,小我和大我的关系。他要求于"新民"的是:先利群,再利己。

(三)"吾中国人无进取冒险之性质,自昔已然,而今每况愈下也。……一国之大,有病者而无健者,有暮气而无朝气,新民必须克服惰性……吾不知国之何以立也。"

从人类爱的角度看,梁启超的"新民说"着重倡导的是每个人的自我之爱与自由之爱。

中国的儒学传统中,并不是不重视个人,例如《大学》中所强调的格物、致知、诚意、正心、修身等,都是对个人的要求。但是儒学所要求"自我之爱",主要是"正心、修身",也就是要按儒学的教导,来作自我修养。这样的修养,事实上对人的个性与人性有很大的限制。

梁启超的新民,所提倡的自我之爱,是要求每个人有独立的人格,有自由的思想,有进取、冒险的意志。

这样的自我之爱,在中国传统哲学中是很少见的。在近代与现代中国,都有进步意义。

四、孙中山

孙中山的生活年代是 1866—1925 年,广东香山人。少年时在夏威夷英国教会学校求学,后来在香港学习医学,毕业后在澳门、广州等地行医。他少年时受到太平天国运动的影响,具有强烈的反满救国思想,又在西方接受了民主共和思想。1894 年(28 岁)他到檀香山组织兴中会,开始发动武装革命。1905 年他在日本东京和华兴会、光复会联合,组成中国同盟会,被推为总理。他提出三民主义学说,创办《民报》。此后经历了十次起义失败之后,终于在1911 年 10 月 10 日的武昌起义获得成功,逼使清帝退位,推翻了在中国维持两千多年的君主专制。他被推选为中华民国临时大总统。为避免南北内战,他于 1912 年提出辞职,让位于北方大军阀袁世凯。1913 年 3 月国民党要员宋教仁被袁世凯暗杀,孙中山发起"二次革命"讨袁而失败。1917 年孙中山回国并在广州组织护法政府,当选为大元帅,誓师北伐。1923 年他重组中国国民党。1925 年在北京逝世,享年 59 岁。

他不仅是一个革命家、政治家,也是一个思想家。他提出的三民主义,是他的政治哲学思想;他还提出"知难行易"的认识论思想。

他在哲学思想上的重要贡献,是他竭力宣扬的博爱思想。

关于博爱,他有以下论述:"博爱"是"人类宝筏,政治极则",是"吾人无穷之希望,最伟大之思想"。

欲泯除国界而进入大同,其道非易,必须人人尚道德,明公理……重人道,若能扩充其自由、平等、博爱之主义于世界人类,则大同盛轨,岂难致乎?

据余所见,仁之定义,诚如唐韩愈所云"博爱之谓仁",敢云适当。博爱云者,为公爱而非私爱,即如"天下有饥者,由己饥之;天下有溺者,由己溺之"之意,与夫爱父母、妻子者有别。以其所爱之大,非妇人之仁可比,故谓之博爱。能博爱,即可谓之仁。

仁之种类:一,救世之仁;二,救人之仁;三,救国之仁。救世、救人、救国三者,其性质皆为博爱。

博爱,当中的道理,和我们的民生主义是相通的。因为我们的民生主义是图四万万人幸福的,为四万万人谋幸福就是博爱。

(林家有《孙中山的博爱思想》)

根据以上论述,孙中山的博爱思想有以下特点:

(一)他是将中国儒学的"仁",特别是韩愈的"博爱之谓仁"与西方的自由、平等、博爱的进步思想密切地结合起来。

（二）他将博爱思想提到非常高的水准——"政治极则"，"吾人无穷之希望，最伟大之思想"。这在中国思想界是独特的。

（三）他特别强调"公爱"，而不是"私爱"，也就是对广大民众的爱。

他将救世、救人、救国，都看成是博爱。

（四）他将博爱与他自己所提的民生主义相结合，特别关注中国全体人民的幸福。

因此，孙中山的博爱，不仅是伦理学思想，也是政治哲学的思想。

孙中山由于他一生献身革命，以及积极宣扬"博爱"与"天下为公"等思想，不仅得到全中国人民尊敬，并且在国际上享有崇高的声誉。

五、陈独秀

陈独秀是在中国现代史上有特殊贡献的人物。他的生活年代是1880—1942年，他出身于安徽安庆望族。少年时考取秀才，后到杭州求是书院学习，并去日本留学，参加反清运动。回国后，创办《安徽俗话报》。1915年，在上海主编《新青年》杂志，宣传民主和科学思想。1917年，担任北京大学文科学长，领导了"五四"新文化运动。1920年，创办《劳动报》和《共产党》两种刊物。次年，建立中国共产党，历任第1至第5届党的总书记。1925—1927年的大革命，因共产国际指导的错误而失败，他受到不公正的党内批评。1929年后思想倾向托派，因而被开除出党。"九一八"事变后，他积极主张抗日。1932年他被国民党当局逮捕，坚守气节。1937年获释。晚年写出多篇非常有价值的文章。1942年在贫困中去世。

陈独秀在中国现代思想史上有划时代的贡献，主要是在以下两方面：

（一）对于封建道德的'三纲'思想的有力批判。

陈独秀对于以"三纲"为代表的儒家的"礼教"思想进行了有力的批评。

1916年，康有为等主张以孔教为国教，陈独秀批判时说："中土儒者，以纲常立教。为人子、为人妻者，既失独立之人格，复无个人之财产。""以上所

举孔子之道……是否增进社会福利、国家实力,而免于野蛮黑暗之讥评耶?"(《孔子之道与现代生活》)

陈独秀认为"三纲"思想是主宰中国人两千多年的伦理道德。这套思想只适合于封建社会,而完全不适合于民国建立之后的民主社会。陈独秀对于"三纲"思想的批评,在当时全国思想界有相当大的影响。"五四"以后,中国社会风气明显改变,人们开始敢于追求正当的男女亲爱,追求个人的自由,追求人与人之间的平等。中国男女青年从"父母之命,媒妁之言"中解放出来,争得了恋爱和婚姻的自由。中国妇女开始争得与男子平等的社会地位。"五四"运动的影响一直延续到当代。

(二)为中国引进德先生(民主)和赛先生(科学)。

在中国近代和现代,介绍、引进西方哲学的哲学家是很多的。陈独秀介绍西方思想的突出功绩,是他抓住了两个既是西方哲学的精华,又是中国所最迫切需要的西方思想——民主和科学。在这方面,表现出他对于西方哲学优越性的深刻理解,以及对于中国哲学不足之处的深切体会。

陈独秀在《〈新青年〉罪案之答辩书》(1919)中,最明确地提出德先生(民主)和赛先生(科学)的观点。他说:"西洋人因为拥护德、赛两先生,闹了不少事,流了多少血,德、赛两先生才渐渐从黑暗中把他们救出,引到光明世界。我们现在认定只有这两位先生,可以救治中国政治上道德上学术上思想上的一切黑暗。若因为拥护这两位先生,一切政府的压迫,社会的攻击笑骂,就是断头流血,都不推辞。"

民主和科学,即使到今天,依然是建设我们国家的最重要的两项法宝。对于人类之爱来说,民主与科学两者,都是基本的保证。

人类的各种爱——自爱、他爱、孝爱、慈爱、情爱、对祖国之爱、对大众之爱、对自由之爱,等等,都必须建立在社会(包括政治、经济、文化等)的进步的基础之上,才能充分地实现。而没有民主与科学,就没有社会的进步。

因此,陈独秀为中国引进民主与科学,对中国社会的进步,对中国人实现各种人类之爱,有非常深远的影响。

六、梁漱溟

梁漱溟是现代新儒学的创始人,他的生活年代是 1893—1988 年,广西桂林人。他出身于官宦人家,少年时就有对国家的责任感,参加过反清革命。他自幼爱好深思冥想,辛亥革命后研究佛学。23 岁时,他写出《穷元决疑论》这篇高水平的佛学论文,被蔡元培聘请为北京大学讲师。"五四"时期,儒学思想在学术界受到猛烈批评,他却决心出佛入儒。1922 年他发表《东西文化及其哲学》,竭力捍卫东方思想。新中国成立前,他在山东从事乡村建设运动,产生较大影响。1938 年他访问延安时,与毛泽东进行过深谈。他积极参与中国民主同盟的组建。1949 年后的年代中,他是高级知识分子中唯一敢于和毛泽东争论的人。"文革""批林批孔"时期,他以长篇发言为孔子辩护。八十年代后,他继续宣传他的新儒学思想,直至去世。

他在哲学上的重要贡献是他的《东西文化论》。

他说:"西方化是以意欲向前要求为其根本精神的。或说,意欲向前要求的精神产生赛恩斯与德谟克拉西两大异彩的文化。""中国文化是以意欲自为、调和、持中为其根本精神的。印度文化是以意欲反身向后要求为其根本精神的。"

其意思是:西方人的意欲是向前要求。为了改善生活而向前要求,就一定要了解并征服自然,由此就产生科学(赛恩斯,Science);为反抗专制而向前要求,就一定产生民主(德谟克拉西,Democracy)。

中国人的意欲是满足于现状,满足于一种自得其乐的调和、中庸的生活。

印度人的意欲是反身向后的。他们不满足于现状,也不要求向前去要求,而只要求回到宗教中去超脱人生。

对于未来文化,他认为:在物质方面,可能会有所淡化,而更多地向艺术的创造这条路走;在社会生活方面,强制性的法律约束,可能会减少,而更多的是依靠情感、道德、伦理来维持社会关系;在精神生活方面,宗教将要淡化,哲学和艺术将占重要位置。这样的未来,就是"孔子的路"。

总之,他是主张融合西方文化与中国文化各自的优秀部分。在当代,许多有识之士都已经意识到,这是一个人类文化的正确方向。

他所谓的"孔子的路",就是孔子所倡导的"仁爱"之路。他的意思是:这是人类未来文化的方向,是世界各国(包括西方世界与东方世界)共同的发展方向。这是非常有远见的思想。

七、冯友兰

冯友兰的生活年代是 1895—1990 年,河南唐河人。他自幼学习《三字经》和四书五经。中学时接受新式教育,开始对西方哲学有兴趣。1915 年,考入北京大学文科攻读哲学。1918 年前往美国哥伦比亚大学哲学系改读研究生。接触到多方面的西方哲学,最后选择的是新实在主义和逻辑实证主义。回国后先后在中山大学、广东大学、燕京大学、北京大学任教,任清华大学哲学系主任。抗战时期,他拒绝做官,坚持艰苦的教学生活,并写出著名的"贞元六书",即《新理学》、《新事论》、《新世训》、《新原人》、《新原道》和《新知言》六种书的合称。他在中国哲学史的研究上有举世公认的贡献。

关于与人类之爱关系密切的伦理学与人生观方面,主要在他的《新原人》中有所阐述。

他首先提出对于人生的"觉解"和"意义"的问题。

他说:"人对于宇宙人生的觉解的程度,可有不同。因此,对于人的意义,也有不同。"(《新原人》)

他将人生境界分为四个层次:

(一)自然境界:"在此境界中底人,其行为是顺才或顺习底"。所谓"顺才",就是顺着生物学的本性,"顺习"就是顺着社会习惯。

(二)功利境界:"在此境界中底人,其行为是为利底。所谓利,是为他自己的利。"

(三)道德境界:"在此境界中底人,其行为是行义底……求社会的利底行为,是行义底行为。"

（四）天地境界：“在此境界中底人，其行为是事天底……了解社会的全之外，还有宇宙的全。……他已知天，所以他知人不但是社会的全的一部分，并且是宇宙的全的一部分。”（以上均见《新原人》）

从人类爱的角度看，冯友兰所指出的人生四个境界，都是有体现的。人类的爱，首先是人类的自然属性。家庭内部的情爱、慈爱、孝爱，都来自人类的自然本性。这就是冯友兰所说的“自然境界”。

情爱、慈爱、孝爱，以及对社会，对人民的仁爱，都不是纯精神性的，是需要有实际的功利性。孙中山说，博爱要与民生相结合，也是说的博爱的功利性。这就是冯友兰所说的“功利境界”。

人类之爱，是人类的高尚道德。慈爱、孝爱、仁爱、博爱等，不仅有功利性，更具有道德性，往往是道德性超越于功利性。这就是冯友兰所说的“道德境界”。

人类之爱，不仅局限于家庭，甚至不局限于人类社会，它扩大到人类对大自然的爱、对人类种族的爱、对宇宙之爱。那就是冯友兰所说的“天地境界”。

冯友兰的人生四个境界的学说，对于我们理解人类之爱是有启示的。

总之，清代以后，西方思想传入中国，对中国的哲学思想产生深刻影响。现代中国有多位思想家，为传播和实现各种人类之爱，为中国的进步做出了积极贡献。

中国人关于爱的观点综述

本章概要地综述中国哲学中爱的理念的历史发展，并与西方哲学中爱的理念进行对照分析。

一、中国人认识爱的历程

（一）老子的道之爱，有探索自然本质的思想，但是没有引导出科学。

老子的"道为天地母"所体现的"道之爱"，不仅在中国哲学中非常有特色，在世界哲学中也是独特的。

这是一种本体论的爱，一种哲学之爱，而不是宗教之爱。这在世界思想史上，是极少见的

老子说的"道法自然"，是有透视自然本质与规律的思想的，展示了中国古代思想家少有的对于自然秘奥的兴趣。墨子的学生（墨家）曾经对于物理学（特别是光学）有较多的阐述，但是这个探索自然的思想萌芽，在汉代"独尊儒术"后没有得到发展，以至错失了中国发展自然科学的机遇。

（二）庄子的自然与自由之爱是有特色的，但是没有得到继承。

庄子哲学中充分体现了对自然与自由之爱。西方哲学中，斯宾诺莎提出自然神学，他也是提出自然之爱的。但斯宾诺莎的学说是：自然就是上帝，因此，人类应当像热爱上帝那样热爱自然。

庄子的自然之爱，并没有借助于上帝，他是在直接与自然的接近中感悟自然的伟大与可爱。他为在梦中成为蝴蝶而感到非常高兴。这是一种无神论的自然之爱，是一种积极、乐观的人生观。在当代提倡人与自然和谐相处的时代，庄子的自然之爱，有重要的启示意义。

庄子的自然之爱中蕴涵着他对自由之爱。他特别赞扬的，是大鸟的自由而高远的精神。自由，正是中国哲学中欠缺的因素。

但是在汉代"独尊儒术"后，庄子的自然与自由之爱，除了少数诗人与画家外，基本上没有得到继承。

（三）墨子的兼爱学说值得重视。

墨子的兼爱学说，儒家是不赞成的，孟子批评墨子的"兼爱"是"无父"，即不重视对父母的孝爱。

当然，孔孟认为，对父母之爱应该优先于对他人之爱，这是符合社会伦理

的。但是，不能不看到，墨子的兼爱学说，有比家庭伦理更重要的社会伦理与政治伦理的意义。

墨子的兼爱思想，在当代世界是有价值的。

（四）孔孟儒家以仁爱为核心思想。

孔子提出"仁者爱人"，孟子提出"仁者人也"，他们所倡导"仁爱"学说，是中国儒家哲学的核心思想。

虽然西方哲学家论述爱，并不局限于性爱。但是，从古希腊开始，直到当代美国哲学家辛格，他们所谓的爱，实际上都是以性爱为核心的。

但是，人毕竟是社会性的高等动物，人类是生活在社会之中的，而不仅是生活在两性关系之中；因此，儒家所提倡的仁爱，与性爱相比，应当说有更重要的社会意义。

中国有两千多年的文明史。在这两千多年中，中国虽然经历了无数次战乱与动荡，但是中国社会依然稳定地存在，中国的文明得以维持；不能不说，这种文明的延续性与中国的主流哲学——儒家所倡导的仁爱思想，有一定关系。

在今天，仁爱思想对于社会的公正与正义，对于减少贫富差距，对于实现共同富裕的和谐社会，都是有意义的，是应该继续发扬的一种重要的价值观。

（五）仁爱思想在歪曲中的进展。

儒家思想在中国的发展是经过曲折的。

汉代董仲舒是一个大哲学家，他对于儒家在中国获得崇高的地位是有贡献的。但是他提出的"三纲"思想，是对孔孟仁爱思想的一种扭曲。

孔子的"仁者爱人"是一种伦理学思想，从"爱人"两字，也能理解孔子的原意中，爱是带有对人关爱的感情的。孟子的"仁者人也"，着重是指出：爱是人的本性和天性。

董仲舒将人与人的关系，变成是一种"纲纪"，变成人必须服从的"礼教"。并且在这种礼教中，将人分成上下等级，将孔孟所倡导的相互关爱的关系，变成命令者与服从者的关系。

到了魏晋时期，王弼提出"名教顺应自然"；阮籍、嵇康提出"越名教而任自然"。他们都在不同程度上反对"礼教"对人性的限制与束缚，主张回归人性，回归人间的真爱。

他们的思想是有进步意义的。

二程和朱熹的理学，有较完整的哲学框架（有本体论、认识论、价值观），是中国哲学史的一个高峰。

然而，理学过分强调"天理"而否定情感与欲望，是对于人类爱的片面认识。人类爱，首先是人类的一种情感，一种爱的欲望。当然，人类爱也具有理性的指导。但如果像朱熹所说："学者须是革尽人欲，复尽天理，方始是学。"那么，这个"天理"中，就没有了情感与欲望，这是违背人性的；那就不存在真正的爱。

到清末民初，朱熹的观点受到陈独秀等进步思想家的批评。

明代王阳明的心学，突出了心的意义。"心"就是人的良知和天性，也包括人的天生情感。一个人是否具有爱心，不必去问天理，只要问问自己的良心或良知。

由于人类的爱是出乎人的天性的。因此，心学与理学相比，更接近于人类爱的本质。

（六）在近代与现代，中国爱的理念的曲折前进。

梁启超的"新民说"提出："若有欲求其真自由者，其必自除心中之奴隶始。"

这是在中国哲学史上，首次明确提出"自由"的概念。也就是提出了自由之爱。这个观点，在中国，不仅在当时，即使是在今天，也有着重要意义。

由于几千年的专制制度的统治，又因现代中国政治改革的滞后，在中国人的思想中，自由之爱是比较缺乏的。梁启超的"新民说"，依然有其现实意义。

孙中山的博爱思想，应该给予高度的评价。他提出的博爱，是将中国儒家的仁爱、韩愈提出的"博爱之谓仁"，与西方国家在启蒙运动与法国大革命中提出的"博爱"等结合了起来；不仅符合中国的传统哲学思想，也充分吸收了西方的近代进步思想。应该说，这是带有世界性的，是世界人民可以普遍接受的思想。可惜,在当代中国,博爱思想,并没有得到充分的宣传和发扬。

陈独秀为中国引进西方思想的精华——民主与科学。民主与科学两者,是中国社会进步的关键性因素,也是中国人实现各种人类之爱的根本保证。

"五四"运动之后,爱的思想与自由、民主、科学等理念相结合,有较正常的发展。男女情爱与对自由之爱等,都得到较大的普及。

改革开放以来,在和谐思想指导下,各种人类之爱,逐步得到恢复与发展。但是,官场上贪污之风盛行,社会上贪婪与欺诈横行,城市内部与城乡之间的贫富差距严重,要全面实现人类之爱,尚待持久的努力。

二、中西方关于爱的理念的比较

如果将中国哲学与西方哲学中爱的理念相比较,可以见到中国哲学中爱的理念的一些优点与不足:

(一)从爱的理念的内涵来看。

中国哲学始终是以仁爱作为人类爱的中心内涵。

中国哲学从仁爱出发,对于对父母的孝爱、对师长的师爱,都特别重视。孝爱与师爱,形成中国的文化传统。即使在今天,全世界的华人社会中,都非常推崇孝爱和师爱。孝爱是有利于家庭和谐的,师爱是有利于教育传承的,都对社会进步有积极影响。

西方哲学关于爱,有狭义与广义两种理解。狭义的理解,爱就是指性爱;广义的理解,爱可以有很广泛的对象,如家庭、国家、自然、艺术、科学、自由,等等。

可以这样说,中国的仁爱,比西方的性爱,有更广的内涵;而西方的广义的爱,又比中国的仁爱,有更广的内涵。

今天,对中国传统的仁爱(包括孝爱与师爱)应该继续发扬;但也应该将爱扩展到更广泛的领域,扩大到对科学、艺术、自由、民主的爱。

特别是自由、民主之爱,是中国历史上最欠缺的。中国有两千多年的帝王专制的历史,中国人有长期的做奴隶的习惯。按鲁迅的说法:"中国的文化,都是侍奉主子的文化",中国人或"坐稳了奴隶",或"想做奴隶而不得"。

民国以来,帝王是没有了。即使是今天,尽管国家有各种进步,但是中国人还没有享受到完整的自由与民主。

因此,中国还需要继续鼓励与发扬人民对自由之爱与对民主之爱,以实现国家与社会全面的进步。

(二)从对于爱的探讨方法来看。

一般来说,中国哲学或擅长于抽象的思考(如老子、王弼等),或善于形象性的描述(如庄子),但缺乏理性的、逻辑性的推理。

西方哲学则有较为深入的理性推理与分析。

西方哲学从古代起,就将人类的心灵分为理智、情感、意志、道德等方面。不同哲学家之间,有不同分类(例如休谟与康德),也有不同意见之间的辨析或争论(例如关于先验论的争论)。

因此,西方哲学对于人类之爱的认识,要比中国哲学深一些。再加上科学的帮助,使西方人对于人的精神生活与人脑的组成,有了更符合实际的认识。在这方面,是中国哲学家与思想家需要向西方学习的。

中国哲学中,对人类爱进行了对象化与精细化,如有孝爱、慈爱、恩爱、师爱等,这是西方哲学中很少见的(例如西方哲学中,没有对于孝爱与师爱的专门论述),这个优点值得继续发扬。

(三)从爱与宗教的关系来看。

西方哲学有宗教的传统,古代西方哲学家都承认神的存在;中世纪哲学家,更将神爱放置在最高的位置。近代西方最重要的哲学家康德,也将灵魂与上帝放在他的理性思维之中。

中国哲学,从老子与孔子开始,基本上是无神论。老子是抽象地探求天地的秘奥;孔子是探求人生与道德,而不谈论"神"。中国古今哲学家,基本上不谈神,从这方面讲,中国哲学比西方哲学更为理性。

但是在中国,自古至今,宗教始终是存在的;信仰宗教的人数也非常多。许多人在宗教中求得爱:或上帝的爱,或菩萨的爱,或祖宗的爱。

应该说,宗教是人类精神生活的重要内容,人类的爱,许多体现于宗教之中。因此,从人类的精神需求来说,从人类对于爱的渴求来说,宗教问题是难以回避的。

在中国,需要以"人类之爱"这个人类共同的理念,在信教者与非信教者之间,在各种宗教之间、进行沟通与交流,共同组成和谐社会。

第五篇　爱，有科学依据吗？

哲学与科学，所面对的是同一个世界。哲学探求的是世界的整体，特别是人与世界的关系。科学则有许多学科，不同的学科探求世界的不同领域的真实与规律。对于世界的秘密，哲学家可以凭他的宏观观察、感悟与思索来寻求答案，而科学家必须对具体对象有特定的考察与实验手段，并且其结论要求有可靠的验证。

因此，科学结论往往在时间上落后于哲学思索。老子在两千多年前，提出："有物混成，先天地生。寂兮寥兮，独立而不改，周行而不殆，可以为天下母。吾不知其名，故强字之曰道。"(《道德经》)

他关于"道"的思索，与现代宇宙学家的结论十分接近。当然，现代宇宙学需要用高效率的天文仪器与先进的物理学原理来论证宇宙起源时的景象。

人类的爱，是一个很难用科学来阐述的人类生活中的重要问题。而中国与西方的哲学家、宗教家，却早在两千多年前，就已经对于人类的爱有深入的阐述。

尽管是这样，对于人类爱的科学探索仍然是十分必要的。只有将对人类爱的认识建立在科学的基础之上，才能使人们对于人类的爱，有更清晰的、确切的、合乎客观真实的理解。

本篇的介绍内容，主要参考《爱的一般理论》(*A General Theory of Love*，2000)。该书的作者是：Thomas Lewis，Fari Amini，Richard Lannon。三人分别是美国加州大学旧金山分校(UCSF)医学院的教授、副教授与助理教授。

爱的科学探索

人们对于爱的科学探索，大体经历以下几个阶段：

（一）科学无知阶段。

300多年前，法国数学家帕斯卡（Blaise Pascal ，1623—1662）写道："人心有理性，而理性对人心是无知的。"

他说的没有错。在19世纪以前，基本上，人类爱的问题没有真正进入科学研究的领域。尽管在哲学、宗教、诗歌、戏剧等方面，已经有许多关于爱的论述。

（二）从19世纪到20世纪前半叶阶段。

到19世纪后期，少数科学家试图对于人类爱进行科学解释。他们是奥地利心理学家、医生弗洛伊德（Sigmund Freud，1856—1939），美国心理学家、哲学家詹姆斯（William James，1842—1910），德国生理学家、心理学家冯特（Wilhelm Wundt，1832—1920）等。

他们之中，以弗洛伊德的学说影响最大。弗洛伊德将焦虑，过早发育、手淫，癔症等精神现象都归因于性生活的异常。他认为孩子与双亲的性生活的幻想，会导致孩子容易遭受性引诱等罪行。

但是一个世纪以来，在实际医疗中，并没有证明弗洛伊德学说的正确性。他的学说，猜想的成分很多，还只能认为是属于"前科学"。

由于缺乏对人类爱的真正的科学理解，社会上产生各种奇异的假设。例如认为孩子在阅读与写作上的落后，是对父母不与他们同床睡觉的报复。偏头痛与奸污幼女的行为有关，等等。

（三）20世纪后半叶阶段。

到20世纪下半叶，对于人类精神现象的研究，医学科学上有重要突破。

法国医生在寻找抗组胺药物（Antihistswmines）中，创制出精神抑制性药物（Antipsychotic medication）。一个澳大利亚人突然发现了锂能使好动的猪安静下来，因此而发明了控制躁狂症的药物。将这一类药物注射进人体，可以消除忧郁、焦虑、情绪波动等病症。这些现象都不是弗洛伊德学说能解释的。

一些新的学说出现了，但都不是很成功。如行为主义只观察人的行为，而较少考虑人的思想与期望；进化心理学一度照射出希望之光，但该学说将人类的友谊、仁慈、宗教、音乐、诗歌等都看成是幻想，因为它们并不具有生存竞争上的价值。

（四）爱的科学探索的新阶段。

《爱的一般理论》一书的作者，代表当代新一代的关于爱的研究者。他们主要是从神经科学（Neuroscience）的角度进行爱的研究，鉴于人类爱的复杂性，他们吸收了许多其他领域的研究成果，如：神经发育、进化理论、精神药理学、新生儿科学、实验心理学和计算机科学。

他们在研究方法上将对于人脑研究的经验方法和对于人心研究的直觉方法结合起来，由此获得丰硕的研究成果，使人们对于人类爱的认识，得到很大的提高。

以下几章将介绍他们的主要成果。

爱与人脑的组成

要揭露人类爱的谜，不能不了解爱是从哪里来的？

古代中国人认为，爱是从心产生的。"爱"这个汉字的繁体"愛"中，就有"心"字。西方人在日常生活中也认为，爱是从心产生的。在纽约买到的 T 恤衫，上面印着"I LOVE NY"的大字，而 LOVE 就画一颗红心来表示。

但是科学已经证明：爱是一种感情，而人的感情，并不是来自人的心脏，而是来自人的脑。

"脑的结构与设计能告诉我们关于爱的性质吗?"这个问题在 100 年前是提不出来的。而现在,脑生理学已经为我们揭露了许多关于爱的秘密。

一、脑由神经元组成

脑是由神经元(Neurons)组成的网络。神经元的基本功能是细胞间的信号传递。信号既有电子信号,又有化学信号。传递化学信号的分子是神经传递素(Neurotransmitters)。人们很难观察到电子传递改变人的精神的情况,但是每个人都能见到化学物质(通过改变化学信号)对人的精神的改变。例如,咖啡使人兴奋,酒精解除人的郁闷,百忧解(Prozac)减轻忧郁症与强迫症,LSD(Lysergsaure dethylamid,迷幻剂)引起幻觉等。任何化学物质,如它能模仿或阻拦神经传递素的活动,都会改变人的精神状态。

信号传递的功能,是使外界的信息(如野兽的侵犯)很快传递到神经中枢而迅速地作出反应。

亿万神经元组成人脑,而人脑决定了人类生活的各方面,包括人类的爱。

二、脑的三位一体(Triune)

生物进化是一个多因子同时发生影响的过程,是变化莫测的过程,充满了突发事件,有倒退,有妥协,有盲目性。人们通常将进化看成是渐进的,但美国古生物学家埃尔德雷奇(Nile Eldredge)和古尔德(Stephen Gould),在1972 年提出了间断平衡理论(the theory of punctuated equilibrium),证明这样的观点是错的。他们的研究证明,进化并不全都是渐进的。如果环境的改变很快,或出现了突变体,生物的变化会是爆发性的。

动物大脑发展到人类大脑的进化,就是间断平衡的产物。进化的机制并不符合逻辑性,而是决定于长期的生存竞争的需要。

麦克莱恩(Paul MacLean, 1913—2007)工作于美国精神卫生研究所。他的重要贡献是提出人脑的三位一体(Triune)学说。他提出:人脑由三个区别明显的亚脑(subbrain)组成。每一个亚脑是进化历史中不同的时期的产物。三个亚脑之间是有所交流的,但交流过程中有些信息会流失,因为不同亚脑的功能与化学组成是不同的。

三、爬行动物脑(Reptilian Brain,以下简称 RB)

三个亚脑中最古老的是爬行动物脑。它的神经元控制着呼吸、心跳、吞吐、捕食、人体的水分与盐分平衡等生理活动。一只青蛙见到蜻蜓时,能够迅速地捕住它,就是依靠 RB。

RB 在人脑中是存在的。对一个植物人来说,他的生命就依靠 RB 来维持。因此,对维持生命来说,RB 是最重要的。

RB 可以有最基本的攻击、保卫、求偶的功能,但 RB 没有感情的功能。

只依靠 RB,人与动物没有区别,一个人和其他人也没有区别。

因此,RB 并不能产生爱。

四、边缘系统脑(Limbic Brain,以下简称 LB)

1879 年,法国神经解剖学家布洛卡(Paul Broca,1824—1880)发表了他最重要的发现,即所有哺乳动物的脑中有一个共同的组织,他称之为 Great Limbic Lobe,大型的边缘裂片。这是一个边缘层,松软地包围着 RB。在它的光滑的曲面之下,有神经元组成的小装置,它们有一些奇怪的名称:海马体(hippocampus)、杏仁体(amygdala)、穹窿体(fornix),中隔(septum)、扣带回(cinulate gyrus)、海马旁回区 (perihippocampal region) 。

在一颗小行星撞击了地球,寒冷使恐龙灭绝之前,早期的哺乳动物已不再在体外产卵,而将幼小者放在温暖的母体内。其后的 6500 万年间,都是哺乳动物的时代。

哺乳动物与爬行动物有许多区别,例如哺乳动物可以调节自己的体温,具有毛发等。还有一个十分重要的区别是,在它们的头颅中,产生了一个全新的组织——边缘系统脑（LB）。

就是这个 LB，使哺乳动物对于幼小的后代有一种机能性的关注。而爬行动物对于后代，不但是分离的，并且是没有兴趣的。

哺乳动物承担起后代生存的责任，它们在后代尚未成熟前，养育后代，保护后代。哺乳动物有时牺牲自己生命，以保护后代。LB 使哺乳动物的母亲能为子女歌唱，当将她与子女分离时，她会哀叫。

哺乳动物会与同类玩耍，这是我们在猫或狗的生活中，经常见到的。

总之，在哺乳动物中，我们见到了人类爱的萌芽。人类的爱，是与 LB 的功能分不开的。

五、新皮层系统脑（Neocortex Brain，以下简称 NB）

脑的最新的组成部分是新皮层系统脑。在人类的脑中，这是三个亚脑中体积最大的一个。在进化早期的哺乳动物（如袋鼠）的脑中，只有很薄的一层 NB。狗和猫的 NB 稍有发展，猴子又有发展。到了人类，NB 在人脑中占有很大的空间。

人脑中的 NB 有两个层次，处于内层的是一个体积较大的，像厚的毛巾；处于外层的有许多皱纹，将人脑塞在头颅中。

关于 NB，科学家知道得还很少。但是已经知道它可以控制讲话、写作、计划、认知、意志等。所有人们的生活，例如：喝一杯咖啡，叫一辆出租车等，都依靠人的 NB 中几百万的神经元的连续性活动。

六、三位一体的内部关系

生物的进化使得人脑的三个亚脑并不是完全协调的，有时互相还会有矛盾。生活中经常经历理智与情感的冲突，就是这种不协调性的体现。

但是，三个亚脑也不是分隔得很清楚的，就像白天与黑夜并不是分隔得很清楚一样。对一个人来说，生理、情感与理智，这三个方面是互相有影响的。

人类的爱,基本上由 LB(边缘系统脑)所控制的,但是受 NB(新皮层系统脑)控制的人的理智,对于人类爱是有重要影响的,而人类的情感状况,也会对由 RB(爬行动物脑)控制的生理功能有影响。

总之,三位一体的人脑学说,对于理解人类爱,有十分重要的意义。

情感的意义

人类的爱基本上是一种情感活动(尽管是有理智参与的)。情感(emotion)有什么意义呢?情感在长时期的生物进化中是怎样形成的?对于情感的科学研究是理解人类爱所必需的。

一、情感的意义

公元一世纪时,锡拉丘兹国王亥厄洛二世要求阿基米德来判断:一个王冠是纯金的,还是假冒的。阿基米德脱去衣服后,走进洗澡池。他将王冠浸在水中,将王冠所替代的水量,和同样体积的纯金所替代的水量进行比较。两者不一致,就说明王冠是假冒的。

阿基米德从他的实验中总结出一条物理学原理:"一个物体在水中,受到被该物体所替代的同体积的水的浮力。"

这是人类历史上最早发现的物理定律——浮力定律。

这个故事的最重要之处,并不在于阿基米德的聪明才智,而在于阿基米德的热情。

希腊著名历史学家普鲁塔克(46—120 年)描写这个故事时说:阿基米德的仆人帮助他洗澡,按宗教仪式,在他身上抹油,但始终不能使阿基米德平静下来。他为他的科学发现,沉浸在莫大的兴奋和狂喜中。

因此,是阿基米德的热情,而不是他的聪明,将人类带进科学发现与发明的时代。阿基米德原理后面的真正原理是:多数人可能不懂他的数学公式,但是懂得他追求科学的精神。

这就是情感的意义。

高兴、渴望、忠诚与爱,这些人类的情感,使得世界五彩缤纷。即使是最枯燥乏味的人的抽象思维,也必须有情感的支持。

但是人类社会对于情感的作用往往低估,人们往往更重视理智、逻辑与分析。当然,理智可以使人致富,但是如果人类少了情感,人类就会失去幸福与快乐。

从阿基米德的故事可以理解,人类所有的科学发现与发明,实际上都离不开情感的推动。

因此,情感的重要性,是每个人和全社会都需要充分认识的。

二、情感研究的历史

对于情感进行研究的最早的科学家是达尔文。在他写出《物种起源》后,他又写出三本关于生物进化的著作,其中之一就是《人与动物的情感表达》(1872)。书中,达尔文将情感看成是生物进化性的适应能力,与其他的身体的变化(如动物的爪、臂、刺鳞,翅等),没有不同。

达尔文认为,情感的机能在动物进化中被保存下来,是因为它对动物的生存是有利的。

可惜的是,达尔文关于情感的进化论研究没有被后来的科学界充分重视。

20世纪开始时,在心理学中,行为主义占有统治地位;而在精神病学方面,精神分析方法是统治性的。这两个学科都使情感研究远离生物进化的历史

1960年后,有些研究者重新接受达尔文的观点,将情感看成是神经系统的进化产物。这方面的研究成果更新了关于人类精神、人类本性与人类爱的

现代研究。

三、情感表达的进化

动物的情感表达方式有悠久的进化历史。

20世纪70年代,两位情感科学家,Paul Eklman 和 Carroll Izard 经过分别的研究,证实了达尔文关于情感的进化理论:在人类的不同种族中,面部表情都是相同的。所有的人在高兴时,都会使嘴巴的两角上翘;所有人在吃惊时都会睁大眼睛。

Eklman 观察了在新几内亚获得的关于原始部落人的10万英尺的电影胶卷,他证明,新几内亚的原始人与美国现代人的面部表情完全相同。他也证明,原始人对于他人面部表情的认识,也与现代美国人相同,他们同样能辨认别人的高兴、愤怒、恐惧等表情。

Eklman 的工作表明,面部表情构成人类的一个复杂而精致的交流系统。人类通过面部表情获知他人的内在心理。

人类的面部表情是从动物进化而来的,也就是说,它是系统发育的产物。

Eklman 绘制出猴子的面部表情:愤怒、恐惧与喜欢。它们与人类的表情十分相似。

动物有表情,是否说明动物有感情呢? 当代一些情感科学家承认:动物是有感情的。

人们对于家中的狗或猫,以及它们对主人的感情表达一般是熟悉的。

从现代神经科学的研究成果来看,情感主要是由 LB(边缘系统脑)所控制,而 LB 是从哺乳动物就开始形成的。因此,哺乳动物具有初级的情感生活是可以理解的。

四、脑的构成与情感

从人脑的组成方面来认识情感的形成,已经在科学研究中有较多的进步。

前一章已经介绍,人脑是三位一体的,由三个亚脑组成,即:爬行动物脑(RB)、边缘系统脑(LB)与新皮层系统脑(NB)。

人的各种情感活动(高兴、愤怒、恐惧、相爱等),主要是由边缘系统脑(LB)所控制。而新皮层系统脑(NB)对于情感的交流是有重要作用的。

新皮层系统脑,控制着人的抽象思维,因此而产生语言。语言就是由一连串的抽象信号所组成。虽然情感由边缘系统脑(LB)所控制,但情感如果要通过语言来表达,又需要有新皮层系统脑(NB)的控制。

现代神经科学已经阐明,新皮层系统脑(NB)有左叶与右叶的分工。

新皮层系统脑(NB)的左叶,管辖着语言功能。在新皮层系统脑的左叶,存在两个语言中心,一是韦尼克区(Wennick's area),一是布洛卡区(Broca's area)。

韦尼克区将内在的含糊心思翻译成有一定意义的思想;而布洛卡区将思想翻译成一串字或词。韦尼克区受损后,听不懂别人对他说什么,但他能用语言表达自己;相反,布洛卡区受损者,不能够讲话,但他能理解他人的话。

新皮层系统脑的右叶,具有上述两个区的镜像区(mirror-image areas),而它们执行的是语言的情感内容。这两个区如果受损,就成为语言沟通障碍症(aprosodia)。人们就不能感受别人语言中的情感成分。

语言的语句是相同的,而其语调(prosody)不同,可能导致它的意思往往会很不相同。在语言中表达或辨认情感,是新皮层系统脑的右叶的功能。

从人脑的组成中,也可以理解,虽然人的情感主要受边缘系统脑(LB)所控制,但是情感的表达与感受都受新皮层系统脑(NB)的控制。

人类有高度发达的新皮层系统脑,这样的生理结构,使人类不仅有高度的理智与认知能力,并且是人类有比其他哺乳动物高得多的情感交流能力。

五、关于边缘系统共鸣(Limbic resonance)与调节(Limbic regulation)

婴儿是世界上最值得研究的无认知能力的哺乳动物。婴儿虽然没有认知能力,却有丰富的情感表达与辨认能力。婴儿对于母亲的面部表情能清楚地识别。婴儿对不熟悉的面孔或物件,往往会用更长时间来注视。婴儿对他母亲容貌与表情的感受是非常细致的,如果母亲的形象是在录像中,而不是真实的,会使他失望。

人的边缘系统脑(LB)是一种社会性的感受系统。人与人之间都会形成边缘系统的共鸣与调节。边缘系统共鸣使人类乐意与家人相处,乐意与朋友相处,使人类非常乐意与所爱的人相处。边缘系统的调节使人与人之间善于相处,缓解彼此的不和谐,促进相互之间的亲密关系。

边缘系统的共鸣与调节是人类之爱在神经系统中的生理基础。我们在人类生活的许多场合,如在节日时,人群的群体歌舞、朋友间的聚会、家庭的欢聚、情人的拥抱中,都会感受到这一人类的本性——边缘系统的共鸣与调节。

亲密关系的生理基础

人类的爱是人与人(或物)之间的亲密关系。这种亲密关系在高等哺乳动物中就存在,而在人类,表现得更突出。

究竟这种亲密关系对于动物与人有什么意义? 它们的生理基础是什么? 它们在人脑的神经机能上有什么依托? 这是本章要讨论的问题。

一、并非所有动物都有亲密关系

并不是所有动物都存在着个体间的亲密关系,事实上,大多数动物并没有这种关系。

同类相食动物(cannibalism),亲代吃食子代,从中得到营养。热带鱼往往吞食幼鱼。幼小鳄鱼的 90%,都被成年鳄鱼捕食。

从大多数动物这种同类相食的习性来看,人类(包括某些高等动物),在亲子之间的细心关爱,是值得我们惊奇的。这与它们脑中的边缘系统(Limbic system)的发育有关。

二、亲密关系对于婴儿生存的重要性

关于婴儿需要母亲关爱的问题,历史上有过几个著名的实验。

13世纪时,神圣罗马帝国皇帝腓特烈二世,想知道人类天生的语言是什么。他养育了一群儿童,不让他们的母亲与护士与他们说话,目的是想知道他们究竟会说什么语言,是希伯来语、希腊语、拉丁语,还是阿拉伯语?然而,孩子们在开口说任何语言之前,就死亡了。皇帝的实验表明:如果没有人对他们拍手、亲热、鼓励,孩子们就不能够活下来。

800年后即1940年,一个精神分析学家,Rene Spitz,描述了一群孤儿的遭遇。他们离开了母亲,生活在孤儿院中,饮食与衣着都很好,保持着温暖与清洁。但为防止病菌感染,没有人与他们玩耍和接近。Spize发现,孩子们普遍地体重减轻,变得退缩与病态。当时麻症流行,孤儿院外的儿童死亡率是0.5%,而孤儿院内的儿童死亡率高于75%。Spize又一次证明了:缺乏关爱、说话、玩耍等,对婴儿是致命的。

1950年,英国精神分析学家John Bowley,提出了关爱理论(attachment theory)。该理论指出,婴儿天生具有一种大脑系统,该系统依靠与母亲建立情感联系而感到安全。依靠这种联系,当婴儿受惊吓或受痛苦时,婴儿会寻找母亲的保护。

Bowley的学说与当时占主流地位的弗洛伊德学说与行为主义学说是不相容的,因此受到攻击。

但是后来的许多观察与实验证明,Bowley的学说是正确的。Bowley的学说,对于理解母爱是重要的。

根据以上事实,我们可以认识,人与人之间的各方面的亲密关系(伴侣间的、家庭间的,朋友间的,社会间的)对于人类生活都有重要意义。

三、不同母爱对于儿童成长的影响

母亲的关爱不仅影响婴儿的生存率,并且对儿童成长后的个性也有明显影响。

20 世纪 80 年代,发育心理学家 Mary Ainsworth 证明,不同的母爱培养出的孩子具有不同的个性。

她将母亲分为三类:一类母亲对孩子十分负责、关怀、温柔;二类母亲对待孩子冷淡、严厉;三类母亲对待孩子不专心,态度多变。

她观察的结果是:一类母亲的孩子将母亲看成是探索世界的安全港。当母亲离开他时,他就烦恼;而当母亲回到他身边时,他表现得特别高兴。

二类母亲的孩子,在母亲离开时,他并不在意;母亲回来时,他也不太留意。他偏向一种回避危险的性格。

三类母亲的孩子,表现出一种意志不定的性格。母亲在时,他依附母亲;母亲离开时,他会恸哭。

当他们长大后,不同的母爱养育的孩子会有不同的个性。

一类母亲的孩子,往往是乐观快乐的,欢喜社交活动,有竞争性;对他人有同情心,有较强的自主性。

二类母亲的孩子,往往变成难与人接近、沟通,对权威者有抗拒心;受到伤害时,不要求别人的安慰;喜欢侵扰其他孩子。

三类母亲的孩子往往比较胆小怕事,缺乏信心;渴望别人的关注与帮助。

Ainsworth 的研究使我们认识到母亲与孩子的相处关系的重要性。在婴儿时期的热忱而温柔的母爱,是对孩子最好的教育。

四、爱与情感的生理学基础

人与人之间的情感,会对人体的许多生理指标产生影响。

20 世纪 60—80 年代,美国哥伦比亚大学的发育心理生物学系的系主任和教授 Myron Hofer，通过对动物（如鼠）与人的研究，指出人（与哺乳动物）的情感会直接影响许多生理指标的变化。

他提出以下的对照表（1987）：

行为		生理	
减小		减小	
运动	发音	心跳	氧气消耗
社交活动	食物/水的获取	体温	REM（睡眠时眼球运动）
游戏	举止	生长激素	免疫力
增加		增加	
自我蜷缩	悲哀表情	睡觉惊醒	不正常心跳

上面的对照表充分说明：人的情感变化会直接导致一系列生理指标的变化。因此可以理解，人类的爱，不仅是心理或精神性的活动，也会伴随许多生理活动。

理性的人类之爱有利于身体健康，这是有科学根据的。当然，偏激的爱，如男女青年之间的过分迷恋，或沉浸于失恋情绪，也会有害于健康。

人的记忆与爱

并不是只有人类，才有记忆能力。鸽子能记得飞翔的路径；狗能记得自己的主人。但是在所有动物中，人类无疑有最强的记忆能力。

记忆将以往所见到过的人和所经历过的事，储存在脑中。在回忆时能将它们串联起来，虽然不可能完全正确，但是人的记忆能力提供了语言与思维的可能，极大地提高了人类的生存能力。

一、记忆是爱的必需

记忆在人类的情感生活中,也具有极为重要的意义。可以认为,没有记忆,就不可能有人类的爱。

婴儿和幼儿,如果没有对母亲的记忆,就不可能有对母亲的爱;青年男女之间,如果没有对对方的容貌、风度、谈吐、举止的记忆,就不可能有对对方的爱;父母如果不记得自己的子女,就不可能有对子女的爱。

即使是对家乡,对祖国,如果没有对家乡的山河景色、风俗习惯的记忆,没有对祖国的语言、历史的记忆,也不可能产生爱。

因此,人的记忆能力,是人类之爱的前提,也是各种人类之爱的必需。

二、记忆与海马体和新皮层

人脑之中,管辖记忆功能的组成部分,一是海马体(Hippocampus),二是新皮层。

海马体处在边缘系统脑的中部的一个内褶区,形成一弓形隆起,它由两个扇形部分所组成。

海马体的机能是主管近期记忆,有点像是计算机的内存,将几周内或几个月内的记忆保留下来。海马体在记忆的过程中,充当转换站的功能。当大脑中的神经元接收到各种知觉信息时,它们会把信息传递给海马体。假如海马体有所反应,神经元就会开始形成持久的网络,否则,脑部接收到的信息就会自动消逝无踪。

如果一个记忆片段,比如某一个人在短时间内被重复提及的话,海马体就会将其转存入大脑的新皮层系统,成为永久记忆。

存入海马体的信息如果一段时间没有被使用,形成的网络会自行消失,也就是被忘掉。存入大脑新皮层的信息,如果长时间不使用,大脑新皮层也会把这个信息给删除掉。

有个美国人,在 1985 年由于饮酒过度而使海马体受到损害。他始终记得美国总统是里根,他记得他妻子的名字。但是新发生的事、新遇见的人,他完全不记得了。

他既然失去记忆,为什么还能记得里根是总统,记得妻子的名字呢?这就说明:形成记忆的部位是海马体,而保存记忆的部分却在别处,在新皮层中。

三、关于记忆的新学说

现代科学提出了新的学说,人类存在两种记忆功能:一是明确性记忆(explicit memory);一是隐蔽性记忆(implicit memory)。

有一个海马体受损的病人,在他失去记忆前,他学会编织布带。失去记忆后,别人问他:是否知道怎样编织布带。他说:不知道。但是当有人交给他布料时,他毫不考虑地将它们编织成布带。

这个事实就说明,记忆有两种:明确性的和隐蔽性的。上面那个病人的明确性记忆是丧失了,但隐蔽性记忆还存在。

明确性记忆,也可以说是有意识的记忆。隐蔽性记忆,是一种无意识的记忆。

怎样做一件事?明确性记忆能够记住做这件事的步骤与方法;隐蔽性记忆完全不记得这些步骤和方法,但是却还是会做。

科学研究已经证明,明确性记忆是大脑的边缘系统中海马体的功能,而隐蔽性记忆则是大脑新皮层系统中某一部位的功能。

本书作者认为,上述结论有非常重要的意义。它说明,人类有强大的记忆功能,管辖记忆(明确性记忆)的主要部分是在人脑的边缘系统(LB),而边缘系统又是管辖情感的。有强大的记忆功能作为情感的支撑,使人类具有高度发达的情感能力。

而人类同时具有高度发达的新皮层系统,该系统即使人类具有强大的理智能力,又使人类能有持久而稳定的记忆功能(隐蔽性记忆)。

总之，人脑的三位一体结构，使人类同时具有强大的情感能力与理智能力，这是各种人类之爱的生理学基础。

四、隐蔽记忆的实验证实

心理学家做过许多实验，证明两种记忆的存在。

Barbara Knowtton 等三位科学家，开展一个实验，用简单的计算机模型来预测天气。他们要求让几个参与者观察计算机屏幕，屏幕上有不同形状的符号的不同排列。每个参与者将所观察到的图案记下来，又将各自预测的天气（下雨、天晴）记下来。计算机就告诉他们：他们的预测对或错。

经过 50 次测试，他们平均能够达到 75％的正确率。

当然，所有参与者完全不懂这些图案与天气变化之间有什么逻辑关系，（事实上也没有逻辑关系），他们只是凭他们的隐蔽性记忆功能来进行预测。

这种记忆，由于多次的反复，已经存在于隐蔽性记忆之中。

因此可以认为，明确性记忆要求所记忆的事物之间有一定的逻辑联系；而隐蔽性记忆并没有这种要求，它的功能就是记忆。

五、婴儿与幼儿的隐蔽性记忆

婴儿时期的记忆基本上是隐蔽性的。婴儿的记忆中有些是内生的，即生而就有的，与生俱来的。例如婴儿能记住他母亲的声音，而他不记得他父亲的声音。他对母亲声音的熟悉，是他在母亲子宫之中获得的。因此，婴儿最喜欢听到的就是他母亲的声音，而不是别人的声音。通过这种与生而来的记忆，婴儿表达了与母亲的亲密关系。

婴儿有令人惊奇的无意识的学习能力。几个月内，他能够理解母亲说话的意思；稍晚些，还能学着说话。

在幼儿的第一年内，隐蔽性记忆是他的全部学习的机制。

由于婴儿的记忆机制与成长的儿童不一样，因此，婴儿时所遇见的人或事,一般在他成长时,都不再记得。

六、人的记忆与人类爱

明确性记忆与人类爱的关系,在本章一开始时,已经谈到。

一对老年恩爱夫妻之间,他们一生互相关爱的情节,共同克服苦难、维持家庭、养育子女的经历,会永远留在他们的记忆之中。这一系列记忆,必将是他们终身爱情的基石。

关于隐蔽性记忆与人类爱的关系,是一个非常值得探讨的问题。

婴儿对母亲的依恋,是隐蔽性记忆的最好的例证。

男女青年之间的一见钟情,是古今中外小说与生活中常有的故事。"一见钟情"中,意识的成分往往不是主要的,而非意识的隐蔽性记忆,可能起着重要作用。

为什么世界各国的人都会爱自己的故乡,爱自己的国家,爱自己的民族,除了后天的教育之外,人们在婴儿与幼年就接触到家乡的山水、空气,接触到自己祖国和民族的语言与文化,这种与生俱来的非意识的情感与记忆,也是有重要影响的。

因此,对于人类的爱的来源,从明确性记忆与隐蔽性记忆这两个方面来理解,可能会更为确切与深刻。

七、情感与理智的相互作用

本章所述,有一个问题值得我们格外的重视:我们在日常生活中可以知道,记忆功能既与情感有关,也与理智有关。人类的各种爱,都与人类较强的记忆力分不开。而同时,记忆也是人类理智的十分重要的因素。人类各种知识的积累与传授(如学校中所做的),都不能离开记忆。

管辖明确性记忆的海马体,存在于管辖情感的边缘系统之中。由于人类有很强的记忆功能,由此可以理解,人脑的边缘系统(LB),尽管体积不是很大,但它的结构与功能,都是高度发达的。

管辖隐蔽性记忆的部分,又存在于管辖理智的新皮层系统之中。而人类与其他动物相比,有特别发达的新皮层系统。

以上事实都说明,人类同时具有高度的情感能力与理智能力,而情感和理智之间,又存在着密切的相互关系,两者是相互作用的。

本书前面几章已经告知,人的道德、意志等都是高度发达的情感与理智的综合产物。本书的主题——人类之爱,是高度发达的情感与理智的综合产物中最活跃的因素。

本篇各章,从科学的角度论证了情感与理智的密切关系。

小结:

本篇阐明人类之爱的科学依据,对于我们正确地、深入地理解人类之爱,有非常重要的意义。它说明了以下几个重要事实:

1. 它回答了人类心灵活动的本质与关系。

人类心灵活动究竟有哪几种?它们之间的关系是怎样的?这是西方哲学家长期探索与争论的问题。

古希腊时期,毕达哥拉斯认为灵魂分三部分,即理性、智慧和情欲。理性和智慧在脑,情欲在心脏。

柏拉图将人类心灵分为知性、情感、意志三部分。

休谟将人类的心灵活动区分为知性和情感两种,而人类的道德则是知性和情感两者所决定。

而休谟以后的许多重要的哲学家(如康德、黑格尔、马克思等)都没有将情感作为他们哲学的重要内容来论述。因此,在他们的哲学中,也没有专门的章节,来论述人类爱的问题。他们更重视人的理性认识,康德则重视道德(实践理性)的论述。

而从本篇所述的人类大脑组成的科学研究结果来看,休谟的观点是正确的。人类的心灵活动,基本上是情感与理智两个方面。人脑的边缘系统(LB)管辖人的情感;而人脑的皮层系统(NB)管辖人的理智。

意志、道德、爱等,都是情感和理智两者相结合的产物。

人类大脑中，并没有独立管辖意志或道德的组成部分。

2. 人类之爱是高等动物长期进化的产物，因此是天赋的。

进化论的现代研究已经充分证明，人类之爱，不仅是先天就有的，并且有非常久远的进化历史。在6500万年前的哺乳动物的大脑中，已经形成边缘系统脑(LB)，就有情感的形成。哺乳动物的母畜对于自己的幼畜，是有爱护的感情的。

当然，人类的爱并非仅仅是一种情感，而是情感和理智的综合产物。理智由人脑的新皮层系统(NB)所管辖，而新皮层系统是随着人类的进化而形成的，也已经有500多万年的历史。

从这方面讲，对于西方哲学中长期争论的"先验"问题，康德的观点是正确的。中国哲学中，孟子的"性善论"也是正确的。即，人类之爱是人的本性，是天赋的；当然，后天的教育等因素也是有重要影响的。

3. 人类的理智与情感都是高度发达的。

人类大脑有高度发达的管辖理智的新皮层系统(NB)，又有高度发达的管辖情感与记忆的边缘系统(LB)。而人类的理智与情感又是密切联系的，是相互作用的，因此，人类同时具有高度发达的理智与情感。

人类之爱，就是人类高度发达的情感与理智的综合产物。

本书第二篇中所述人类之爱的许多种类别，就是建立在人类高度发达的理智与情感相综合的基础之上。

4. 人类的理智、情感与生理三方面都是互相密切联系的。

人类大脑的"三位一体"学说告诉我们，大脑的三个部分(RB、LB、NB)是互相联系的。因此，人类的生理功能、情感功能和理智功能三方面，也是密切有联系的。

情感与理智的结合，是人类之爱的源泉。这是本书爱的哲学的基本出发点。

情感、理智与生理的结合，启示着人类保健和长寿的正确方向。维持理智的头脑、维持自爱与他爱相结合的心态，维持对于亲人、朋友、大众、祖国和人类的爱，是维护自身健康和争取长寿的重要的途径。

第六篇　宗教与爱有什么关系？

宗教的根基在于爱

一、宗教与人类生活

宗教是对全世界人类影响极大的一种文化生活。

根据《国际传教研究公报》的统计，到 1997 年，全世界宗教信仰者占总人口的比例是 81%。根据美国人口普查机构的调查显示，全世界的人口数在 2009 年 3 月 31 日时，已近 67.7 亿。以 80% 计算，全世界宗教信仰者的人数有 54 亿之多。

根据中国宗教白皮书——《1997 年中国的宗教信仰自由状况》，中国有各种宗教的信仰者一亿多人。

但事实上，中国的宗教信仰者的人数很难统计。原因是：

（一）中国人在历史传统上是信奉儒家为主，儒家是否是宗教（儒教）？学术界一直有不同见解。较合理的说法可能是：它是有宗教性质的哲学。儒家提倡对祖先的崇拜，对天的敬仰，都有一定的宗教性质。这种传统，即使在当代，仍然在社会上很有影响，

（二）中国人有许多民间信仰，例如对关公的敬拜，对妈祖的崇拜，对财神的祭拜，等等。这种信仰都与宗教信仰非常类似，却不一定被列入正规的宗教信徒之中。

近几年来，在中国，宗教信仰者又有加速增加的趋势。因此，即使在中国，这个以无神论占优势的国家，宗教信仰仍然是一个非常普遍的现象，是一个决不能忽视的社会问题。

17—19世纪，以哥白尼、牛顿、达尔文为代表的科学革命以来，对宗教信仰形成很大的冲击。但是，令人惊奇的是：宗教信仰并没有随着科学的进步而减少。一些世界级的大科学家，依然是信仰宗教的。

爱因斯坦就认为：宗教和科学之间有"牢固的依存性"，他的名言是："科学没有宗教就像瘸子，宗教没有科学就像瞎子。"他还说："宇宙宗教感情是科学研究的最强有力、最高尚的动机。"

美国是当代世界上科技最进步的国家，而美国每一个当选总统，都要用手按着圣经，面向上帝，进行就职宣誓。

可以认为，人类从原始时期开始，直到当代，宗教信仰始终紧密地伴随着人类；人类生活从来没有离开过宗教。

二、主要宗教的起源

为了理解宗教和人类爱的关系，有必要考察几种主要宗教的起源情况。

（一）基督教。

基督教是信仰耶稣基督为救主的宗教。它是天主教、新教、东正教的统称。目前基督教在全世界有约为21.4亿信徒，是世界上信徒最多的宗教。

基督教是从犹太教分裂出来的。犹太教认为他们心目中的救世主还没有降临；坚信自己是神的"特选子民"，神只拯救犹太民族。因此犹太教有一定的封闭性。

公元之初，住在巴勒斯坦地区的犹太人为罗马所征服。在罗马人的残酷压迫下，犹太人曾多次发动起义，但是都失败了；失败后遭到的是更残酷的镇压。

犹太人期待出现一个救世主,来拯救人们的苦难。他们在现实的斗争中遭到失败,只能从宗教中寻求出路。

基督教的创始人是耶稣,他 30 岁左右开始在巴勒斯坦地区传教。耶稣宣讲天国的福音,他的教导和所做的事,在民众中引起极大的反响。后来由于门徒犹大告密,罗马帝国驻该地的总督将耶稣逮捕。耶稣最后被钉在十字架上而死。

耶稣死后,他的门徒保罗等人积极宣讲耶稣的教导,传布耶稣死后复活的神迹,宣扬耶稣就是上帝派来的救世主基督;只要信耶稣基督,无论是谁,都可以得到拯救。这样的信念,比犹太教的信条更开放,因此吸引了大量信徒。

基督教的信徒愈来愈多,也逐渐得到中、上层人士的信仰,形成一股巨大势力。在公元 313 年,罗马皇帝君士坦丁颁布法令,给基督教会以合法地位。公元 380 年,罗马皇帝宣布基督教为罗马帝国国教。

（二）伊斯兰教。

伊斯兰教是世界主要宗教之一。其教徒人数将近 6 亿。"伊斯兰"是顺从的意思,其教徒称为"穆斯林"。

伊斯兰教于 7 世纪时起源于阿拉伯半岛。7 世纪初的阿拉伯半岛,自然条件十分艰苦,主要是游牧经济。

游牧部落之间连绵不绝的仇杀和战争,加速了部落宗教的解体。

同时,阿拉伯古典诗歌的普及,使阿拉伯人有了共同的语言,为阿拉伯人的民族意识提供了基础。

当时,拜占庭与波斯两大帝国为争夺商道在该地进行长期战争,使当地经济遭到严重破坏,人民遭受巨大灾难,人民将希望寄托于宗教。

在这样的社会背景下,穆罕默德创建了伊斯兰教。

穆罕默德（570—632）,出生在沙特阿拉伯麦加城。12 岁开始随伯父外出经商,对当时阿拉伯半岛的社会状况及多神教、犹太教和基督教等宗教状况有了较深的了解。

25 岁时,他受雇于一位麦加富孀,不久与她结婚。婚后他常到麦加郊区山洞中静思,思索宇宙的奥秘与人生的价值。

公元 610 年,他在山洞内接到了安拉(上帝)通过天使传达的启示,命令他作为人间的使者,传播伊斯兰教。

他公开号召麦加居民放弃偶像崇拜,归顺唯一的安拉。他主张限制高利贷、买卖公平、施济平民、善待孤儿、解放奴隶、制止血亲复仇、实现和平与安宁,吸引了一大批当地人的归顺。

阿拉伯民族原来的信仰比较混乱,信仰多种神灵。伊斯兰教使阿拉伯人最终摆脱多神教的信仰,接受一神论。

古老的闪米特族,分布在阿拉伯半岛以及现在的伊拉克、叙利亚等地。犹太人和阿拉伯人都属于闪族。

从伊斯兰教的信仰来说,它与犹太教、基督教都是属于闪米特族宗教;都以亚伯拉罕为他们的祖先;都宣称上帝是唯一造物主。

(三) 佛教。

佛教起源于古印度(天竺),于公元前 6 世纪由北天竺的迦毗罗卫国国王的长子悉达多·乔达摩所创立。

悉达多(公元前 565—前 485),大致与我国的孔子同时。因他是释迦族人,所以后来他的弟子又尊称他为释迦牟尼,意思为释迦的圣人。

佛教产生的当时,雅利安人自中亚细亚进入印度河流域,征服了土著民族,创立了种姓制度。种姓制度把人分为四等,掌握祭祀的僧侣为最高的社会阶层,奴隶是最低阶层。非雅利安人受着残酷的阶级压迫和民族压迫。这种不平等的种姓制度,导致社会动荡,生产下降,人民得不到温饱和安定。痛苦和无望成为当时普遍的社会情绪。

悉达多受到这种情绪的感染,不愿继承王位,而外出寻道。他闭居山林静坐。经过几年的冥思苦想,一天他坐在一棵菩提树下终于悟出了解脱苦难之道,便宣布自己成了佛。后来他到中天竺各地进行传教活动,组成僧侣集团,逐渐形成了佛教。到他死的时候,佛教在社会上已经有了一定的影响。

（四）道教。

中国道教形成于公元 2 世纪的东汉末年,道教创立的标志是张道陵在四川创立"五斗米道"和张角等在中原创立"太平道"。

汉代到公元 2 世纪开始走向衰败。驻守各地的将领们相互争战,天下大乱,水旱灾害不断,土地荒芜,饥民遍野。全国许多地方水灾和蝗灾,几十万户农民倾家荡产。这种状况使得社会矛盾极为尖锐,农民起义长年不断。

农民起义需要有信仰的号召。这一时期,民间流传着一部《太平经》,它宣扬一个人人平等的"太平盛世"即将到来。最早出现的《太平经》,由齐国人甘忠可编撰。该书预言:汉王朝即将灭亡,一个太平的社会,将要兴起。甘忠可因此被官府逮捕入狱。到了东汉末年,一部叫做《太平清领书》的《太平经》在民间出现。《太平清领书》继承了老子《道德经》的学说,认为"道"是宇宙的本源。它宣扬"天人合一",认为人的生、老、病、死,都同天体的变化相通。它宣扬人可以长生不死,得道成仙,并提出了一套修炼方法。《太平经》基本上构成后来道教的信仰体系。

三、各宗教的共同信仰——终极存在

西方宗教学家将各宗教的特征归纳为四个 C,即教义（Creed）、规范（Code）、仪式（Cult）、社团结构（Community）。不同宗教在这四个方面,差别是很大的。彼此的对立也非常严重。

从教义来说,闪米特的三大宗教,犹太教、基督教、伊斯兰教,都信仰唯一的神——上帝;而佛教的信仰是"空",道教的基本信仰是"道",空和道都是非人格的抽象的概念,而佛教、道教在仪式上又要求祭拜各种菩萨或神灵。这是基督教竭力反对的偶像崇拜。

基督教与伊斯兰教,虽然都属于闪米特宗教,也都信仰同一个上帝,但是他们信仰的经书不同。基督教信仰《圣经》,伊斯兰教信仰《古兰经》。他们信仰的救世主不同,基督教是耶稣基督,伊斯兰教是穆罕默德。又加上历史上长时期的民族矛盾,这两种宗教的极端势力的争斗,在今天已经构成了影响世界政治的重要矛盾。

但是,如果我们从各种宗教的信仰本质来考察,那么,它们又是非常相似的。

所有宗教都有一个共同的信仰,即终极存在。

什么是终极存在? 就是各宗教的最高的信仰对象。

终极存在可以区分为人格与非人格两大类。

人格的终极存在有:基督教、犹太教、伊斯兰教的上帝,印度教的雅赫维等。

非人格的终极存在有:佛教的"空"、"涅槃",道教的"道"等。

虽然有人格与非人格之分,它们的实质是一致的。其一致性在于:1. 它们都是宇宙或世界的最高主宰;2. 它们都是人类命运的最高主宰;3. 它们都是人类不能亲眼目睹的,而又是客观存在的;4. 它们都是人类不能完全认识,也不能完全表达的。

终极存在的概念,事实上不仅是宗教的,也是哲学的。哲学上的本体论,所讨论的也就是终极存在问题。现代科学正在寻求能解释宇宙间各种力的统一理论,也有终极存在的含义。

由于各种宗教都有同一的终极存在的信仰,这就为当代世界上正在开展的宗教间的广泛对话,提供了可能。

四、各宗教的共同根基——爱

各宗教之间,除了有共同的对于终极存在的信仰之外,还有一个共同的根基,那就是人类之爱。

我们在前文介绍了各主要宗教的起源。不同宗教有着非常类似的起源情况,那就是:

(一)主要宗教在它起源的地区,人民都遭受巨大的灾难,或是外族的侵略(如犹太人的土地遭受罗马帝国的占领,印度人的地区遭受雅利安人的入侵);或是专制王朝的衰败、战乱的频繁,造成人民陷入水深火热之中。

（二）在这样的社会背景下，人民渴望有救世主的出现，使他们从苦难中解救出来；也就是人民渴望得到救世主的关爱，就好像婴儿或儿童渴望得到父母的关爱一样。

（三）这时候有先知先觉者的出现（如耶稣、穆罕默德、释迦牟尼等），或有神示性、预言性的经典的出现（如《圣经》、《古兰经》、《太平经》等），就产生了宗教。这些先知们最重要的特征，就是热爱人类，热爱自己的信徒。先知者的使命，就是拯救人类和他们的信徒。

（四）各宗教对于信徒的最主要要求是：热爱他们所信仰的终极存在，如上帝、涅槃、天道等；同时也要热爱终极存在的代表者，如耶稣基督、穆罕默德、佛、菩萨、玉皇大帝等。

（五）各宗教都要求信徒自爱。宗教的各种戒律，都是对信徒自爱的要求；事实上，信徒们信仰宗教，都是从自爱出发的。要求得到拯救（基督教），要求得道成仙（道教），要求最终达到涅槃（佛教），都来自于自爱。

（六）各宗教都要求信徒从自爱出发，达到互爱。也就是要关爱他人，关爱邻居，关爱大众。

西方宗教学家森谷塔说："上帝在本质上是爱。"

这句话说出各宗教的共同本质。爱是各宗教的共同根基。

基督教中的爱

以下几章将分别介绍各主要宗教的教义中的爱的内涵。虽然各宗教都以爱为根基，但是，不同宗教有不同的爱的重点。

各宗教的爱的内涵，主要依据该宗教的主要经书。

从基督教的《圣经》来考察，基督教的爱的重点是：

1. 神爱（即上帝的爱）；

2. 爱上帝；

3. 爱邻居(也即爱他人)。

现分述如下：

引用《圣经》的部分，采用简称：

约＝约翰福音；约一＝约翰一书；腓＝腓立比福音；彼后＝彼得后书；加＝加拉太书；林前＝哥林多前书；弗＝以弗所书；箴＝箴言；启＝启示录；太＝马太福音；罗＝罗马书；来＝希伯来书。

一、"神爱"

"他已将又宝贵又极大的应许赐给我们。"(彼后 1：4)

耶稣说："我留下平安给你们，我将我的平安赐给你们。我所赐的，不像世人所赐的。你们心里不要忧愁，也不要胆怯。"(约14：27)

"应当一无挂虑，只要凡事藉着祷告、祈求和感谢，将你们所要的告诉上帝，上帝所赐出人意外的平安，必在基督耶稣里保守你们的心怀意念。"(腓4：6,7)

"圣灵所结的果子就是仁爱、喜乐、和平、忍耐、恩慈、良善、信实、温柔、节制。"(加 5：22—23)

"看哪！上帝的帐幕在人间。他要与人同住，他们要作他的子民；上帝要亲自与他们同在。作他们的上帝，上帝要擦去他们一切的眼泪；不再有死亡，也不再有悲哀、哭号、疼痛，因为以前的事都过去了。"(启21：3,4)

"神爱"，就是上帝对人类的爱。这是基督教中最主要的信念。耶稣基督是上帝派到人间的儿子，或代表。欧洲中世纪宗教哲学家奥古斯丁提出的"三位一体"，就是：圣父(上帝)、圣子(基督耶稣)和圣灵，三者是一体的。意思是：耶稣的所作所为，他所作出的牺牲(钉上十字架)，都体现着上帝对人类的爱。

二、爱上帝

"耶稣对他说：'你要尽心、尽性、尽意，爱主你的上帝。……其次也相

249

仿,就是要爱人如己。这两条诚命是律法和先知一切道理的总纲。'"(太22:37—40)

"你务要至死忠心,我就赐给你那生命的冠冕。"(启2:10)

"你们当以基督耶稣的心为心。""使你们无可指摘,诚实无伪,在这弯曲悖谬的世代,作上帝无瑕疵的儿女。你们显在这世代中,好像明光照耀。"(腓2:5,15)

"自从造天地以来,上帝的永能和神性是明明可知的,虽是眼不能见,但借着所造之物就可以晓得,叫人无可推诿。"(罗1:20)

"人非有信,就不能得上帝的喜悦;因为到上帝面前来的人,必须信有上帝,且信他赏赐那寻求他的人。"(来11:6)

"你看父赐给我们是何等的慈爱,使我们得称为上帝的儿女;我们也真是他的儿女。……但我们知道,主若显现,我们……必得见他的真体。凡向他有这指望的,就洁净自己,像他洁净一样。"(约一3:1—3)

人民对于上帝,应有三种关系,即:信(信仰)、望(期望)、爱(热爱)。奥古斯丁和阿奎那都指出,这三者之中,爱是最重要的。如果没有从内心的热爱,就不可能有真正的信仰和期望。当然,信仰上帝和期望上帝,对于人民从内心产生对上帝的爱,也是必不可少的条件。

三、爱他人

"所以,无论何事,你们愿意人怎样待你们,你们也要怎样待人。"(太7:12)

"你们饶恕人的过犯,你们的天父也必饶恕你们的过犯。"(太6:14,15)

"你的仇敌若饿了,就给他吃;若渴了,就给他喝.因为你这样行,就是把炭火堆在他的头上,你不可为恶所胜,反要以善胜恶。"(罗12:20,21)

"只要存心谦卑,各人看别人比自己强。"(腓2:3)

"爱是恒久忍耐,又有恩慈;爱是不嫉妒,爱是不自夸,不张狂,不做害羞的事,不求自己的益处,不轻易发怒,不计算人的恶,不喜欢不义,只喜欢真理:凡事包容,凡事相信,凡事盼望,凡事忍耐。爱是永不止息。"(林前13:4—8)

"凡事谦虚、温柔、忍耐,用爱心互相宽容,用和平彼此联络,竭力保守圣灵所赐合而为一的心。""惟用爱心说诚实话,凡事长进,连于元首基督。"(弗4：2,3,15)

"有施散的,却更增添;有吝惜过度的,反致穷乏;好施舍的,必得丰裕;滋润人的,必得滋润。"(箴11：24,25)

"与喜乐的人要同乐,与哀哭的人要同哭。"(罗12：15)

上面"爱上帝"一节所引用的第一句话:"爱主你的上帝"和"爱人如己"这两条,是基督教"一切道理的总纲"。

因此,爱上帝,必须与爱他人相结合。这是基督教的最基本信条。

基督教积极宣扬应当关爱他人,特别是关爱最需要帮助的贫困人群。这是基督教对于社会和谐所做出的重要贡献。当代西方国家的慈善事业,基本上都是基督教教会或信徒所推动的。

在当代中国,基督教的信徒,同样对于社会慈善事业,对于帮助与关爱他人,做着默默的贡献。这是值得执政党与政府充分肯定的。

伊斯兰教中的爱

伊斯兰教的经典《古兰经》反复强调的思想是"信主行善"。

所谓"信主",就是要信任真主,热爱真主。

所谓"行善",就是要热爱他人,热爱大众。

这两条的要点,与基督教"一切道理的总纲",即:"爱上帝"和"爱人如己"这两条,是十分相似的。

一、热爱真主

伊斯兰教与基督教信仰上帝一样,只信奉一个神,即真主。

它要求信徒们相信：真主是全知全能的。

它告诫信徒们只向真主祈祷，而不要相信别的神灵。

以下是《古兰经》中的有关教诲：

宗教绝无强迫，正邪确已分明。谁不信恶魔而信真主，谁确已把握住坚实的、绝不断折的把柄。真主是全聪的，是全知的。（2：256）

他们只祈祷真主，不祈祷别的神灵；他们不违背真主的禁令而杀人，除非由于偿命；他们也不通奸。谁犯此类罪恶，谁遭惩罚；复活日要受加倍的刑法，而受辱地永居其中。（25：68—69）

正义是信仰真主、末日、天使、先知。（2：217）

不信主者，他们的善功比如一堆灰……（14：18）

二、仁爱，热爱大众

伊斯兰教积极提倡仁爱，即对大众的爱。它告诫信徒：对父母要孝敬，对近亲要友善，对邻居要和睦，对贫困人民要富有同情，给予救济，即使对于奴隶和仆人，也要宽厚。《古兰经》中对于仁爱待人，有许多教导，如：

孝敬父母、善待近亲、和睦邻里、怜恤孤儿、救济贫民、款待旅客、宽待奴仆。（8：60,29：69）

谁具有三种美德，真主就用荫影掩护他，让他进乐园，慈爱弱者，孝敬父母，善待下属。（2：177）

善行需要行善者作出牺牲，同自我做斗争，只要坚忍，持之以恒，具有舍己为人的高尚情操，真主必不使行善者徒劳无酬。（11：115,59：9）

应当以自己的善行对待他人的恶意，以明智宽恕的态度忍受他人的无端伤害。（41：34,64：14）

他是一个信道而且行善，并以坚忍相勉，以慈悯相助者。这等人是幸福的。（57：7,64：16,17：23—24,4：36）

把心爱的财物施与近亲、孤儿、穷人、流氓、乞丐；解放奴隶，谨守拜功，缴纳天课，履行约言。（2：177）

你当以善待人，像真主以善待你一样。（28：77）

信道而且行善者，是乐园的居民。（2：82）

三、宽容待人

热爱大众的一个重要原则是：要宽容对人。

伊斯兰教要求对于别人的错误，要给予原谅。对别人的恶习，要给以劝导。

人与人之间难免会产生分歧，伊斯兰教要求以和睦代替分歧。

《古兰经》中相关的教导是：

你要原谅，要劝导，要避开愚人。（7：199）

善恶不是一样的。你们应当以最优美的品行去对付恶劣的品行，那么，与你相仇者，忽然间会变得亲如密友。（41：34）

消除人们之间的分歧，代之以和睦。（41：34,64：14）

应当以自己的善行对待他人的恶意，以明智宽恕的态度忍受他人的无端伤害。（11：115,59：9）

四、维护正义

维护正义与公正，是热爱大众所必须遵循的原则。因为在许多情况下，人民大众最需要的就是正义与公正。

《古兰经》中的教导是：

信道的人们啊！你们当维护公道，当为真主而作证，即使不利于你们自身，和父母和至亲。无论被证的人，是富足的，还是贫穷的，你们都应当秉公作证；真主是最宜于关切富翁和贫民的。你们不要顺从私欲，以致偏私。如果你们歪曲事实，或拒绝作证，那末，真主确是彻知你们的行为的。（4：135）

你们当为正义和敬畏而互助，不要为罪恶和横暴而互助。（5：2）。

五、戒除恶行

尽管真主教导人们要做善事，要和睦相爱；但是人心有自私与邪恶的一面，难免有人会做出一些恶行，甚至罪行。

恶行和罪行都是与"信主行善"的伊斯兰教的基本教导完全背道而驰的，是完全违反人类爱的天性的。

《古兰经》中关于反对恶行与罪行，有许多教诲，如：

信道的人们啊！你们应当全体入在和平教中，不要跟随恶魔的步伐，他确是你们的明敌。(2：208)

与真主缔约，然后加以破坏的，断绝真主命人连结者的，在地方上进破坏的，这等人将被诅咒，将吃后世的恶果。(13：25)

总之，伊斯兰教关于爱的教导与基督教是很相似的。

根据美国著名宗教学家 L. 斯维德勒(L. Swidler)在《全球对话的时代》一书中的论述。这两种宗教有许多共通之处，主要是：

1. 它们都来自同一个希伯来人之根，亚伯拉罕是他们共同的祖先。

2. 它们都属于闪米特宗教，都是一神教，都信仰唯一的造物主：基督教是上帝；伊斯兰教是真主。

3. 它们都是启示性宗教，都相信上帝通过一个特殊人物(基督教是耶稣，伊斯兰教是穆罕默德)，让他降临人世，将上帝/真主的意志传播到人间。

由于有这许多共同点，这两种宗教关于人类爱的教导(基督教：爱上帝，爱邻居；伊斯兰教：信主，行善)，是十分一致的。

当代世界，由于复杂的历史原因，在信仰伊斯兰教的阿拉伯人民与信仰基督教或犹太教的人民之间，存在着尖锐的矛盾。我们相信，在这三种宗教具有相同的对于人类爱的信念的前提下，这类非本质性的矛盾终将得到和缓与化解。

佛教中的爱

在当代世界三大宗教中,如果说,基督教和伊斯兰教,在信仰上有许多相同或相似之处,那么佛教是与它们很不相同的宗教。尽管上面已经谈到,三大宗教,都有"终极存在"的共同的信念,也都以爱为共同根基。

佛教的起源已见本篇第一章,本章主要介绍佛教教义中所包含的爱的因素。由于佛教的经书甚多,我们将以内容为主,而不以经文为主。

一、佛教的"涅槃"与爱

佛教的最高境界是"涅槃",或者说,佛教徒所爱的最高目标是"涅槃"。

究竟什么是"涅槃"呢?

"涅槃"是印度梵文 Nirvana 的音译。它的原意是指火的熄灭或风的吹散,后成为印度古代宗教的通用术语;意译为"灭"、"圆寂"、"安乐"、"解脱"等,用以指宗教修行所达到的最高境界。

佛教中对涅槃有许多不同的理解(约有 60 多种)。印度本土的小乘佛教对涅槃的理解,是超越时空、超越世俗世界、超越一切苦乐的一种不可言说的实在。如果人有彻底的觉悟,那么,人在死亡时,可以摆脱佛教所说的轮回(转世为另外的人,或动物),就进入涅槃。释迦牟尼死亡时,就称为涅槃。

流传到中国后形成的大乘佛教对涅槃有较积极的理解。它认为,涅槃有四种品德,即是"常、乐、我、净",即:恒常、快乐、自在、清净的存在,称为"涅槃四德"。那么,在人生存的期间,只要能达到这四德,也就是能从各种烦恼、欲望中解脱出来,对于生与死有彻底的觉悟,也就达到了涅槃的境界。

应该说,涅槃就是佛教的终极存在,是一种超越时空、超越生死的最高存在。

根据小乘佛教的理解,如果有真正的觉悟,人的死亡就是涅槃。这是一种相当深刻的人生哲学。人死亡后,事实上是回归大自然,与大自然融为一体。而大自然是永恒的存在,是没有任何人的烦恼与痛苦的存在。

即使如大乘佛教的理解,涅槃也是一种积极乐观的人生观,人在生前就能进入恒常、清净而快乐的状态。

佛教对涅槃的追求,是一种对于"本体"的爱。在人类的各种爱之中,应该说是最高层次的爱。

二、佛教的佛、菩萨、普度众生与爱

佛教有四圣道的学说,所谓四圣道是:佛,菩萨,缘觉,声闻。

按佛教的理解,佛是佛教修行之最高成就,是完全的、全知的觉悟者。

释迦牟尼佛是人间世界的教主,阿弥陀佛是西方极乐世界的教主。虽然,佛教认为人人经过持久的修行,都有可能成为佛,但那还不是现实的。现实历史中,释迦牟尼是人间世界唯一的佛。而阿弥陀佛则是极乐世界唯一的佛。

菩萨与佛不同,不是全知的,梵文是 Bodhisattva,意思是有觉悟的众生(或有感情的众生)。所谓有觉悟,包括自觉和觉他两层意思。就是说,菩萨既是已经"觉悟的众生",又以觉悟他人为己任。

自觉,是对自己的爱。觉他,是对他人的爱。因此,"自觉"、"觉他",与基督教的"自爱"、"爱人"的思想是十分相似的。

菩萨的含义也可以理解成:"普度众生"。普度众生是佛教的根本宗旨,普度众生就是要求对大众的热爱与解救。

声闻、缘觉,则是四圣道中的最后两者。他们是尚未觉悟的众生,他们只有自觉,而没有"觉他",也就是没有对他人的爱。

佛教以佛与菩萨作为佛教徒修行的最高目标和榜样。既然佛与菩萨都是"自觉、觉他"、"普度众生",因此佛教明白地教导人们,应当做到爱自己、爱他人,还要广爱大众。

由此能理解,爱是佛教思想的核心内容。

传到中国的大乘佛教有四大菩萨,即:文殊菩萨、普贤菩萨、观音菩萨、地藏菩萨。

文殊菩萨是智慧的化身,在中国山西五台山有文殊菩萨的道场。

普贤菩萨是贤德的代表,他的道场在四川的峨眉山。

观音菩萨是佛教慈悲救世精神的象征,在中国受到广大群众的爱戴。印度佛教中菩萨的形象都是中性的。观音菩萨传入我国后,人们赋予她女性的形象,她的救苦情怀与人世间母亲疼爱子女的慈悲之心一脉相承。观音菩萨的道场在浙江普陀山。

地藏菩萨关注大众的幸福。他发愿:"担荷一切艰难苦行,满足人们的生活需要,令大地五谷丰登,万物茂盛,除去众生疾病,度尽地狱众生。"他宣言"地狱不空,誓不成佛。"因此,地藏菩萨也是人类之爱的象征,道场在安徽九华山。

三、佛教的道德戒规与爱

各种佛经中,都有许多佛教的戒规,这些戒规实际上就是佛教的道德要求。主要是:

1. 五戒。即:不杀生、不偷盗、不邪淫、不妄语、不饮酒。

2. 十善。即:不杀生、不偷盗、不邪淫、不妄语、不两舌、不恶口、不绮语、不贪、不瞋、不邪见。

3. 四摄。

布施:对贫困大众施予恩惠;

爱语:对大众善言开导;

利行:作有利于大众之事;

同事:与大众同处,对他们进行教化。

4. 四无量(无量是不限量)。

慈:无量地对大众给予慈爱;

悲：无量地消除大众的悲痛；

喜：无量地为大众的功德而欢喜；

舍：无量地舍去自身利益，而为大众谋利益。

5. 六度（六度是指：从生死轮回之此岸抵达涅槃寂静之彼岸的六种修行途径）。

六度即：布施、持戒、忍辱、精进、禅定和智慧。这是修行的一个渐进的过程。首先要从乐于布施开始，在布施中要遵守各种戒规，要忍受各种屈辱，从而可以有精良的进展，然后需要坐禅静思，而得到大彻大悟，得到智慧。

六度的基本精神是要将爱人与爱己相结合，或从爱人出发，而达到自己的根本性觉悟，这是真正的爱己。

四、佛教的不杀生与自然之爱

佛教教义中有一条独特的原则是不杀生。

不杀生，被列为佛教的五戒与十善之首，可见佛教对于不杀生原则的重视。

在佛经上，对不杀生的教规也有许多阐述，如：

《大乘入楞伽经》卷六："凡杀生者多为人食，人若不食，亦无杀事，是故食肉与杀同罪。"

《梵网经》说："一切菩萨不得食一切众生肉。"

佛教传到中国后，中国的佛教僧侣们，包括许多在家的佛教徒，普遍遵循这条教规，只吃素食，拒食荤食。素食成为佛教信仰者的重要标志。

不杀生的原则，在其他宗教都没有强调，在现实生活中也难以推行。那么，这条原则有它的伦理价值吗？

这个问题，到 20 世纪，法国思想家阿尔贝特·施韦泽（1875—1965）发表了《敬畏生命》的名著，才得到世界各国思想界，以及生态学家、环境学家的广泛重视。

他将伦理学的范围从人类内部扩大到整个生命界，成为世界环境保护运动的指导方针。他于 1954 年获得诺贝尔和平奖。

《敬畏生命》一书提出的理念是：人类不仅要对人的生命，还必须对一切生物和动物的生命，保持敬畏的态度。保持生命，促进生命，就是善；毁灭生命，压制生命，就是恶。这是道德的根本法则。

施韦泽对于佛教的"不杀生"原则，给予高度评价。

他指出："不杀生不是目的本身，它必须从属于更高的目标，这就是'人道'、'爱'和'同情'。敬畏生命本身就包含这些德行：爱、奉献、同情、同乐和共同追求。"

这与佛教的思想是一致的，佛教同样认为：不杀生并不是目的，而是培养慈悲意识的手段。

在现实生活中，人类难以做到完全不杀生。在满足人类生活所必须的前提下，人类有可能做到尽最大可能保护地球上的生物物种，保护自然生态环境。

从人类爱的角度看，佛教的"不杀生"，是将人类之爱扩大到自然界，扩大到其他生命，这是佛教对于人类之爱的独特贡献。

道教中的爱

道教是产生于中国的宗教，在世界上影响并不大。但是在中国历史上却有很大影响，至今中国还有许多道教庙宇。要了解中国的历史与文化，必须了解道教。

与其他宗教相比，道教的信仰系统颇为庞杂。它有一个多达 10 个等级的神仙谱系。

道教的最高神是玉皇大帝。位于高层有三清和四御。三清是：元始天尊、灵宝天尊、道德天尊。四御是：昊天玉皇大帝、中天紫微北极大帝、勾陈上宫天皇大帝、后土皇地祇。

道教的经典也很多，老子的《道德经》是道教的圣典。汉代有《太平经》、《老子想尔注》、《周易参同契》。其他重要经典有：《阴符经》、《度人经》、《清静经》、《玉皇经》、《三官经》、《北斗经》、《太上感应篇》等。历代都有《道藏》，汇集道教的经典。

道教的思想体系也较混杂，它综合了《易经》、老子、庄子、儒家、阴阳家等各种思想。

从人类之爱的角度来考察，道教有以下几个基本信仰。

一、长生成仙与自我之爱

虽然老子的《道德经》中，以"道"作为宇宙的根本（"道生一，一生二、二生三，三生万物"），但对于一般信徒来说，"道"的概念是抽象的，他们需要有形象化的崇拜对象。因此，玉皇大帝（最高神）就是"道"的代表或象征。

道教信徒们修养的目标，是长生不老，成为神仙。

这是在世界各种宗教中非常独特的信仰。应当说，也是一种积极的人生追求。

基督教的要旨是：人有原罪，在得到基督的救援后，可以赦免罪行，而进天国。

佛教的要旨是：人间太痛苦，应信仰佛祖，彻底觉悟，而达到涅槃。

它们都将最高的幸福寄托于人的生命结束之后；而道教不同，它要在现实的人生中追求长生，成为神仙。

中国的主要哲学——儒学，也完全是入世的，而不是出世的。儒学是寻求自身的道德修养，谋求人间社会的和谐。道教则着重寻求个人的幸福，即长生成仙。

儒道的结合，成就了中国历代许多人（特别是士大夫）的人生目标。中国两千多年的灿烂文化，与这两种思想体系是分不开的。

应该说：道教的长生与成仙的思想，是一种积极的自我之爱。

在人类之爱的体系中，自爱（不是自私），应该是各种爱的基础。真正地爱自己,就会爱家庭、爱他人、爱祖国、爱事业……

尽管成仙是一种难以实现的想象,但是,长寿或长生(不是永生)是完全可能的;在思想意境上保持积极乐观,似同成仙,也是可能的。

我们需要领悟道教思想的积极因素。

二、"以德养生"与大众之爱

道教的思想并不是只要自爱,而不考虑对他人之爱。它的"以德养生"思想,就是以对大众之爱,来达到自爱。

《道德经》说:"道生之,德畜之,物形之,势成之,是以万物莫不尊道而贵德。"

道教的最高信仰是"道",万物都是"道"所生的,而万物又需要用"德"来养育。"尊道贵德"是道教的基本教义。

道教的人生目标是长生成仙,而要达到长生成仙,必须有德行。以德行来养育"长生"。这就是"以德养生"的含义。

道教经典《墉城集仙录》中说:"长生之本,惟善为基。"做善事是长生的根本。

道教在德行与为善方面,大量吸收了儒家的教诲。例如道教经典《太上洞玄灵宝智慧罪根上品大戒经》要求人们:

与人君言,则惠于国;与人父言,则慈于子;与人师言,则爱于众;与人兄言,则悌于行;与人臣言,则忠于君;与人子言,则孝于亲;与人友言,则信于交;与人妇言,则贞于夫;与人夫言,则和于室;与人弟子言,则恭于礼。

意思是:做君王的,应关爱国家;做父母的,应慈爱子女;做老师的,应爱护学生;做兄长的,应友爱弟妹;做官员的,应忠爱君王;做子女的,应孝爱父母;做朋友的,应有信义;做妻子的,应贞爱丈夫;做丈夫的,应亲爱妻子;做弟妹的,应敬爱兄长。

道教经典《度人经》说:"仙道贵生,无量度人。"

意思是:成仙之道,在于尊重生命,在于尽一切可能去帮助大众。

明代道学思想家吕叔简说："仁可长寿，德可延年，养德尤养生之第一要也。"

道教经典《西升经》指出："道以无为上，德以仁为主。"

以上论述都说明：道教是以德行作为自我养生的首要条件。而所谓"德"，就是"仁爱"，即对大众、对他人的爱。

总之，道教的思想是：以爱人来达到自爱的目的。将自爱与他爱密切结合。

三、"道法自然"与自然之爱

《道德经》是道教的圣典，是道教理念的最高来源。

《道德经》的教导是："人法地，地法天，天法道，道法自然。"（《老子·二十五章》）

"道法自然"的意思是：道是宇宙的最高法则，而道的形成，又是来自大自然。大自然是宇宙的永恒存在，而道就是大自然的内在本质或基本运行规则。

这样的思想，事实上和现代自然科学的理念是一致的。自然科学的研究对象就是大自然，自然科学所要探求的就是大自然运行的基本规律（即老子所说的"道"）。

"道"不是凭空产生的，它是依存于大自然之中的。因此，也可以说，大自然是"道"的母亲，当然也是自然万物的母亲。

道教遵循"道法自然"的思想，因此，道教是热爱自然的。

道教经典《度人经》说："仙道贵生"，意思就是：道教重视一切生命，尊重一切生命。

道教出于"长生成仙"的人生目标，必然会有建造人间仙境"洞天福地"的理想与实践。历代道教都在这方面作出努力，形成了许多名观胜境，如道教著名的十大洞天、五岳仙境，等等。山东青岛的崂山、湖北的武当山、江西的三清山、四川的成都西部的大邑鹤鸣山、都江堰青城山，等等，都是道教的著名胜地。到这些胜地去游览,你不能不感叹道教对于祖国山河保护之功绩。同时也能领悟到道教的伟大的对自然之爱。

当代世界各国都在关注地球生态和环境的保护。人类对自己唯一的家园,由于以往只知道开发、利用,不重视保护,已经付出了沉重的代价。

在这样的大背景下,道教的热爱自然的理念,是值得我们重视的。

小结

从以上各章所介绍的各种宗教的教义来看,世界上几种主要宗教,虽然在信仰的具体对象上,在经书上,是有许多不同。但是它们也有许多相同之处。

最主要的相同之处是两个方面:

一是它们都有共同的终极存在的信仰,并且都要求信徒们信仰并热爱终极存在。

二是它们都有共同的关于爱的教义,即:自爱与爱人相结合。

总之,爱是世界各种宗教的共同根基。

第七篇 爱是一门哲学

本篇将在以上各篇的基础上,全面地论述爱的哲学的诸方面,包括:爱的特征综述,爱的哲学的本体论、认识论、价值论、审美论,并综述爱与真、善、美的关系,从而构建爱的哲学体系。

爱的基本特征

本章将前面几篇中关于爱的基本特征,归纳如下。

一、爱是感情与理智的综合,是人类的高级心灵活动

在本书第五篇中,我们介绍了人类的大脑构成中的"三位一体",即人类大脑由三部分组成:爬行动物脑(RB);边缘系统脑(LB);新皮层系统脑(NB)。

大脑的分工是:RB 管辖人的生理活动(如心跳、呼吸等);LB 管辖人的情感活动;NB 管辖人的智力活动。

科学证明,管辖记忆的海马体是在边缘系统之中,而人类的记忆功能比其他动物都要强大,这就说明,人的大脑边缘系统(LB)比其他动物更发达。

人类大脑的新皮层系统(NB),比高等动物(如猿类)要发达得多。

人类大脑功能的最大特征就是高度发达的 LB 与 NB 两部分的相互作用,也即高度发达的感情能力与理智能力的相互作用。

人的精神活动中,许多因素,如意志、道德、审美等都是情感与理智相互作用的产物;而人类的爱,是人类精神活动中最活跃、最强烈的因素,是人类的高级心灵活动,它也是情感与理智的综合产物。

二、爱是人类的最高本质

所谓人类的本质,就是人类有别于其他高等动物的特征。

19 世纪时,德国哲学家费尔巴哈提出:爱是人类的本质。

他说:"如果人的本质是所认为的至高本质,那么,在实践上,最高和最首要的基则,也必须是人对人的爱。"(《费尔巴哈哲学著作选集》)

20 世纪,德国哲学家弗罗姆提出类似的观点。

他说:"对人类存在的问题的真正全面的回答是在于人际和谐,在于彼此之间的融合,在于爱。"(《爱之艺术》)

从当代科学研究的结果来看,他们的观点是正确的。

由于人类与高等动物在大脑构成上最大的区别就是新皮层系统(NB)与边缘系统(LB)的发达程度。发达的新皮层系统使人类具有动物界最高的理智;而发达的边缘系统中海马体所具有的强大记忆功能,又使人类有高度发达的情感。

人类的理智使人懂得,必须结合成群体,才能在严酷的自然环境中,在与野兽的斗争中生存。人类的情感是人与自己的亲人、与群体中的其他人有浓烈的亲密感。

在人类高度发达的情感与理智的双重作用,都使人类成为一种以爱为基础的高度社会性的生物种群。

应当说,人类之爱,就是人类区别于其他动物的本质属性。

如果人类只有高度理智,而缺乏互爱的关系,人类必将在人与人之间互相竞斗,甚至互相残杀,那么,人类就会自取灭亡。

如果人类只有高度的情感,而缺乏理智。那么,人类也不可能学会怎样处理人与人相处中的各种矛盾,并且人类也不可能有文明的进步

因此,我同意费尔巴哈的论断:爱是人类的最高本质。

从猿人到现代人类,人类经历了 500 多万年的不断发展,以至达到今天的高度文明,应当首先归功于人类之爱。

三、爱与意志的关系

古希腊的柏拉图将人类心灵分为知性、情感、意志三部分,说明他对于意志的重视。

19 世纪前期的叔本华,将意志提高到极高的高度,认为意志是人与其他生物、事物的"自在之物",意志就是人与一切事物的本质。

他认为一切事物,包括有生命或无生命的,都由意志所支配。这样的观点,人们难以接受。

但是对于人来说,在人的精神活动中,意志确实有重要的位置。

意志与爱是什么关系呢?

爱与意志有相似的方面。两者都有一定的目标,都愿意并有决心为达到一定目标而付出努力。

但两者并不完全相同。

(一)人的意志,可以做善事,也可以做恶事。强盗也是有意志的,希特勒也是很强调意志的。

人类之爱是人与人之间相爱的意志,是关爱他人、帮助他人的意志;而绝不是危害他人的意志。

(二)意志有时是盲目的。例如侵略国军队的士兵会有杀人的意志,那就是既无理智,也无感情的。

而人类之爱,例如人们爱家人、爱祖国,都是既有理智,也有感情的,是理智与感情的综合。

可以认为,爱是人类所特有的一种善的意志。

四、爱与道德的关系

道德与爱是直接联系的。

孔子说的"己所不欲,勿施于人",在中国和西方,都被认为是道德的黄金定律。基督教《圣经》中说的"爱人如己",与孔子的话,有非常相似的含义。

这两句话都是建立在爱的基础之上的,即自爱与他爱的结合。

可以认为:爱是道德的力量源泉;爱是道德的出发点;爱是道德的内在核心。

孟子说:"恻隐之心,人皆有之。""无恻隐之心,非人也。"恻隐之心,就是对人的一种道德心或爱心。按孟子的意思,道德心和爱心都是人的本性,是人天生就有的。

王阳明说的"良知",或人们通常说的"良心",也是指这种人所天生就有的道德心或爱心。

从本书第六篇所谈的人脑的结构中,我们知道:人脑中并没有专门管辖道德的部分。那么,人所天生就有的道德心、爱心或良知(良心),是哪里来的呢?

人的情感是由人脑的 LB(边缘系统)管辖的。人类具有一种天生的情感,就是在人群(包括家庭与社群)之间有亲密感情。

人的理智是由 NB(新皮层系统)管辖的。人类具有一种天生的理智,就是懂得在人与人之间需要互相依赖,互相帮助。

人类这种天生的情感与天生的理智,都是在人类进化过程中长期形成的。

上述天生的情感与天生的理智相结合,就产生了人类的天生的道德心与爱心,也就是良知或良心。

道德与爱,两者是密切联系的,但也有一定区别。道德,一般是指人的思想与行为应符合于"善"的原则;它是一种思想与行为的评判标准。而爱,是人做善事的一种生命力,这种生命力既有情感的推动,又有理智的指导。

五、爱具有强大的创造力

关于人类爱的创造力,最早是由古希腊的柏拉图阐明的。

爱具有创造力,这是人类爱的非常重要的特征。

婴儿与幼儿是怎样产生的?难道不是男女之爱所创造的吗?一切科学发现或发明,都是科学家对于真理之爱、对科学事业之爱所创造。一切美好的艺术(诗歌、绘画,书法,音乐、戏剧等)都是艺术家对于美的热爱所创造。

地球上一切对人类有利的事物,事实上都是人类之爱所创造。

人类自身和人类的文明,实际上是都由人类之爱所创造、所推进的。

六、自爱与他爱的结合

自爱与他爱的结合,是人类爱的重要特征。中国与西方哲学中,也都有自爱与他爱结合的论述。各种宗教,也都有自爱与他爱结合的教义。

(一)自爱是人类之爱的出发点。

事实上,每种生物都有自爱的本性。动物都会为了维持自身的生命而努力去觅食。树,只要没有死亡,都会为了延续生命,而萌发出新的枝叶。

有人说:中国儒学强调"仁者爱人",并不强调自爱。其实并不如此。

孔子说:"吾十有五而志于学,三十而立,四十而不惑,五十而知天命,六十而耳顺,七十而从心所欲不逾矩。"

这段话是孔子对自己的一生的总结,他在不同年龄段对自己提出不同的要求,说明他对于自己人生的珍惜。

儒家提倡的自爱,更多是自身的修养或磨炼,使自己能够成为一个有作为的人。

古希腊后期的伊壁鸠鲁(公元前342—前270)的观点是:人的终极目标

是追求幸福或快乐。

休谟的道德原则是包括自爱的,即对自己有用,使自己愉快。

各种宗教,都以自爱为出发点。基督教徒信仰上帝,是希望得到上帝的赦免,死后能到天堂。佛教徒的最高目标是涅槃,也就是使自己彻底地摆脱一切尘世的烦恼与痛苦。道教徒的自爱更明显,他的最高目标是使自己得道成仙。

总之,自爱是人类的天性,是古今中外文化共同承认的道德原则。

(二)自爱必须与他爱相结合。

自爱不同于自私,更不同于损人利己。

人类之爱的真正自爱,必须与他爱(爱他人)相结合。这是人类爱的重要原则。

休谟对于自爱与仁爱(即对他人与大众之爱)的关系,有深刻的阐述。他在《论自爱》中说:"我们可以感受我们自己内心对他人的幸福或利益的欲望,他人的幸福或利益通过这种感情而变成我们自己的利益,而后我们出于仁爱和自我享受的双重动机而加以追求。"

他的意思是:关心他人的幸福与利益,是出于自己的内心的;因此通过对他人的关爱,最终能得到自我享受。他将自爱与他爱的内在联系说清楚了。

孔子的"己所不欲,勿施于人",就是将自爱与他爱相结合。

基督教的"爱人如己"、伊斯兰教的"信主行善"、佛教的"自觉觉他"、道教的"以德养生",其含义,全都是将自爱与他爱相结合。

七、爱是给予,不是取得

古希腊的亚里士多德早就指出:"友爱更多地在爱之中,而不是在被爱之中。"

20世纪德国哲学家弗罗姆说:"爱是一种主动性的活动,而不是一种被动性的情感。……可以用是一种给予而不是索取,来描述爱的特征。"

人类爱的真谛是在于给予,而不在于取得。这是人类爱的重要原则。

真正的爱,是超脱功利性的,是不追求回报的。

普罗米修斯,是人类爱的象征。普罗米修斯对人类的爱,只是给予,而不是为了取得。

当然,给予与取得,并不是绝对矛盾的。

(一)爱的给予本身,就包含了取得。母亲爱她的孩子,是不考虑孩子的回报的。但是她从孩子的微笑中,从孩子的成长中,已经有所取得。

这与前面讲的自爱与他爱的关系是一致的,也就是休谟讲的:在仁爱中得到自我享受。

(二)由于爱往往是相互的。恩爱夫妻之间,不会追求回报。双方都愿意更多地给予对方;那么在客观上,双方都会有所取得。这是夫妻之间最良好的关系。

八、爱是人的最大幸福

追求幸福,是每个人的天性和权利。但是,究竟什么才是人的幸福呢?

是财富吗?其实大富翁并不一定是幸福的人。中国巨富陈光标愿意将自己全部财富捐献给社会,说明他并不认为拥有财富就是幸福。

是名誉地位吗?北京大学季羡林教授生前竭力推辞三项"大师"的称号,说明他并不以"大师"为荣,名誉与地位并不使他感到幸福。

是长寿吗?无儿无女,又无朋友的孤独老人并不会感到很幸福。

是多子多孙吗?巴金的《家》中的高老太爷是多子多孙的,但是儿子的堕落、家庭的纷争,使他有幸福吗?

还是柏拉图说的对:"爱是最高的幸福。""爱是人类幸福的来源。"

即使是贫困的普通人家,如果夫妻恩爱,子女孝顺,邻居和睦,朋友关爱,他们也会感到幸福。

一定的物质生活是幸福所必需的。作为政府与社会,应当努力提高人民的物质生活水平,以增进人民的幸福。

作为个人和家庭,通过自身的努力,提高物质生活水平,以增进幸福,是应该鼓励的。

但是,从个人或家庭来说,并不是物质享受愈多,幸福就愈多。

幸福是一种内心的感受。是人间的爱,带给了人们最大的幸福。

爱的本体论

一、什么是本体论

本体论,在英文中是 Ontology。On,在希腊文中是 ov,相当于英文中的 be,有"是"的意思,也有"在"或"存在"的意思。

本体论主要讨论:世界万物是从哪里来的("本原"),它们最一般的属性是什么("是"),它们是怎样存在的("在")等问题。

这些问题都很抽象,亚里士多德称之为"形而上学"。"形而上学"的英文是 metaphysics。现代的 physics 是指物理学;在古希腊时代,它泛指自然科学。meta 有超越的意思。因此形而上学就是研究比一般自然科学高一个层次的问题。

古代与近代的西方哲学的本体论中,着重是研究世界万物的"由来"问题。在两千多年的时间内,西方哲学界在本体论问题上存在深刻的分歧。第一种观点认为世界是物质所创造的,被称为是唯物论;第二种观点认为世界是由上帝创造的;第三种观点认为世界是由人的精神(思维、理念)所创造的。后两种观点,都被称为是唯心论。

在中国古代哲学中,本体论叫做"本根论",它探究万物产生、存在、变化的根本原因和依据,并没有"唯物"与"唯心"的严格区分。

尽管现代西方哲学中有些派别,如分析哲学与逻辑实证主义,根本否定本体论,拒绝本体论;但是本体论问题是客观存在的,是人类的思维不能回避的。它始终是哲学中的根本性问题。

二、西方哲学中的本体论

在古希腊自然哲学开始之前,荷马的神话诗篇已经流传了三百多年。人们相信神话中的描述,认为世界是神所创造的。西方的本体论是从唯心论开始的。

早期希腊的自然哲学,认为世界的本原是某一种物质,如泰勒斯认为万物的本原是水;阿那克西美尼认为是气;赫拉克利特认为是火。他们的学说可以认为是西方唯物论的开始。

柏拉图的"相"或"理念",既是指事物的共性,也是指对于事物共性的认识。他认为,先有理念世界,后有可感世界;后者是前者的"分有"。柏拉图被认为是古希腊最大的唯心论者。

欧洲的中世纪,在长达一千年的时期内,上帝创造世界的唯心论思想占有主导地位。

16—17世纪,以培根、霍布斯、洛克为代表的英国经验主义,他们所提倡的基本上是唯物论。

同一时期的笛卡尔,提出"我思故我在"的著名论点,强调了思维的重要性。他认为人既有肉体(物质)的存在,又有灵魂(精神)的存在。人们批评他的哲学是"二元论"。然而,在西方哲学史上,他第一个将物质和精神并列出来,是有重要贡献的。

18世纪时的法国启蒙思想家,如拉美特里、狄德罗等,包括19世纪的费尔巴哈,他们就是马克思所称的"旧唯物论"者,他们在坚持唯物论方面是有贡献的,但是他们一般忽视精神的能动作用。

18世纪时,贝克莱突出地强调了人的主观能动性问题,这是他在本体论上的重要贡献。

18—19世纪时,黑格尔被认为是西方哲学史中最重要的唯心论者。他提出:世界上的事物都只是"绝对理念"的表现。

19世纪时,马克思提出了他关于本体论的著名论断,他认为,人通过自己的实践活动,将主体(精神)和客体(物质)综合起来。他既肯定客体(物质)的基础作用,又肯定主体(精神)的能动作用。

他这个论断,将旧唯物论和唯心论两者的优点综合起来,提出了一个较为完整的本体论学说。

马克思以后,20世纪的西方哲学在本体论上有两个基本趋势。

一是分析哲学与逻辑实证主义哲学家,他们提出"拒斥形而上学"的口号;他们用语言的逻辑分析的方法企图证明:本体论是没有意义的问题,但是他们并不是很成功。到分析主义的后期,蒯因的逻辑实用主义,对本体论又给予承认;他认为,如果采用不同的约束条件,唯物论和唯心论都可以成立。

另一个趋势是人本主义,叔本华提出"意志"为本体;尼采提出"强力意志"为本体;柏格森提出"生命冲动"为本体。

存在主义的海德格尔提出:"此在"(人的存在)是世界的本体。存在主义者的观点,总体来说,就是以"人"作为世界的本体。

德里达的解构哲学,反对任何的"中心"与"非中心"之分。在本体论方面,既不赞成以"物质"为中心,也不赞成以"精神"为中心。这种观点与马克思的将主体和客体综合起来的观点有所接近。

当然,西方哲学还在前进,本体论的讨论今后必然还会有更新的阐述。

三、中国哲学中的本体论

中国哲学和西方哲学的差别,在古代就显现出来。古希腊哲学家认为,世界的本原是某一种物质(如泰勒斯的水、阿那克西美尼的气、赫拉克利特的火等)。而《易传》中却说:"一阴一阳之谓道",意思是:"阴阳"是世界的根本(道)。固然,"阴阳"并不是一个科学概念,但是"阴阳"表达了对于世界本体的一种综合思想。

宋代张载说:"天性,乾坤、阴阳也;二端,故有感;本一,故能合。"(《正蒙·乾称篇》)说明了这种综合本体论。

宋代理学家程颢说："人与天地一物也。"（《河南程氏遗书》卷十一）他明确地提出了"天人合一"论。"天人合一"是中国哲学的传统的本体论思想。它既说明，人来源于天；同时也说明，世界是"天"与"人"共同创造的。这也是一种综合的本体论。

"以理为本"是宋代二程和朱熹的本体论观点；"以气为本"是宋代张载的本体论观点。用现代语言来说，"气"和"物质及其运动"的意思相接近；"理"和"物质本质和运动规律"的意思相接近。

明末罗钦顺和黄宗羲提出"理气合一"的观点。用现代语言说就是，世界的本体是物质和运动及其本质和规律的统一。这个观点比单纯地讲"世界的本体是物质"更深刻，并且符合于现代自然科学。由此可以认为，宋明两代的"理气合一"论，达到本体论的一个很高的水平。

中国现代著名哲学家熊十力说：

宇宙实体，是复杂性，非单纯性。

唯心论者认为实体只是精神性。唯物论者认为实体只是物质性。……心物二宗之争，其骨子里，都是坚执宇宙实体的单纯性。

乾为生命和心灵，坤为质和能。""同是宇宙实体内部的复杂性。（《乾坤衍》）

熊十力在这里讲的"实体"，就是"本体"的意思。他已经很明确地指出：乾代表精神；坤代表物质；世界的本体是物质和精神的综合体。

当代新儒学的代表牟宗三提出："中国文化是'综和的尽理之精神'下的文化系统，西方文化是'分解的尽理之精神'下的文化系统。"（《道德的理想主义》）。他讲的"综和"就是"综合"的意思。

总之，中国哲学的本体论是以"综合"为主要思想；主要是物质与精神的综合；也是"天人合一"的综合，即自然与人的综合。

由此可知，西方哲学的本体论，或强调物质，或强调精神；或强调自然，或强调人。而中国哲学的本体论，强调的是物质与精神的综合，强调人与自然的综合。两种思想体系，各有特色。

四、两个世界的不同本体

下面叙述笔者在《综合哲学随笔》一书中所论述的本体论观点。

我认为,探讨世界的本体,不能不对"世界"的概念有所追究。

人所面对的世界可以分为两大类:自然世界与人为世界。当然,这两类世界是互相联系的。马克思说的"人化的自然",就是受到人类改造的自然界。自然界的这一部分,既然已经受到人力的改造,应当列入人为世界。

关于两个世界的问题,马克思在《德意志意识形态》一书的手稿中就说过:"历史可以从两个方面来考察,可以把它划分为自然史和人类史。但是这两方面是不可分割的。"

吴倬主编的《马克思主义哲学导论》(2002)中,专门有一节,谈"自在世界和人类世界的分化与统一"。本书所述的"自然世界"就是他所说的"自在世界";而这里的"人为世界"就是他所说的"人类世界"。

人类的历史已经有500多万年,由于人类的高度智慧与能力,人类早已是地球的主宰。人类发展到当代,应该说:整个地球都受到人类活动的影响。

特别是工业化以来,工业中煤与石油的燃烧,现代生活(汽车、空调等)排放的废气,严重地污染了地球大气。大气中温室气体含量不断增加,已经改变了全球气候。由于气候的变化,海洋、冰川、沙漠等,全都受到人类的影响。地球上的所有生物与生态系统,也不可能不受到人类活动的影响。

因此,在今天,即使是浩瀚的海洋、高山的冰川、茫茫的沙漠,无数种类的生物等,已经不再是脱离人类影响的自然世界了,它们都属于受到人类影响的人为世界的范围之内。

是的,我们仰望的宇宙星空(除了在极小的范围外),还没有受到人类的影响,是属于自然世界。而我们生活在地球上,地球上的一切,都受到人类活动的影响,全都属于人为世界。

关于本体论的讨论,不能不从两种不同世界来思考。

（一）自然世界：对于未受人类活动影响的自然世界来说，按现代科学的认识，世界是由物质与能量所构成，其运行是依据物质与能量的运行规律所支配。在自然世界的范围内，唯物论的观点是正确的。

所谓"精神"，只是亿万颗星球中的一颗（地球）上的一种高等动物（人类）头脑所产生的特殊现象。除了专门的学科（如心理学、人类学、医学等）外，其他多数自然科学学科（物理学、化学等）对于"精神"，都可以不予考虑。

（二）人为世界：它是人类所影响或所创造的世界，可以包括：

1. 人为自然世界。包括人类活动所影响的自然界，如大气、土壤、地质、动物、植物、微生物等。

2. 人为物质世界。包括人类所创造的用于衣、食、住、行、通讯、研究等方面的各种物质。

3. 人为社会世界。包括人的历史、经济、政治、社会、家庭、国家等。

4. 人为文化世界。包括人的宗教、文学、美术、音乐、戏剧、书刊等。

现在要问的是：究竟人为世界的本体，或本原是什么？

唯物论说：世界的本原是物质。但是在人为世界中，无论是物质世界、社会世界还是文化世界，很明显，都离不开人类精神的创造作用。没有人类的智慧，可能有一年四季的衣服吗？可能有大米或面粉吗？可能有汽车、火车吗？可能有国家吗？可能有小说吗？

即使是人为自然世界，地球的大气温度的增高，是人类工业化的结果，而工业化又是人类智慧的产物。今天要控制地球大气的升温，也必须依靠人类的智慧与科学的进步。

当然，人为世界也离不开大自然的恩施。

人为自然世界（地球上的大气、土壤、生物等）是大自然与人类活动的共同产物。

人为物质世界（衣、食、住、行、电脑、通讯、科学仪器、医疗设备等），当然要依靠人类智慧，而又需要有自然所恩施的自然物质。例如农业生产的对象是农作物，而农作物都是由自然界的植物培育而成。工业当然要依靠人类智慧所创造的科学技术，但是也不能离开大自然所提供的煤、石油、水力等

276

能源。

即使是人类的文学,当然首先要有文学家的灵感;而文学家所用的笔、墨、纸张,也需要以大自然所恩施的物质为原料。

总之,人为世界的本体或本原,既不是单纯的物质,也不是单纯的精神,而是物质与精神的综合。这就是综合的本体论,是地球上的人为世界的本体论,这是对人为世界的本体(或本原)的合理而科学的理解。

中国古代的"天人合一"思想;张继与熊十力等哲学家的"乾坤合一"的思想,以古老而抽象语言表达了类似的思想。

马克思在《关于费尔巴哈的提纲》中有一段著名的论述:"从前的一切唯物主义(包括费尔巴哈的唯物主义)的主要缺点是:对对象、现实、感性,只是从客体的或者直观的形式去理解,而不是把它们当作感性的人的活动,当作实践去理解,不是从主体方面去理解。"

马克思在同一文章中,将他自己的思想称为:"新唯物主义"。在《德意志意识形态》一书中,又称为"实践的唯物主义"(《马克思恩格斯全集》第三卷,p.48)。

我的理解,马克思的新唯物主义的主要论点是:

1. 世界上的事物,都是人的实践的产物,都是客体与主体的综合。

2. 对事物的认识,不能只从客体来理解,也必须从人的实践来理解。

新唯物主义与旧唯物主义的区别在于:旧唯物主义只将事物看成单纯的、直观的客体;而新唯物主义将事物看成在实践基础上的客体与主体的综合。

国内有些哲学教科书虽然对马克思的这一段论述是重视的,但一般并不将它作为马克思的本体论的论述,而作为马克思的"实践论"。

笔者的认识是:马克思的实践论是他的本体论的核心内容,两者是不能分的。马克思在这一段论述中所说的,是对世界事物的根本性的理解,并且将新唯物主义与旧唯物主义区分开来,难道还不属于本体论的论述吗?

马克思在这个论述中所讨论的是与人的实践有关的世界,应该说,就是人为世界。

因此，根据马克思的新唯物论（或称实践唯物论），应当承认，人为世界的本体，就是客体与主观，或物质与精神，在实践中的综合。

有的唯物论者驳斥唯心论的一个论点是：精神是人类大脑的产物，因此精神也是物质创造的。这个论点，在恩格斯看来，是属于 19 世纪旧唯物论的一种肤浅、庸俗的观点。（《费尔巴哈与德国古典哲学的终结》）

其实，精神既是大脑的产物，也是精神本身的产物。试想，一个小学生对各种事物的看法，当然是他自己大脑所产生，难道不也是各种小学教科书中包含的人类文化、科学知识所产生的吗？因此，精神本身，并不只是大脑这种物质所产生的，而是物质与精神的综合作用所产生的。

人为世界的本体是物质与精神的综合，在综合之中，是物质还是精神占主导地位呢？

在地球上，万物的产生与发展过程中，自然物质层面，变化是被动的、十分缓慢的；而人的实践与精神层面，变化是主动的、日新月异的，并且具有人的主观创造性。

例如自然界的植物演变，都非常缓慢，可能需要几千、几万年，才形成一个新物种；而人类通过植物育种而产生各种农作物，要快得多，十几年就能育成一个新品种，并且可以根据人类的需要而形成新品种的特性（如水果的口味、形状、耐储性等）。

因此，客观而科学地分析，应该承认，在人为世界，万物的形成与发展中，人的实践与精神因素占了主导地位。当然，自然物质也有其基础性作用。

邓小平说："科学技术是第一生产力。"邓小平的话，事实上是总结了19—20 世纪以来，世界各国经济发展的经验，是符合客观实际的。

而科学技术，就是人的实践与精神（智慧、意志、创新）的产物。所谓"第一生产力"，就有主导性的含义。

有人批评上述观点是唯心论，是否定唯物论；那么批评者本身实际上就陷入了马克思所说的旧唯物论的境地。

我国在较长时期内，在唯物论的宣传中，在强调"物质是第一性"的同时，忽视"物质与精神的综合作用"。似乎谁强调了精神的作用，谁就是唯心论。

在这种观点的影响下,中国对于科学、对于知识的作用一直不够重视。以至于在新中国成立后将近三十年时间内,科学和科学家、知识与知识分子在社会上的地位一直不高,甚至一度将知识分子列入"臭老九"的位置。这个状况对新中国成立以来的发展有极大的阻碍。在中国当前的改革开放进程中,也存在着片面重视物质文明建设,忽视精神文明与政治文明建设的倾向;重视经济改革,而忽视政治改革、文化改革的倾向。即使在经济建设中,中国当前一个突出的问题是:企业有自主知识产权的创新性的产品很少。这个状况对于中国的现代化会有严重的影响。穷其原因,还是与经济界与企业界对于科技是第一生产力的论点认识不足有关。从哲学上来说,还是对于"物质与精神的综合作用"的认识不足有关。

因此,在人为世界中,在国家建设中,对于精神和物质的综合作用,必须全面地、完整地认识,不能片面强调某一方面。

五、人的精神的内涵

人为世界的本体,是物质与精神的综合,而精神又起着主导性作用。现在要进一步分析,所谓精神,究竟具有怎样的内涵?

精神是人类的心灵活动,本书的第三篇中谈到西方哲学家关于人的心灵活动的分析。

古希腊时代的毕达哥拉斯认为灵魂分三部分,即理性、智慧和情欲。理性和智慧在脑,情欲在心脏。

柏拉图将人类心灵分为知性、情感、意志三部分。

休谟基本上遵循柏拉图的"知、情、意"的分类。但他将意志归入情感之中,而提出道德,他认为道德与知性为情感两者所决定。

康德将自己的哲学体系分为三大部分:纯粹理性、实践理性和判断力。纯粹理性是指理智(或知性)活动;实践理性是指道德问题;判断力讲的是审美。因此,康德对人类心灵活动的分类就是:理智、道德与审美。

这些大哲学家对于人类心灵活动的分类基本相同,而又不完全一致。

到了当代,这个问题有可能根据科学研究的进展而得到澄清。

本书第五篇《爱的科学依据》中,已经阐明,人类大脑由三大部分组成。大脑的分工是:RB 管辖人的生理活动(如心跳、呼吸等);LB 管辖人的情感活动;NB 管辖人的智力活动。

从人脑的组成来看,除了生理活动外,人的最基本的心灵活动就是情感与智力;人的大脑中,并没有独立的管辖道德、意志与审美的器官。

因此,意志、道德与审美,只能是情感活动(LB)与智力活动(NB)的综合产物。

意志在人类的精神生活中非常重要。但是,人的大脑中,并没有管辖意志的独立部分。

所谓意志,就是人为达到某个目标的决心和行动。一个意志,首先要有目标,也要有达到目标的正确的途径。这两方面,都需要有理智;而为了实现目标,需要有热情与毅力,这方面,又需要有感情。因此,意志是由情感与智力两者的综合而形成。

道德的情况也相似。道德在人类生活中非常重要,并且在西方与中国哲学中都有非常重要的位置(康德的"道德命令",孔孟的"仁义")。但是从人的大脑组成看,大脑中并没有管辖道德的独立部分。道德也是由情感与智力两者综合而产生的。

例如关爱他人,是一种道德。它需要有对他人的关爱的感情,也需要懂得,这种关爱他人的情操是有利于社会和谐与社会进步的,这又需要理智。

休谟关于道德由知性与情感两者所决定的观点是正确的。

审美的情况也相似。人们欣赏玫瑰花,认为玫瑰花很美。这种审美需要有感情,即对于玫瑰花的鲜艳的色彩,芬芳的香气的喜爱;同时也需要知道玫瑰花代表着爱情,代表着人间的美好感情,是有益于社会的,这就是理智。

根据以上分析,人的精神活动,最基本的是:情感与理智,这两者的综合,形成意志、道德、审美等重要精神活动。

这些人类的精神活动,在创造人为世界中,都有积极作用。

六、以爱为本与以人为本

在人类的精神活动中,有一种最独特的、最强有力的因素,就是人类的爱。

人类爱的范围非常广阔:爱子女、爱父母、爱妻子、爱丈夫、爱朋友、爱他人、爱家乡、爱祖国、爱事业、爱科学、爱艺术、爱正义、爱自由、爱自然、爱人类(也有许多人爱上帝)。

人的大脑中,爱的情感部分是来自LB(边缘系统脑),但是作为人类的爱,它不仅是情感的,也是理智的。它是情感与理智的高度综合(当然也要有生理为基础),也是人类心灵中意志、道德、审美诸因素的高度综合。

人类爱的最重要独特之处,是具有强大的创造力,可以认为,地球上的一切对人类有利的事物,都由人类之爱所创造。

我们从人类的衣、食、住、行来看。

衣:衣服需要棉花、蚕丝、呢绒与各种化学纤维。农民出于对于自己、家人和国家的爱,从事农业生产,种植棉花,种桑育蚕,养育羊、兔等毛用动物;纺织厂、服装厂的工人与技术人员,出于对自己、家人和国家的爱,辛勤生产出各种衣料或成衣。农业与工业科技人员,出于对国家和科技事业的热爱,研制各种农业与纺织技术。

食:粮食、蔬菜、畜禽,鱼类等各种食品,都是农民出于对自己、家人与国家的爱而生产出来的;农业与食品科技人员出于对国家和科技事业的爱而培育出各种品种,研究出各种技术。

住与行都一样,房屋与各种交通工具,都是科技人员与工人们出于对于自己、家人、国家和科技事业的爱而创造的。

人类的一切科学发现与发明,都出于科学家们对于科学真理或科学事业的热爱。

人类的一切艺术作品(绘画、书法、音乐、戏剧等),都出于艺术家们对于人类、对于艺术的热爱。

世界各国的一切成就，都出于各国人民与领导人对于国家与人民的热爱。

如果本体论是要寻求世界的本原，那么可以认为，人类之爱就是人为世界之本原中最活跃的因素。

当然，人类之爱虽然是情感与理智的综合产物，但人类之爱并不能完全替代理智的作用。正同黄色与蓝色，可以合成绿色；但绿色并不能替代黄色与蓝色一样。人的理智在世界的创造中仍然有重要作用。

人为世界的本体是物质与精神的综合。在这个综合中，精神起着主导作用；而在精神的内涵中，人类之爱是最活跃，最有力的因素。

因此，人为世界以爱为本。

我们说："人为世界以爱为本"，它并不排斥人的理智、意志等的作用，也不排斥自然界的物质在人为世界缔造中的作用。

"以爱为本"的含意，与"以人为本"是一致的。因为：

1. 爱是人的本质属性。只有人，才具有人类之爱；

2. 人类爱的对象，如自爱、慈爱、孝爱、友爱、情爱、恩爱以至人类之爱，都是人本身。科学之爱、文艺之爱、自由之爱等，也都是人的基本需求。至于自然之爱，其根本目的，还是人本身。

孔子的"仁者爱人"，孟子的"仁者人也"，都已经将"爱"与"人"两个概念，密切地联系在一起。

西方从苏格拉底哲学到海德格尔哲学，都是主张"以人为本"的。我国当代的王若水和薛德震等都认为，马克思的哲学就是人的哲学。

本章所阐明的观点，就是将"以人为本"与"以爱为本"直接地结合起来。

爱的认识论

认识论是哲学体系中的重要部分。本章讨论人类爱与人类认识的关系。

西方哲学的认识论，一般是讨论认识方法问题。为了阐明爱与认识的关系。需要从认识目的（动力）与认识方法两方面，进行讨论。

一、认识的目的（动力）与方法

人类是具有高等智慧的动物，智慧是人类的本质特征。人类智慧的表现，首先在于人类能够认识世界。

狗也许能够认识主人，认识居住的家，认识它喜爱的食物；但是狗的认识能力非常有限，甚至自己的父母，它也不认识。

人类能够认识世界，但是人类对世界的认识，并不是一步到位的。相反，人类对世界的认识，是一个长期的、永无止境的过程。

人类认识世界，首先要有认识的目的与动力，其次要有认识世界的方法。

中国与西方哲学在认识论上，各有特点。主要是：

（一）西方哲学的认识论，着重于认识外在世界，认识自然与社会的本质与规律。西方哲学的认识论，主要是探讨认识方法问题。西方哲学在认识方法上的进步，对于推动自然科学与社会科学的发展，有着重要贡献。

（二）中国哲学的认识论，着重于研究怎样做人、怎样学习、怎样思考、知识（知）与实践（行）怎样结合、怎样治理国家等问题。中国哲学的认识论在人类认识（学习）的目的与动力方面（与认识方法相比），阐述更多。

认识目的（动力）与认识方法，两者有区别，但也是有关联的。往往是不同的认识目的（动力）决定不同的认识方法。

例如，基督教徒以信仰上帝为目的，他们的认识方法就是"以信求知"。"以信求知"的意思是：从信仰来得到知识。这是基督教哲学家奥古斯丁提出的认识方法，被基督教徒普遍接受。根据"以信求知"的方法，基督教的信徒们得到的知识就是：上帝创造了天地万物，也创造了人。这样的知识使他们更信仰上帝。

以下分别讨论中国哲学与西方哲学关于认识目的（动力）与方法的研究进展。

二、中国哲学中认识的目的(动力)与方法

(一)中国哲学中的认识目的和动力。

中国哲学的经典著作中,直接关于"认识"的论述是很少的,而关于"学"的论述非常多。

事实上,在中国哲学中,认识世界的重要方法就是学习经典著作。而经典中的内容,主要是古代历史、古代哲学、古代诗歌、古代礼仪等。

关于学习(认识)的目的和动力,《论语》在这方面有比较多的论述,例如:

子夏曰:"事父母,能竭其力;事君,能致其身;于朋友交,言而有信。虽曰未学,吾必谓之学矣。"(《论语·学而》)

意思是:一个对父母能孝、对君王能忠、对朋友有信的人,虽然没有学习,也可以认为学习过了。

可见,子夏的意见是学习的目的和动力就是做到对父母孝,对君王忠,对朋友有信。

子曰:"古之学者为己;今之学者为人。"(《论语·宪问》)

孔子的意思是:古代人学习是为了提高自我的修养,今天的人学习是给别人看的。

子曰:"君子学道则爱人;小人学道则易使也。"(《论语·阳货》)

孔子的意思是:君子学习礼乐之道,是为了关爱大众;而小人学习礼乐之道,只是为了好听使唤。

子曰:"好仁不好学,其蔽也愚;好知不好学,其蔽也荡;好信不好学,其蔽也贼;好直不好学,其蔽也绞;好勇不好学,其蔽也乱;好刚不好学,其蔽也狂。"(《论语·阳货》)

这一段话是孔子对学习目的和动力作了较全面的阐述。总的意思是:人如果不学习,就会变得愚蠢、做事放荡、受人贼害、制造祸乱、行动狂妄。

子曰:"加我数年,五十以学易,可以无大过矣。"(《论语·述而》)

子夏曰:"仕而优则学;学而优则仕。"(《论语·子张》)

从《论语》中这些论述来看,中国传统哲学认为,人们学习(认识)的目的和动力,基本上是:提高自己的道德修养;做一个聪明的人、正直的人;做一个对父母尽孝,对君王尽忠,对朋友有信的人;通晓事理,不犯过错;可以担任为民众尽责的公职。

(二)中国哲学中的认识(学习)方法。

从这样的学习(认识)的目的和动力出发,中国哲学中关于学习(认识)方法,主要有以下论述:

子曰:"学而不思则罔,思而不学则殆。"(《论语·为政》)

孔子曰:"君子有九思:视思明,听思聪,色思温,貌思恭,言思忠,事思敬,疑思问,忿思难,见得思义。"(《论语·季氏》)

子夏曰:"博学而笃志,切问而近思;仁在其中矣。"(《论语·子张》)

便先知觉后知,便先觉觉后觉也。《孟子·万章上》

学然后知不足,……知不足,然后能自反也。(《礼记·学记》)

所谓致知在格物者,言欲致吾之知,在即物而穷其理也。盖人之灵莫不有知,而天下之物莫不有理。(朱熹《四书章句集注》)

是非之心,不虑而知,不学而能,所谓良知也。(王阳明《传习录》)

总之,中国哲学中强调的学习(认识)方法主要是:

1. 将学习与思考相结合。

2. 将学习与磨炼意志相结合。

3. 学习对象应当广博。

4. 学习应该多问。

5. 知识应该传授给他人。

6. 学习永不能满足。

7. 从事物本身来寻求知识(格物致知)。

8. 从自己的良心来求得知识(求良知)。

三、西方哲学中认识的目的与方法

西方哲学的认识论主要是关于认识方法的研究,但对于认识目的和动力,在西方哲学家、科学家的论著中,也有一些重要论述。

(一) 西方哲学中认识方法的研究进展。

先谈认识方法。西方哲学中关于认识方法的不断探索,对于推动哲学,特别是科学的进步,发挥了非常重要作用。

以下对西方哲学关于认识方法的学说,作简要介绍。

西方古代与中世纪哲学的重点是本体论(理念论与实体论、唯名论与唯实论)。而对认识方法,也有所涉及。

阿那克萨戈拉(约公元前 400 年)提出了"理智(努斯,nous)"的概念。他所谓"理智"既有事物规律的含意,又有对事物认识的含意。柏拉图的"理念",亚里士多德的"实体"、"形式"等,都是既有本体论的含意,又有认识方法的含意。因此,古代西方哲学的认识论与本体论很难分开,认识论还没有独立出来。

文艺复兴时期,特别是 16 世纪哥白尼以来,西方自然科学加快了发展,促进了哲学中认识论的发展,以致使认识论成为西方近代哲学的主要方向。哲学形成了"认识论转向"。

近代到现代,西方哲学的认识论,大体的派别与进展是:

经验论:以英国的培根(1566—1625),洛克(1623—1704)为代表。他们认为一切观念都是从经验得来。培根的突出贡献是提倡科学实验,科学实验后来成为自然科学不断进步的主要原因之一。

唯理论:以法国的笛卡尔(1596—1650)和荷兰的斯宾诺莎(1632—1677)为代表。他们提倡对一切学说抱怀疑态度,重视理性思维与逻辑推理。理性思维是后来的科学发展的重要动力。

康德学说:德国哲学家康德(1724—1804)提出"先天综合学说",将经验论与唯理论综合在一起。19—20 世纪的一些最重要的科学成就,几乎都是将科学实验(或考察)与理性思维综合起来而获得。康德的学说对于科学家是有重要启示的。

法国哲学家孔德(1798—1857)提出"实证哲学",认为一切知识来自"实证"(实验或事实的证明)。德国思想家马克思(1818—1883)提出"实践学说",强调实践(科学实验,社会实践)在检验真理中的作用;在认识论的发展上,他们都有重要贡献。

英国哲学家波普尔(1902—1994)提出"否证论"。他认为,科学理论不可能被证实,只可能被证伪。因为所谓"证实",就是用经验事实来证明该理论的正确性,而人类不可能掌握全部事实。但是用某一些事实来否证某种理论是完全可能的。他认为:必须是能够否证的理论,才能认为是科学的。否证论对当代科学的进步是有贡献的。

(二)西方哲学家、科学家对于认识目的和动力的论述。

从西方哲学家、思想家、科学家的思想和事迹中,可以对于他们探求真理或科学目的与动力,有所理解。

1. 探索世界的究竟。

泰勒斯提出:万物的本原是"水"。阿那克西美尼提出:万物的本原是"气"。赫拉克利特提出:万物本原是"火"。毕达哥拉斯提出:世界万物都是"数"所构成。巴门尼德提出:世界的本原是不变的"存在"。赫拉克利特提出:世界是变化,而变化的规则是"逻各斯"(logos)。柏拉图提出了"相论"("理念论"),而亚里士多德提出了"实体论"。

从古希腊哲学家所提出的观点,可以知道,他们探索的问题,与中国古代哲学家很不一样。他们最感兴趣的,并不是怎样做人、怎样做事等中国哲学家所关心的问题。他们探索的是世界的究竟,他们要问的是:什么是世界的本原? 什么是世界的最基本的规律? 回答这些问题,就是他们认识的目的和动力。

2. 求知是幸福的。

培根(1561—1626)是西方哲学中经验论的开创性人物,也是西方实验科学之父。

他在他的著名散文《论求知》中说:

求知可以作为消遣,可以作为装饰,也可以增长才干。

懂得事物因果的人是幸福的。

求知的目的不是为了吹嘘炫耀,而应该是为了寻找真理,启迪智慧。

求知可以改进人和天性，而实验又可以改进知识本身。

读史使人明智，读诗使人聪慧，演算使人精密，哲理使人深刻，伦理学使人有修养，逻辑修辞使人善辩。总之，知识能塑造人的性格。

从培根的观点中，可以知道西方哲学家认为，人的求知有三个主要目的：一是为了快乐；二是寻找真理；三是改进人性，增长才干。

而其中前两项目的是最重要的，即在寻找真理中得到快乐。

古希腊哲学家，毕生寻找世界的本原，不是为别的，而是他们的乐趣。

3. 科学家的好奇心。

许多世界级的科学家，他们探索科学，都是从好奇心开始的。

哥白尼在中学时代，听说可以用太阳的影子来确定时间，这个仪器的名字叫日晷。他很好奇，就找老师问了日晷的原理，回家找了些废旧材料，很快就做出来了。后来他还利用自己做出来的日晷，研究太阳和地球的运动规律。

伟大的化学家罗蒙诺索夫，出生在一个渔民家庭，从小随父亲到海上打鱼。他对大海发生的所有自然现象都感兴趣。他总是要问父亲许多问题："为什么夏季傍晚海面会出现光亮的水纹？""为什么冬夜天空会出现绚丽的北极光？""为什么海水每天两起两落？"

爱迪生小时候对什么都感兴趣。有一次他看见花园的篱笆边有一个野蜂窝，感到很奇怪，就用棍子去拨，想看个究竟，结果脸被野蜂蜇得肿了起来，他还是不甘心，非看清楚蜂窝的构造不可。爱迪生后来成了举世闻名的大发明家。

爱因斯坦说："我们思想的发展在某种意义上常常来源于好奇心。"

4. 科学家探索真理的信心和决心。

近代最伟大的物理学家牛顿，他说过："真理的大海，让未发现的一切事物躺卧在我的眼前，任我去探寻。"

20世纪最伟大的物理学家爱因斯坦说：

探索真理比占有真理更为可贵。

追求客观真理和知识是人的最高和永恒的目标。

科学是永无止境的,它是一个永恒之谜。

5. 科学家对人类、对祖国的责任心。

爱因斯坦说:"一个人对社会的价值,首先取决于他的感情、思想和行动对增进人类利益有多大作用。""只有为别人而活的生命才是值得的。"

居里夫人一生的贡献与人格是科学家的典范。

她的主要科学成就是发现了镭。镭提炼成功以后,有人劝她向政府申请专利权,因为垄断镭的制造是可以发大财的。而她说:"那是违背科学精神的,科学家的研究成果应该公开发表,别人要研制,不应受到任何限制。""何况镭是对病人有好处的,我们不应当借此来谋利。"(《居里夫人传》)

1934 年 7 月 4 日,她最后死于长期受到辐射照射而导致的恶性贫血症。她一生创造并发展了放射科学,最后把生命贡献给了这门科学。

四、爱与人类的认识

根据中国与西方哲学家、科学家关于认识目的(动力)与认识方法的论述来看。人类认识世界的目的和动力与人类之爱有着直接的关系;而认识方法是由认识目的而决定的。因此,人类之爱也必然关系到认识方法。

汇总而言,人类之爱与人类的认识之间有以下关系:

(一) 对于真理与自然的爱是人类认识的基本推动力。

孔子说:"五十以学易,可以无大过矣。"这句话表明孔子对《易经》的推崇与热爱,而《易经》就是中国古代一部研究世界与宇宙之究竟的经典。

中国从古至今,对于《易经》都十分崇敬。这说明,中国人对于宇宙真理的探究是很有兴趣的。但是由于儒学的传统主要是在伦理学方面,加上其他一些原因,中国人对宇宙真理的兴趣,没有发展到科学的水平。

西方文化从古希腊开始。从古希腊一系列哲学家的主要兴趣,就在于探索自然的究竟、世界的本原,这样的思想传统,引导出西方哲学的本体论与认识论的发展,以至达到近代以来的蓬勃的科学发展。

应当承认,西方哲学认识论的探索是有重要成就的。经验论、唯理论、康德学说、实证论、实践论、否证论等，对于现代科学的发展都有重要贡献。

西方认识论与科学的发展，它们的基本推动力，就在于人类对于真理之爱，对于自然之爱；以及人类对于探索自然秘密的天生的好奇心。

（二）对于人类与民众的爱有力地促进着认识提高与科学发展。

不论是中国还是西方，哲学家与科学家都有对于人类与民众的高度责任感。

孔子说的"君子学道则爱人"，就充分表达了中国的优秀士大夫（君子）的认识（学习）与他们对于人民之爱的关系。

对于人类与人民大众的热爱，是世界各国科学家进行科学研究的共同出发点，也是他们克服科学征途上各种障碍的强大动力源泉。

举世尊敬的伟大科学家居里夫人的感人事迹，充分说明对于人类与祖国的热爱，是怎样推动着科学和人类认识的进步的。

（三）自我之爱是人类认识与求知的出发点。

孔子说："古之学者为己。"当然，孔子的所谓"为己"，并不是为自己谋取利益，而是指：提高自己的道德修养与知识水平，其最终目的是为了"仁者爱人"。

培根的《论求知》是非常著名的散文，它所说的"懂得事物因果的人是幸福的"，"求知可以改进人和天性"都说明，追求知识是人的一种幸福，对于自己的性格修养是有利的。

中国古代经典《大学》中，有一段很著名的话："物格而后知至，知至而后意诚，意诚而后心正，心正而后身修，身修而后家齐，家齐而后国治，国治而后天下平。"

格物、致知、诚意、正心、修身、齐家、治国、平天下。这是古代中国士大夫的最高人生目标。这是一个系列化的人生追求，它将人类之爱中的自我之爱、家庭之爱、国家之爱结合了起来。而自我之爱，是出发点；而又不停留在这个出发点上，必须向更广泛的爱（家庭的、社会的、国家的、人类的爱）发展。

（四）知识之爱是人的学习与成长的最好动力。

人从儿童、少年到青年，是学习成长的时期。学生学习成绩的差别，固然和天资有关,而更重要的原因,在于学生对学习与知识的兴趣与热爱程度。凡是对学习与知识充满兴趣的学生,学习成绩都会比较优秀。反之,如果对学习与知识不感兴趣,甚至有厌恶感的学生,学习成绩不可能好。

这是本书作者的切身经验。我自己从小学到大学,对于任何课目都有兴趣。在上课时,聚精会神,把老师的每一句话都听进去了。我会把每一道数学题的解题都当成是一件很有趣的事,题解成了,就会感到很高兴。语文老师讲的《醉翁亭记》,我觉得非常美。生物学老师讲的草履虫的结构,我感到非常有趣。在这种学习热情的驱动下,我在中学六年(上海沪江大学附属中学),每门功课的成绩都是最优。

按理,我没有必要讲述这些个人往事。我只是想用自己亲身的体验,说明爱(知识之爱)对于一个人学习成长的重要性。

我认为,这是一个十分值得教育工作者和家长们重视的问题。

中国当前的教育,以应付考试为主要目标,课内与课外作业非常繁重,成为学生们难以承受的思想与体力负担,使学生将学习看成是痛苦的事。这种教育模式不改变,很难培养出优秀的人才。

怎样培养学生对学习与知识的热爱,是老师们和家长们都需要关心的问题。

爱的价值论

哲学中所谓"价值",是从人的需要出发,评价各种物质、精神及人们行为能否满足人的需要的尺度。

价值论这个名称是 19 世纪提出的。而价值论所讨论的问题,在中国与西方哲学中早就提出。实际上,它相当于关于道德的理论,或关于善的理论。

善与道德,不论在西方还是在中国,都是哲学中的十分古老而又是十分重要的问题。

价值论是伦理学的哲学基础。中国哲学以伦理学取胜,价值论在中国哲学中的位置,比在西方哲学中的位置更高。

本章介绍中国与西方哲学中价值论的内涵与进展,然后论述人类爱与价值论的关系。

一、中国哲学中的价值论

儒学是中国哲学的主流。孔子是儒学的创始人,而《论语》这部孔子的谈话录,它的中心话题就是伦理学,或关于人的思想和行为的价值论。《论语》中,孔子教导他的学生,应当怎样做人。

樊迟问仁。子曰:爱人。

仁者,己欲立而立人,己欲达而达人。

己所不欲,勿施于人。

以上这些名句,讲的都是伦理学,是孔子哲学的主要观点。

孔子思想的主要继承人——孟子的"四端"学说是:"恻隐之心,仁之端也;羞恶之心,义之端也;辞让之心,礼之端也;是非之心,智之端也。"讲的也是伦理学。

孟子对梁惠王说:"王何必曰利? 亦有仁义而已矣。"(《孟子·梁惠王上》)孔子说,仁是爱人。说明"仁"是人内心的一种关怀他人的感情。孟子谈"仁义","义"的意思是"宜",是指符合道德的行动规范。说明孟子认为,只有符合道德的内心还不够,还必须有符合道德的行动。

孟子的思想是:重仁义,而轻利益。

同是儒家的荀子的看法有所不同,他说:

故天之所覆,地之所载,莫不尽其美,致其用。(《荀子·王制》)

先义而后利者荣,先利而后义者辱。(《荀子·荣辱》)

荀子虽然也重视仁义,但并不忽视利益。他要求万物都能发挥它们的效用。只是在仁义与利益有矛盾时,应将仁义放在首位,而将利益放在第二位。

墨子的观点又不同。他说:

以兼相爱、交相利之法易之。(《墨子·兼爱中》)

义,利也。(《墨子·经上八》)

他认为,所谓"义",就是要对人民有利。人应该相爱而相利。

唐代哲学家韩愈提出:"博爱之谓仁,行而宜之之谓义,由是而之焉之谓道。足乎己无待于外之谓德。"(《韩愈·原道》)

"博爱之谓仁",这是世界上最早提出的"博爱"原则,对后世有重大影响。

但自汉代以后,中国文化以孔孟儒家为主流,汉代的董仲舒和宋代的朱熹都主张重仁轻利。朱熹甚至提出"革尽人欲,复尽天理"的极端主张。

儒家的重仁轻利的思想,受到晚清哲学家戴震的批评。

戴震提出:"道德之盛,使人之欲无不遂,人之情无不达,斯已矣。"(《戴震·孟子字义疏证》)

意思是:道德的兴盛,是要使人的欲望得到满足,人的感情达到表达。

戴震的思想与西方近代以来的主流思想接近了。

现代中国哲学家冯友兰在他的《新原人》提出人生四个境界:自然境界、功利境界、道德境界、天地境界。他兼顾功利与道德,是较为全面的观点。

孙中山的"博爱"思想,既继承孔子的"仁爱"和韩愈的"博爱",又采纳了法国大革命的思想,应当说,有很高的伦理价值。

二、西方哲学中的价值论

古希腊哲学家苏格拉底说:"正是为了善,我们才做其他事情,包括追求快乐,而不是为快乐而行善。"(《柏拉图·高尔吉亚篇》)

这句话说明,苏格拉底是将"善"作为人生的最高价值。

他还说:"知识就是美德。"

他这句话将"真"与"善"结合起来,有两重含义:一是追求知识就是追求美德;二是有知识才能有美德。

柏拉图给予"善"以极高的位置,他说:"在知识世界中最后看到的,也是最难看到的,即是善的理念";"真理和知识都是美的,但善的理念比这两者更

美"。(《柏拉图·国家篇》

古希腊的伊壁鸠鲁认为,人生应该追求的幸福和目的是身体无痛苦和灵魂无干扰的快乐,而快乐也就是至善。

斯多葛学派则认为只有德性才能使人幸福,而德性来自善良的意志,它要求摆脱一切快乐、痛苦和欲望的激情。

欧洲中世纪时,基督教神学思想占统治地位。基督教神学断言上帝是全智、全能、全善的。因而上帝具有最高的价值,是一切价值的源泉。

文艺复兴以后,哲学家与思想界提出:尊重理性、个性解放、个人权利以及自由、平等、博爱的价值观,极大地提高了人的地位和人的价值。

休谟将"仁爱"提高为最高价值。

康德将道德问题(实践理性)作为他的哲学体系的最重要内容。他说:"道德法则,在人类那里是一个命令。"(《实践理性批判》)

价值哲学是在 19 世纪末 20 世纪初形成的。它首先明确采用价值哲学这个术语的是法国哲学家 P. 拉皮埃(1869—1927)。

奥地利的 C. 艾伦费斯(1859—1932)、美国的 J. 杜威、W. M. 厄本(1873—1952)、R. B. 佩里(1876—1957)、C. I. 刘易斯等都为建立价值哲学作出贡献。他们认为,道德判断、审美判断、真理等,都同对于价值的评价有关。

三、爱与价值论

根据以上所介绍的中国与西方哲学中关于善与道德的学说的进展,可以理解:在哲学价值论中,人类之爱是一个核心的内涵。

(一)仁爱是中国与西方哲学共同的最高价值。

孔子是中国哲学的主要开创人。他提出的"仁者爱人"的仁爱思想,是中国传统哲学中核心的内涵。仁爱思想是中国历史与文化能持续两千多年的思想根基。在中国今天与未来的发展中,它仍将起着非常重要的作用。

柏拉图是西方哲学的开创人之一。他将"善"提到极高的位置甚至比真理与知识更重要。

他说:"善是可见事物中的光明之父,是可知世界中理智和真理的最高源泉。"

我们再看他对于爱的论述:"爱是一切神祇中最爱护人类的,他援助人类,给人类医治一切疾病,治好了,人就能得到最高的幸福。"

可以理解,他是将最高价值的"善"与给予人类最高幸福的"爱"密切联系在一起的,甚至是同一概念的两种表达。

18世纪的休谟说:"仁爱"普遍地表达着人类本性所能表达的最高价值。(《论仁爱》)

休谟将人类之爱与人类之最高价值直接联系起来。

人们都知道,人类的历史中,西方文化与中国文化在发展的起源与路径两方面,都有明显的差别。

令人惊异的是:从上述哲学家的论述来看,中国文化与西方文化,尽管区别很大,它们在哲学内涵上,却也有惊人的相同之处。两个哲学体系中,都以"仁爱"为最高价值。

这是非常值得重视的人类文化现象。中国文化在东方文化中是有代表性的。东方与西方文化,都以"仁爱"作为最高价值。这就表明:

1. 由于仁爱是人类的本质属性,因此,不论是在世界的哪个地区,只要有人类,都会高度肯定仁爱的价值。

2. 既然全人类有共同的最高价值——仁爱,那么,人类就完全有可能最终摆脱战争、侵略、屠杀、霸权、奴役、压迫、残酷斗争等违反仁爱的行为,而建立以仁爱为核心价值的和谐世界。

(二)自爱与自由是近代价值论的基础。

自爱与自由是直接联系的。所谓"自由",主要是指个人的自由,特别是个人的思想自由,以及在宪法范围内的行动自由。这是每个人的天生要求。一个自爱的人,必然要求有自由,也就是有自由之爱。

自文艺复兴后,特别是17—18世纪的欧洲启蒙运动以来,思想的最大解放是关于"人"的发现。而所谓"人",主要是指"个人",也就是具体的每一个人。这是对于欧洲中世纪神学思想与欧洲封建统治的根本性冲击。

中世纪的神学中,任何人只能听从神的指引与教诲;在欧洲封建制度下,一般民众是没有自由,没有人权的。

法国哲学家卢梭提出的"人生而平等、自由"。卢梭所说的自由,都是和"个人"相联系的。所谓"自由"就是"个人"的自由。他的思想,在1776年的美国《独立宣言》与1789年的法国《人权宣言》中都作为开宗明义的命题提出来。

平等、自由等思想,使个人得到解放,使人类自爱的本性得到充分的发扬。自爱与自由是人类各种现代价值观的基础。

自爱是一切人类爱的出发点。自爱与个人才智的发挥、个人财富的积累是资本主义经济与科技发展的根本动力。

应当指出,中国的传统文化是比较忽视自爱与自由的。"自由"这个价值观,除了古代在庄子哲学中,近代在梁启超与胡适的哲学中有所追求外,在中国的主流哲学(儒学)中,对"自由"并不强调,甚至是否定的。

"五四"运动是中国现代的启蒙运动,当时突出的口号是"民主与科学"。民主是反对政治专制的,科学是反对思想专制与蒙蔽的。民主和科学中,都包含有自爱和自由的价值观。

中国今天,需要继续发扬"五四"的精神,在全社会充分树立自由、民主与科学的价值观。

(三)互爱互利的现代价值。

墨子提出"兼相爱,交相利"的思想,由于墨子不属于儒家,他的思想在中国长期没有得到重视。

他的思想有两点可贵之处:

1. 爱是平等的,是相互的。

儒家比较重视等级与亲疏。"三纲"(君为臣纲,父为子纲,夫为妻纲)就是等级观的体现。墨子重视平等,他批评儒家说:"儒者曰:亲亲有术(差),尊贤有等。"(《墨子》)儒家对礼仪,对于不同的亲属,都有严格差别。墨子的主张是爱不分亲疏、等级,一律平等相待。

2. 墨子是主张仁义和利益相结合。人们互相爱护,应当互相都得到利益。

墨子的这两方面的思想,都比较适合现代社会。

西方哲学中,从亚里士多德开始,就是主张自爱与他爱相结合的。他说:"一切与友谊相关的事物,都是从自身而推广到他人的。"(《尼各马科伦理学》)

休谟说:"我们可以感受我们自己内心对他人的幸福或利益的欲望,他人的幸福或利益通过这种感情而变成我们自己的利益,而后我们出于仁爱和自我享受的双重动机而加以追求。"(《道德原则研究·论自爱》)

他的意思也是:自爱与爱人完全可以互相结合。

人与人之间、国与国之间的互爱互利,达到双赢或多赢。这是当今世界的进步思潮。

我们从世界历史来看,18—20世纪,是阶级剥削与压迫的历史,是殖民主义的历史,是世界战争频繁的历史,是冷战的历史。其结果,受害最深的是人民大众。

世界进入21世纪,由于经济与科技的发达,各国国内的阶级矛盾得到缓和,阶级合作正在替代阶级对抗。全球化的发展,使世界各国的利益互相联系在一起。和平与发展,成为世界的总趋势。

在这样的时代背景下,各国内部的各阶层之间、世界各国之间,必须互相合作、互相帮助、互相关爱,走双赢与多赢之路。

互爱互利思想,是符合现代社会的需要的。

(四)博爱是人类的最高理想。

中国汉代哲学家韩愈提出:"博爱之谓仁。"

博爱是18世纪法国大革命的三大口号(自由、平等、博爱)之一。

20世纪初,中国民主主义革命家孙中山,将"博爱"作为他最高的道德原则。

博爱思想,应该说,是一个极其高尚的人类理想。人类之爱,应该是不分国家、不分民族、不分贫富、不分宗教信仰的。

人类在历史上经历了无数次的战争,20世纪中,就有两次世界性的大战,死伤人数超过亿万,无数的家庭家破人亡,惨绝人寰。

博爱理想的实现,可能还有很长时间。但是人类应当向这个目标前进,也只能向这个目标前进。

爱与美学

美学不能说是哲学的一部分,但它与哲学的关系非常密切。

本章先介绍中国与西方的美学思想,然后讨论人类爱与美的关系。

一、中国的美学思想

中国古代美学思想,有以下几个主要内涵:

（一）美是人的精神享受。

子在齐,闻《韶》,三月不知肉味,曰:"不图为乐之至于斯也。"(《论语·述而》)

子谓《韶》:"尽美矣,又尽善也。"(《论语·八佾》)

孔子对食物是很懂得享受的,他说过:"食不厌精,脍不厌细。"(《论语·乡党》);而他对于音乐的爱好超过对食物的爱好,因此,听到韶乐后,得到极大的美的精神享受,以至三个月不知道肉的味道。

汉代许慎在《说文解字》中,对"美"的解释是:"美,甘也。从羊从大。"即以肥大的羊为美。因为肥大的羊可以提供甘美的食物。因此,这个字可以比喻"美"的含义。

但中国人的"美",主要是指精神享受,而不是指物质享受。

（二）美表达人的美德。

《荀子·法行》中说:"孔子曰:夫玉者,君子比德焉。温润而泽,仁也;缜栗而理,知也;坚刚而不屈,义也;廉而不刿,行也;折而不挠,勇也;瑕适并见,情也；扣之，其声清扬而远闻，其止辍然，辞（治也，有条理也）也。故虽有珉之雕雕，不若玉之章章。"

这一段话是说孔子对于玉石之美的解释。孔子从玉石的温润，而见到"仁"；从玉石的密致的纹理，而见到"知"；从玉石的坚刚中，而见到"义"；从玉石的其他形状中，见到"行"、"勇"、"情"。

总之，孔子在玉石中，见到了人的各种美德，因此而感受到玉石之美。

中国的国画中，梅、兰、竹、菊是永恒的主题，就是因为它们象征着人的美德。

（三）美表达人的情感。

《左传》中说："诗以言志。"唐代的孔颖达说："在己为情，情动为志，情、志一也。"（《春秋左传正义》）他的意思是：诗是表达意志的；而意志由情感而来，意志与情感是一致的。

西汉《毛诗序》中说："诗者，志之所在也，在心为志，发言为诗，情动于中而形于言。"意思是说：诗歌是内心感情的表达。

东汉末年的陆机，在他的《文赋》中提出："诗缘情而绮丽。"意思是：诗歌是为表达情感而用美好的文词。

清代史学家、文学家章学诚说："文所以入人者情也。"（《文史通义·史德》）

清代著名学者焦竑说："情不深则无以惊心动魄。"（《雅娱阁集序》）

以上论述，都表明，诗歌与文学之美，体现于情感的表达；浓烈的情感，才使艺术作品能感动人，作品才是美的。

（四）美是人喜爱的形式。

中国传统文化十分重视美的表达形式。

汉代许慎在《说文解字》中，对"文"的解释是："交文"、"错画"之像，即交错纹理之形式。

陆机在《文赋》说的"诗缘情而绮靡"，是在中国诗歌史上，第一次提出诗歌需要有"绮靡"的形式（文字、结构、韵律等）。鲁迅对他的这句话有很高的评价，认为是中国文学自觉的开始。

（五）追求意境之美。

中国在诗歌、绘画等艺术中，特别重视意境之美。

在强调意境美方面，魏晋哲学家王弼(226—249)有着重要贡献。

他提出"得意忘言"的思想，他的原意是对《易经》的理解，应该是从"言"，即卦辞出发，而体会它的含意。知道含意，就可以不再记得卦辞。

他的思想对中国后来的诗歌、绘画、书法等都有影响。

唐代的绝句诗歌达到中国诗歌的最高水平。唐代绝句的特点就是文字十分简洁，而意境十分深远。以柳宗元的《江雪》为例：

千山鸟飞绝，万径人踪灭。

孤舟蓑笠翁，独钓寒江雪。

这首绝诗，只有二十个字，语言非常简洁，但意境非常高远，描绘了一幅寒冷而旷远的自然景色，同时又反映出诗人孤傲而崇高的不屈气节。

这首诗的艺术风格在唐诗中有代表性，用简洁的文字，表达无比丰富的意境。当你欣赏这首诗时，必须透过'言'而领会'意'。

苏东坡赞赏王维的诗歌与绘画，说他"诗中有画，画中有诗"；这就是中国艺术的特有的意境之美。

二、西方的美学思想

据王旭晓在《美学原理》的介绍，西方哲学家对于美的观点，大致有以下几方面：

（一）从精神方面理解美。

柏拉图认为美是一种理念，即"美自身"。

黑格尔认为，美是他的绝对精神中的一个环节。

休谟认为，美是一种快乐的感觉。

康德认为，美与主体愉快有关，是一种合目的性的形式。

（二）从物质形式方面理解美。

亚里士多德认为，美有特定的感性形式，如：秩序、匀称、明确等。

博克认为，美是为了联系种族所需要的共同的审美理念。

狄德罗认为，美是一种事物之间的关系。

车尔尼雪夫斯基认为,美就是生活。

（三）现代美学家的观点。

他们大多是从心理学角度来理解美。如克罗齐的"直观"说,谷鲁斯的"内摹仿"说,立普斯的"移情"说,布洛的"距离"说等。

这里着重介绍康德的美学思想,他关于美的学说,在西方哲学中有代表性,并且也有很大影响。

康德说:"在高层认识能力的家族内还有一个处于知性和理性之间的中间环节。这个中间环节就是判断力。"（《判断力批判·导言》）

康德这里讲的知性,是指对于自然的知性认识;他讲的理性,是指的实践理性,即道德法则或自由。他讲的判断力指的就是审美判断。他这句话的意思是:审美判断是在知性认识和道德法则之间,或自然和自由之间的桥梁。

他关于美的这种理解是符合实际的。

各种优秀的文学、绘画、音乐、戏剧等,都以客观世界为背景,包含了许多知性知识;而它们又在潜移默化之中,增强了你对于祖国和人生的爱,提高了你的道德水平,美化了你的心灵。所以,"美"可以使你在"真"和"善"之间,架起桥梁。

关于审美判断,康德说:"对象由于它的表象直接与愉快的情感相结合而被称之为合目的性的,而这表象本身就是合目的性的审美表象。……该对象就叫作美。"（《判断力批判》）

康德的美学观点。大体有以下几个要点:

1. 人们对于某个对象感到美,是因为该对象使他产生愉快的情感。因此,美是与愉快的情感有关的。

2. 美的对象为什么会使人愉快呢?并不是因为对象本身,而是因为该对象对于人的感受愉快的能力有一种适合性。这种适合性也可以叫作"合目的性"。

3. 所谓审美判断,就是对于这种"合目的性"的判断。

4. 审美鉴赏是没有功利性的,没有实践目的。例如你欣赏一幅画,或一首歌曲,你并不是要达到什么目的,你只是感到喜悦和愉快。

5. 一个美的对象会使所有的人都感到美。例如初春一株盛开的梅花，任何人看了都会觉得美。

6. 因此，人对美的感受是一种天性，是先天规定的。

三、爱与美的关系

从上述中国与西方的美学思想，可以理解美与人类爱之间有深刻的内在联系。

（一）人类之爱是一切美的源泉。

康德讲的"合目的性"，就是外界表象与愉快情感的结合。他的意思就是：一切事物或形象的美，首先要使人喜爱。

康德的意思可以理解为：人所爱的，人就会感受到美。

中国民间有一句话：情人眼里出西施。

的确，在恋爱着的男女眼中，对方就是最美的。

孔子认为韶乐非常美，因为他热爱韶乐；但是并不是每个人都喜爱韶乐，一个不懂音乐的人，可能认为还是可口的羊肉汤更美。

那么，美是否没有客观的标准呢？并不是。

康德提出"共通感"的概念。他说："鉴赏判断必定具有一条主观原则，这条原则只通过情感而不通过概念，却可能普遍有效地规定什么是令人喜欢的、什么是令人讨厌的。但这一条原则将只能被看作共通感。"（《判断力批判》）

人类的共通感，使人类有相同或相似的喜爱，这是人类对美的共同标准。

鲜艳的花朵、悦耳的鸟声、壮丽的山河，全世界的人都会喜爱。

不同的文化可能形成人们不同的美感。在中国，李白的诗歌、欧阳修的散文、王羲之的书法、巍峨的长城，每个中国人都会喜爱，都会认为很美。这是中国人在同一文化熏陶下形成的共同喜爱与美感。

西方的基督教徒在圣母圣子的画像前面，会感受到上帝之爱给予的美

（二）人类之爱是一切艺术的永恒主题。

《毛诗序》说："情动于中而形于言。"这句话清楚地说明了情感与美的关

系。事实上,美就是情感的表达形式,情感是美的内在实质。

人类之爱是人类情感的核心,因此,爱是一切艺术美的主题。这个情况,自古至今,没有改变。因此,爱是艺术的永恒主题。

孔子亲自收集编辑了我国最早的诗集《诗经》。《诗经》反映了华夏大地上普通民众的炽热的爱情与亲情。

中外最有名的文学著作,如《西厢记》、《牡丹亭》、《红楼梦》、《罗密欧与朱丽叶》、《茶花女》、《安娜·卡列尼娜》等,都是以爱情为主题的。

中外年轻人喜爱的流行歌曲,绝大多数都是歌颂爱情的。

受到全球华人欢迎的,由邓丽君演唱的《月亮代表我的心》,它的主要歌词(汤尼作词)就是歌咏爱情的,摘录两段如下:

你问我爱你有多深/我爱你有几分/我的情不移/我的爱不变/月亮代表我的心。

轻轻的一个吻/已经打动我的心/深深的一段情/叫我思念到如今。

(三)人类之爱是艺术创造的强大动力。

美有自然美与人类美。各种艺术(文学、诗歌、音乐、绘画、书法、戏剧、雕塑、建筑等)是人类美的精华。

艺术是怎样创作出来的? 当然,不同的艺术有不同的创作技巧。但只有创作技巧是创作不出优秀的艺术作品的。艺术创作需要充沛的激情,需要持续的磨炼;最根本的,是需要对艺术的爱、对于美的爱、对于人类的爱。

中国书法是世界上一种独特的艺术,是完全抽象的艺术,却受到全体中国人的喜爱。

中国两千多年来年,出现了许多著名书法家。这里讲一个书法家刻苦学习书法的故事以说明:只有对书法怀有深挚的爱,才能付出持久的艰苦努力,从而创作出杰出的书法作品。

王献之是王羲之的第七个儿子。幼年爱好书法,有心向他父亲学习书法。

一天,小献之问母亲:"我再写上三年就行了吧?"母亲摇摇头说:"你要记住,写完院里这18缸水,你的字才会有筋有骨,有血肉,才会站得直立得稳。"

303

就这样，献之又练了 5 年，把一大堆写好的字给父亲看，希望听到几句表扬话。谁知，王羲之一张张掀过，一个劲地摇头。掀到一个"大"字，父亲现出了较满意的表情，随手在"大"字下填了一个点，然后把字稿全部退还给献之。

献之将全部习字抱给母亲看，并说："您仔细看看，我和父亲的字还有什么不同？"

母亲果然认真地看了 3 天，最后指着王羲之在"大"字下加的那个点儿，叹了口气说："吾儿磨尽三缸水，唯有一点似羲之。"

献之听后泄气了。母亲见他的骄气已经消尽了，就鼓励他说："孩子，只要工夫深，就没有过不去的河、翻不过的山。你只要像这几年一样坚持不懈地练下去，就一定会达到目的的！"

献之听完后深受感动，又锲而不舍地练下去。献之练字用尽了 18 大缸水，在书法上突飞猛进，达到了炉火纯青的程度，他的字和王羲之的字并列，被人们称为"二王"。

王献之的成功，当然有他母亲教育之功，但是根本还是要依靠他自己对书法的热爱与长期的刻苦磨炼。

贝多芬的大部分交响曲是在耳朵渐聋的情况下创作出来，他的伟大的第九响曲是在耳朵全聋后创作的。蕴藏在他心中的精神动力究竟是什么？不能不说，那是他对于音乐、对于人类的炽热的爱。

贝多芬说："音乐是比一切智慧、一切哲学更高的启示。……谁能参透音乐的意义，便能超脱寻常人无以振拔的苦难。"（《名人传》）

贝多芬的这段话，表达了所有优秀艺术家对艺术与美的热爱。

四、爱与真、善、美的关系

通常认为，真、善、美三者是人类的最高追求，那么，爱与真、善、美是什么关系呢？

哲学中的本体论和认识论，都是阐述"真"的；价值论是阐述"善"的；美学是阐述"美"的。

从本篇的各章,可以理解真、善、美三者都与人类之爱有非常密切的关系。现简要归结如下:

(一)爱与真、善、美,都是人类的本质,人类的根本属性。

所谓人类的本质,就是人类有别于其他动物的属性。爱与真、善、美一样,都是人类高度发达的理智与情感结合的产物。这种高度发达的理智和情感,是其他动物不具备的。

(二)爱是真、善、美的强大的动力资源。

人类是不断地追求着真、善、美的。但是究竟什么是人类追求真、善、美的动力资源呢?(如飞机的飞行需要汽油作为动力资源一样)

本篇所述,已经表明,人类追求自然与世界的客观规律(求真),其动力是人类对于真理的热爱。人类寻求并遵循道德准则(善),其动力是人类对于亲人、朋友、大众、国家和人类的热爱。人类创造各种美好的文学或艺术(美),其动力是人类对于各种美的热爱。

总之,人类之爱是人类追求真、善、美的根本动力。

(三)爱是真、善、美的评判准则或条件。

什么才是真?什么才是善?什么才是美?需要有一个评判准则。

1. 关于真。

所谓"真",是人类对客观世界的真实与规律的认知。这种认知,与人的爱是有关的。对于虔诚的基督教信徒来说,由于他热爱上帝,他会认为"上帝创造世界"的论述就是"真"。但对于一般人来说,他喜爱探究大自然本身的真实,他会相信自然科学的各种关于"真"的发现。

在哲学与社会科学范围内,其真理性,只能依靠人类的社会实践来验证。而社会实践,也需要有一个评判标准,那就是:是否有利于人类?是否有利于人民大众?这个标准,就是从人类之爱出发的。

2. 关于善。

自爱、仁爱、互爱、博爱等,都是人类关于善的基本内涵。也可以说,人类之爱,就是善的评判准则。

当代世界公认的,自由、民主、平等、法治、和平、公平、公正、正义等普世价值,都是从人类之爱出发的,因此符合善的准则。

3. 关于美。

康德说:合目的性的对象就叫做美。这句话的意思也可以表达为:人所爱的,就是美的。

对与自己愉快的情感相结合的人或事物,人会感到美,同时也会感到爱。

爱与美是密切结合的。希腊神话中的维纳斯既是美之神,又是爱之神,被称为美丽的爱神。

当然,美应当与善(人类之爱)相结合,个人之所爱,不应与人类之爱和社会公德相抵触。

第八篇　爱与我们的生活

本篇论述人类之爱与人类生活各方面——政治、经济的关系，并论述爱与和谐世界、和谐中国和和谐人生的关系。

爱与政治

一、中国政治思想的演变

中国两千多年的帝王专制时期中，在政治思想上，基本上是儒家、道家与法家思想的综合，而主要是儒家与法家的综合。

（一）中国帝王专制时期的政治思想。

1. 道家

老子说："为无为，则无不治。"（《道德经》）

"民之饥，以其上食税之多，是以饥。民之难治，以其上之有为，是以难治。"（同上）

他的"无为而治"的思想，就是要求统治者放松对人民的管制与盘剥，是有利于民众休养生息的。

汉代前期文帝、景帝时期，在国家治理上，曾遵循道家的无为思想，两次"除田租税之半"，即租率减为三十税一。文帝还下诏开放原来归国家所有的山林川泽,从而促进了农民的副业生产,同时也推动了与国计民生有重大关系的盐铁生产的发展。史书上称誉为"文景之治"。

中国其他朝代所执行的治国方针,都是儒家与法家的结合。

2. 儒家

儒家的政治思想,还是以维护君主和帝王的专制统治为目标的。而儒家提倡的是一种较为温和的专制统治。

自孔子开始,儒家的政治思想的要点是:1. 仁政;2. 礼治;3. 忠恕。

这三个要点的总目的,是实施一种较为温和的专制统治。

孔子讲的"仁者,爱人",是泛指对他人或大众的爱。正式提出"仁政"的是孟子。

孟子说:"以不忍人之心,行不忍人之政,治天下可运之掌上。"(《孟子·公孙丑上》)"不忍人之政",就是仁政。

孟子对仁政有许多具体的阐述,如:"老吾老以及人之老,幼吾幼以及人之幼,天下可运于掌。"(《孟子·梁惠王上》)

"仁政"的政治主张,虽然也是为了巩固专制统治,但是在客观上是有利于民众的。

儒家将"礼"作为治理国家的主要方法。"礼"的意思大致是:根据人的关系与地位,决定行为的规则。

《左传》中说:"礼,经国家,定社稷,序人民,利后嗣者也。""夫礼者,所以定亲疏,决嫌疑,别同异,明是非也。"

意思是:礼可以治理国家,稳定帝制,使人民遵循各种规矩,而有利于子孙后代。

儒家在政治与伦理理念上重视"忠"与"恕"。

儒家的忠,当然首先是忠于君王,但也包括忠于职守,忠于朋友,忠于民众。

子曰:"君使臣以礼,臣事君以忠。"(《论语·八佾》)

樊迟问仁。子曰:"居处恭,执事敬,与人忠。"(《论语·子路》)

曾子曰:"夫子之道,忠恕而已矣。"(《论语·里仁》

"恕"有对人宽容的意思。

应该说,在中国两千多年的帝王专制时期内,儒家的仁政、礼治与忠恕的政治主张,有利于国家的稳定,也使民众有较为宽松的政治与经济环境。

3. 法家

在政治理念上,法家与儒家有很大的不同。

法家商鞅在秦国实行变法,采取了许多极端的措施,例如连坐法,将有关系而无罪的人判以重刑。实行重农抑商,严格限制工商业。实行文化专制,思想垄断,焚烧儒家经典,驱逐与打击读书人等。

法家集大成者韩非说:"小忠,大忠之贼也。"(《韩非子·饰邪》)

他所谓"大忠",是忠于君王;所谓"小忠",是忠于父母或朋友。他的意思是:应该绝对地忠于君王,为了忠于君王,就不能考虑忠于父母和朋友。

所以,法家提倡的是绝对的专制主义。

韩非说:"以法治国。"(《韩非子·有度》)

韩非的以法治国,与现代社会讲的法治,完全不是一回事。他讲的法,是巩固专制制度的严酷刑法;现代讲的法治,是保障人民民主权利的宪法与法律。

法家的政策使秦国强大,统一了中国,在历史上是有功的。但是由于对民众的残酷统治,激起民众的反抗,到秦二世,就被推翻了。

中国后来两千多年中历代皇帝采取的政策,基本上是儒法结合,或外儒内法。既有儒家的较为温和的政策,又有法家的严酷的专制统治与思想控制。

(二)民国以后的政治思想。

1911年,民国的成立,推翻了延续两千多年的帝王专制。应该说,这是中国在政治生活中的重大进步。

但是,由于帝王专制的积习太深,政治制度是变了,政治思想并没有根本的改变。国民党领导人接受德国等国军国主义的影响,没有实行孙中山"民权主义"的正确主张,而实行法西斯式的一党专政。

新中国建立之后,前三十年学习苏联模式,政治上以阶级斗争为纲,发动多次运动,在政治、经济与思想上,实行高度的集权控制,事实上是继承了法家的专制传统。在"文革"中,更是将这种传统发展到登峰造极的地步。

改革开放以来,国家经济有迅速的增长,人民生活也有较大的提高。但由于历史传统与苏联模式的影响,政治改革还有很长的路要走。

二、西方政治思想的演变

西方国家的政治思想经历了若干阶段的演变。

(一)古希腊与罗马时期。

古希腊时期的政治思想,以柏拉图的《理想国》为代表。柏拉图将国家分为三个阶层:统治阶层、武士阶层和平民阶层。他强调城邦的整体利益。他提倡的德性是:智慧、勇敢、节制和正义。统治者应有智慧;武士应该勇敢;平民则要求节制(节制欲望,服从统治),三者结合就是正义。

柏拉图强调人的等级与分工;而亚里士多德认为,人既有差异性,也有共同性,即他们都是人。他说:"正义包含两个因素——事物和接近事物的人,大家认为相等的人就应该配给相等的事物。"

古希腊在独特的地理条件(沿海岛屿)下形成城邦制民主制度,在公民(奴隶主与自由民)内部实行民主。公民在公民会议上都有发言权与表决权。

古希腊被马其顿征服后,进入希腊化时期,出现斯多葛派。斯多葛派看到了国家的扩大,主张混合政体,也就是由平民、国王和贵族共同组合的政治制度。混合政体中,社会应是一个互助互爱的团体。

公元前200年后,罗马逐步扩大疆域,成为大国。西塞罗对古罗马政治思想的形成有重要影响。他将斯多葛派理论、自然法和契约论思想结合在一起。他认为自然法是最高的理性。国家产生于人类的契约,是人民的共同的结合体。

罗马建立了完整的法律体系,对西方国家后来的法律影响甚大。

(二)中世纪神学时期(约5—15世纪)。

欧洲中世纪时,基督教神学思想占统治地位。

奥古斯丁坚持认为"君权神授"，认为一切权力来自上帝，教皇是人间的代表，教权高于君权。阿奎那将亚里士多德的理论和宗教信条融合起来，形成了欧洲中世纪最权威的思想体系——神权政治体系。他认为国家是上帝所创造，上帝是一切权力的来源和象征。

（三）启蒙运动后的近代时期。

16—17世纪的文艺复兴，冲破了神的权威，树立了"人"的地位。18世纪的启蒙运动，在政治思想上有重大突破，建立起"主权在民"的思想。

启蒙运动中最重要的思想家是孟德斯鸠、伏尔泰与卢梭。

孟德斯鸠在他的《论法的精神》中积极肯定自然法。他说："和平应该是自然法则的头条规则……自然法中另一条便是启发人类去觅食；……人类互相之间的自然需求和爱慕，应该是自然法的第三条……生活在社会中的意愿，就是自然法的第四条。"（《论法的精神》）

这里，孟德斯鸠将自然法与人类的爱联系了起来。

他主张"三权分立"，他说："如果司法不与立法权和行政权分立，自由同样就不复存在了。如果司法与立法权合并，公民的生命和自由将任人宰割。"（同上）

可见他的"三权分立"，完全是从公民的利益考虑的。

伏尔泰是启蒙运动时有巨大影响的作家，从他的小说，可以理解他对人民深厚的爱与同情。

卢梭是启蒙运动对后世影响最大的思想家，他说：

每个人都生而自由、平等。

这种人所共有的自由，乃是人性的产物。人性的首要法则，是要维护自身的生存……一个人一旦达到有理智的年龄，可以自行判断维护自己生存的适当方法时，他就从这时候起成为自己的主人。（《社会契约论》）

启蒙运动奠定了西方近代至现代政治思想的基础。

（四）现代时期。

德国社会学家马克思·韦伯提出资本主义的理性化原则。他对于资本主义的解释是："理性化的经济生活、理性化的技术、理性化的科学研究、理性

化的军事训练、理性化的法律和行政机关。"(《新教伦理与资本主义精神》)

英国当代思想家伯林,提出"消极自由"的原则。他所谓的"消极自由",是指国家和政府不能干预、剥夺个人的基本自由权利,如伯林在《自由论》中所讲的"宗教、言论、表达与财产权利"。

当代西方最重要的政治哲学家,美国的罗尔斯发表《正义论》。他提出的"正义"的原则,对于当代建立合理政治,有重要的指导意义。

总之,西方的现代政治思想,沿着启蒙运动开创的自由、平等、民主、正义等方向,继续走向完善与合理。

当然,西方国家的现实政治,并不完全按照上述的各种合理的政治理念。19—20世纪中,西方国家在国际上推行的帝国主义、殖民主义和强权主义,是有悖于上述理念的。虽然它们的国内政策基本上遵循这些理念。

下面讨论政治思想与人类爱的关系。

三、平等与自由立足于人性与对于人类的爱

卢梭提出:"每个人都生而自由、平等。"

这句话的意思,被写进1776年的美国《独立宣言》与1789年的法国《人权宣言》。当前,平等与自由,已经作为"普世价值",被全世界各国所承认。

这一句话,在人类历史上,应该说有划时代的意义。

然而,在西方与中国的历史上,事实上并不是每个人生而自由、平等。相反,人自出生以来,并不是平等、自由的。

中国两千多年的帝王专制时期,每个人自出生以来,就分属于不同的等级。高望之在《儒家孝道》中介绍说:"周朝之前很久,中国人群中就划分出阶层;然而,在周朝时,这种划分更清楚了。贵族天生就不同于非贵族的普通人,后者包括庶人(一般的普通人)、国人(住在首都的普通人)和野人(住在农村的普通人)。贵族有他们的姓和氏(氏是姓的分支),而普通人全都没有姓。只是在几百年之后,即纪元开始前后,中国的普通人才开始有他们的姓。"

在分封的诸侯中,也有严格的等级,即:公、侯、伯、子、男。诸侯以下,又

分为卿、大夫（高级官员）、士（读书人）和庶人（普通人）。

古希腊时期，按柏拉图的学说，有统治阶层、武士阶层和平民阶层之分。中世纪时，教皇高于国王，国王高于贵族，贵族高于平民。

在资本主义时期，有人出生于资本家家庭，有人出生于工人家庭。出生不同的人，在物质享受与受教育程度上，都会有明显的差异。

因此，可以理解，"每个人生而自由、平等"这一句话，并不严格符合历史现实。

那么，为什么这句话得到世界各国人民的赞同呢？

因为它是符合真理的，是符合人类的本性的。

卢梭是以原始人类为对象，并从人类的本性出发来提出他的论点的。

他在《社会契约论》中有这样一段话，解释为什么人是生而平等的。

这种人所共有的自由，乃是人性的产物。人性的首要法则，是要维护自身的生存；人性的首要关怀，是对于其自身所应有的关怀；而且，一个人一旦达到有理智的年龄，可以自行判断维护自己生存的适当方法时，他就从这时候起成为自己的主人。（《社会契约论》）

他又有以下一段话，解释人为什么是生而自由的。

在一切动物之中，区别人的主要特点的，与其说是人的知性，不如说是人的自由主动者的资格。自然支配着一切动物，禽兽总是服从；人虽然也受到同样的支配，却认为自己有服从或反抗的自由。而人特别是因为他能意识到这种自由，因而才显示出他的精神的灵性。（《论人类不平等的起源和基础》）

的确，如果从人类的起源来思考，从人类的本性来思考，人应该是平等而自由的。所有社会上造成的人的不平等和不自由，都是违背人类本性的。

因此，卢梭说的"每个人生而自由、平等"，是从人类本性出发的，是立足于对于人类之爱的。它体现的是真理，因此，它被全世界各国人民所接受，而成为世界各国的立国之本。

四、民主与法治是人类爱的必然要求

要寻找出一种结合的形式，使它能以全部共同力量来卫护和保障每个结合者的人身和财产,并且由于这一结合而使得每一个与全体相联合的个人只不过是在服从其本人,并且仍然像以往一样地自由。这就是社会契约所要解决的根本问题。(卢梭,《社会契约论》)

这就是"主权在民"的思想。而"民主"的意义,就是"主权在民"。

法国《人权宣言》第三条:"整个主权的本原主要是寄托于国民。"

美国《独立宣言》中说:"政府之正当权力,是经被治理者的同意而产生的。"

中华人民共和国2004年修改的宪法中说:"中华人民共和国的一切权力属于人民。"

这些庄严的语句,都体现着"主权在民"的民主思想。

关于"法治",英国哲学家洛克是法治思想的奠基人。他说:

在有政府的情况下,人的自由就是遵守由立法机关制定的,全社会都承认的,长期有效的法律。

就法律的真实意图来说,与其说它是一种限制,倒不如说它是指导一个自由和聪明的人追求自己的合法权益。……因此,不论人们如何误解,法律的目的是为了保护和扩大自由,而不是取消和限制自由。在有能力使用法律的一切状态里,哪里没法律,哪里就没有自由。因为自由是免受他人的限制和暴力,在没有法律的地方,这是不可能的。(《政府论》)

卢梭认为,民主的目的是保障每个人的人身、财产和自由。

洛克认为,法治的目的是指导并保护每个人的自由和权益。

归根到底,他们是认为,为了爱护人类的利益、爱护每个人的利益,必须有民主与法治。

民主与法治是人类爱的必然要求。

五、正义是对全人类普遍的爱

正义是古今哲学家与政治学家共同关注的问题。

柏拉图的正义观适应于古希腊的奴隶制社会,但在今天是不适用的。

20世纪美国政治哲学家罗尔斯提出的两条正义的原则,是符合当代要求的。

第一条原则:每个人都有平等的权利去拥有可以与别人的类似自由权并存的最广泛的基本自由权。

第二条原则:对社会和经济不平等的安排应能使这种不平等不但(1)可以合理地指望符合每个人的利益,而且(2)与向所有人开放的地位和职务联系在一起。(罗尔斯,《正义论》)

他的两条原则的精神是:

1.在自由权方面,必须是人人平等的;不能允许有特权的存在。

2.而在经济方面,有条件的允许一定的不平等,而又应保障弱势者的利益。

当代在世界各国,这两条原则都应该是适用的。

从第一条原则看,在没有充分实现民主与法治的国家中,都在不同程度上存在着特权阶层,他们享有一般民众所不可能有的特权,中国也不例外。这种状况不改变,国家与社会是谈不上有正义的。

第二条原则,既符合市场经济的法则,允许在经济收入上,有一定的差距;但是,从全社会来说,必须重视并保障弱势阶层的利益,使经济发展的成果为全社会共享。

因此,"正义"的原则,就是对于全人类的各阶层的爱,或者说,是对全人类的爱。

小结:

自由、民主、平等、法治、公平、正义等现代世界普遍承认的政治原则或普世价值,全部都立足于人类之爱。任何国家的政府或政治领导人,如果是热爱人民大众的,而不是维护少数特权者利益的,都必然会承认、接受并积极推行这些世界所公认的政治原则,或普世价值。

爱与经济

本章论述人类爱与经济思想和经济发展的关系。

一、中国经济思想的演变

两千多年的中国历史中,中国的经济思想大致经历如下阶段:

(一) 先秦时期。

先秦时期的主要经济思想是:

1. 道家的无为思想:道家主张"小国寡民,清静无为",放任经济自然发展。

2. 儒家的义利思想:儒家主张重义轻利。

3. 法家的强国思想:法家主张富国、穷民、强军,重本抑末,即重视农业,抑制工商业。

(二) 两汉时期。

西汉时期,司马迁说:"富者,人之情性,所不学而俱欲者也",即主张满足人们的天生的致富欲望。他提出"善因论",说:"故善者因之,其次利道之,其次教诲之.其次整齐之,最下者与之争。"即如果是有利于社会的,就应听顺人们致富欲望的发展。

但汉代前期的政策,在经济繁荣的同时,也造成贫富悬殊,豪门坐大。汉武帝推行国家干预,将铸钱、盐铁等收归国有;这些措施对国力的强盛,发挥了作用。

在经济思想上,贾谊最早建议由封建国家垄断货币,"勿令铜布于天下";提出"法钱",即标准货币的概念;他认为国家通过货币,可以调节商品供应、稳定物价和增加财政收入。(《食货志下》)

桑弘羊创行平准法。"平准"是国家运用贵时抛售、贱时收买的方式来稳定物价。

（三）唐宋时期。

刘晏是唐代著名的财政大臣，在肃宗、代宗时任宰相，他在经济与财政上作出重大贡献。他的主要贡献是：1. 改革漕运（分段运输）；2. 改革盐政（改官收官销为官收民销）；3. 建立了经济情报网。

他的经济理念是："理财以爱民为先。"（《资治通鉴》）

陆贽在德宗时任宰相。他的经济理念是："建官立国，所以养人也；赋人取财，所以资国也，故立国而不先养人，国固不立矣。"

意思是：要将立国与富民相结合；民众不富，国家也不可能巩固。

北宋时，学者反对传统的"抑末"观点，为私商自由经营辩护，主张通商。欧阳修要求国家与商贾实行"共利"

（四）明清民国时期。

明清时期，继续反对重农抑商的思想。黄宗羲明确提出工商"皆本"（《明夷待访录》）。魏源对传统的"禁奢崇俭"论提出新的解释，认为俭只能适用于封建统治者和贫民；对于富民，则应鼓励他们奢侈以促进消费。（《古微堂内集》）

民国时期，孙中山的民生主义是一个较好的指导性经济思想。在1927—1937抗战开始前的十年内，经济建设有较快发展，工业年增长率达8％以上；交通运输业与教育事业也有发展。但由于内乱外患，除高官巨商外，一般人民生活贫困。

（五）新中国时期。

1949年新中国建立至今60多年，明显地分为两个时期。

1949—1978年，学习苏联经验，执行计划经济，由国家控制生产与分配。虽然在恢复农业生产、基础设施与工业建设上有一定成绩，但人民生活普遍贫困。在十年"文革"时期，国家经济接近崩溃。

1978年后邓小平提出"以经济建设为中心"和改革开放方针，实行市场经济，鼓励发展民营经济，给予农民土地承包权，对外开放，参加世界贸易组织（WTO），国民经济得到迅速发展。到 2010 年，经济总体实力已经是世界第二位，人民生活普遍有所改善。但是存在着贫富差距悬殊、农民与城市基层民众普遍缺乏社会保障、国有经济垄断性经营、民营经济发展困难、官商勾结、官员贪污成风等严重问题。

二、西方经济思想的演变

西方经济思想大体经历以下几个阶段：

（一）古希腊与中世纪。

柏拉图在《理想国》一书提出社会分工的必要性。

亚里士多德指出货币对一切商品起着一种等同关系的作用。他是最早分析商品价值形态和货币性质的学者。

（二）重商主义。

重商主义发源于 16—17 世纪西欧资本原始积累时期，是指国家为获取货币财富而采取的政策，主张通过对殖民地的掠夺和对外贸易的扩张积累资金。

（三）法国重农学派。

该学派以魁奈为代表，主张用按资本主义方式经营的农业，并用生产经营活动来分析资本的流通和再生产。

（四）亚当·斯密。

斯密是英国古典经济学的创立者。他所著《国富论》一书把资本主义经济学发展成一个完整的体系。他指出不只是农业，一切物质生产部门都创造财富。他充分肯定自由竞争的市场机制，把它看作是一只"看不见的手"。他反对国家干预经济生活。

（五）李嘉图。

李嘉图是英国古典经济学的完成者。他提出了以劳动价值论为基础、以分配为中心的严谨的理论体系。他论述了货币流通量的规律，提出国际贸易中的比较成本学说。他的学说对后来的经济学发展有深远的影响。

（六）边际效用学派。

边际效用学派出现于 19 世纪 70 年代初的几个西欧国家。它以倡导边际效用价值论和边际分析为共同特点。边际分析方法,后来成为资产阶级经济学发展的重要基础。

（七）马歇尔的新古典经济学。

马歇尔将供求论、生产费用论、边际效用论、边际生产力论等融合在一起,建立了一个以完全竞争为前提、以"均衡价格论"为核心的经济学体系。他创立的新古典经济学,从 19 世纪末起至 20 世纪 30 年代,成为西方经济学的主流思想。

（八）凯恩斯的宏观经济学。

1929 年爆发空前规模的世界经济危机后,资本主义经济陷入萧条,失业问题严重。适应挽救经济危机的需要,凯恩斯于 1936 年发表了《就业、利息和货币通论》一书。

凯恩斯批评了"供给创造自己的需求"的"萨伊定律",提出了有效需求决定就业量的理论。有效需求包括消费需求和投资需求。他主张加强国家对经济的干预,采取财政金融政策,增加公共开支,降低利率,刺激投资和消费,以提高有效需求,实现充分就业。他的学说为西方国家采纳,为 20 世纪时期的经济恢复与发展发挥了重要作用。

（九）新经济自由主义。

二战以后,国家干预经济的政策引起一系列的新问题。20 世纪 70 年代以来,出现了经济停滞和通货膨胀同时并存的"滞胀"形势,使凯恩斯理论受到挑战,引发了新经济自由主义的兴起。

新经济自由主义主张恢复和加强自由市场机制的自动调节作用。

（十）福利经济学。

20 世纪 20 年代,英国经济学家霍布斯和庇古创立福利经济学。庇古提出两个基本的福利命题:一是国民收入总量愈大,社会经济福利就愈大;二是国民收入分配愈是均等化,社会经济福利就愈大。

福利经济学对于西方国家缓解贫富差距,实现分配均衡,发挥重要作用。

（十一）发展经济学。

二次大战结束后，亚、非、拉各洲的发展中国家纷纷独立，但经济发展相当艰难。在此背景下，20 世纪 40—50 年代，兴起了发展经济学。重要的经济学家有刘易斯、纳克斯等。

发展经济学强调经济建设的计划化，资本的积累、工业化与人力资源的开发。

（十二）穷人经济学。

1979 年，诺贝尔经济学奖获得者、美国经济学家西奥多·舒尔茨建立穷人经济学。

他反对重工轻农的思想，强调农业在发展中国家的基础作用。他特别重视人力资源的开发和教育的投资，提出人的技术水平的提高是现代农业生产率迅速提高的重要源泉。

（十三）熊彼特的创新理论。

20 世纪著名经济学家熊彼特（美籍捷克人）提出创新理论，他认为：科技与管理的创新，是经济发展的基本动力。他的学说对于世界经济的进步有重大影响。

三、经济应以爱民与富民为先

在中国与西方自古至今的经济思想中，都可以见到人类爱与经济的关系。

儒家的经济思想，基本上是从"仁者爱人"出发的。

孔门有若（公元前 518—?）提出"百姓足，君孰与不足"。司马迁承认"人之情性"，"人之所欲"，都是从人的利益考虑的。

唐代名相刘晏，更明确地提出："理财以爱民为先。"

陆贽提出"建官立国，所以养人也"，也是从"爱民"出发的。

宋代之后，工商业发展迅速，学者与执政者对于重本抑末的思想不断地有所调整，以至到清代早期的黄宗羲，提出工商"皆本"的思想，都是从有利于人民致富而考虑的。

西方古典经济学的创始人,亚当·斯密,不仅是著名的经济学家,更是一位杰出的伦理学家,他的名著,不仅有《国富论》,还有一部《道德情操论》。该书特别强调人与人之间的互爱与同情,并以此为基本原理,来阐释正义、仁慈、克己等一切道德情操产生的根源。

亚当·斯密在《道德情操论》表达的对人民之爱,是他的"以民富达到国富"的伦理学基础。

四、人民之爱是市场与调控的共同目的

亚当·斯密是市场经济与自由经济理论的创建人。他的理论是:必须充分发展自由市场,让每个人在自由竞争中,通过合法经营,谋取个人利益,以实现个人致富;这是达到全社会致富与国家的富强的最有效途径。

新中国成立后 60 年的经济发展经验与教训充分说明他的理论是正确的。原来所设想的用计划经济的方法,实现共同富裕与国家富强,事实上不成功。中国实行改革开放以来,充分放开国内与国际两个市场,允许并鼓励民营工商业的发展,允许农民的自主经营与自由流动,在短短 30 年的时间内,成为国际上第二经济大国,人民生活普遍有所改善。中国的实践进一步证明,亚当·斯密的理论是正确的。

当然,从 1929 年与最近(2008 年)的两次经济与金融危机来看,经济的稳定发展,只依靠市场的力量是不够的,还需要有政府的宏观调控。在这方面,凯恩斯的"有效需求论"是正确的。在最近一次波及全球的金融危机中,中国政府投入四万亿元,兴建大批基础设施,以挽救危机造成的损失,创造就业机会,使中国较快地摆脱危机的影响。但是政府的投入资金,主要走向国营企业,一定程度上形成"国进民退",这是需要重视与改进的。

因此,市场经济有利于人民利益;政府必要的调控,也应以人民利益为出发点。市场经济与政府调控的结合,都应服从于人民利益。归根到底,经济发展的根本动力,都是来自每个人的自爱与对家人的爱,以及政府对于人民之关爱。

五、对人民大众的爱与缩小贫富差距

经济的自发性发展,不仅会导致经济失控,还会使社会的贫富差距悬殊,成为社会不安定的重要因素。

要求财富分配的完全均等,是一种平均主义思想,是不利于经济发展的。

在平等的法律制度下,由于每个人的智慧与能力的不同,在自由的市场竞争中,必然会有一定的财富差别。适当的财富差别,会鼓励人们的努力与创新,因此也会推动社会进步。

但如果贫富差距悬殊,少数人豪富,多数人贫困,那绝不是合理的社会;最终将阻碍经济的持续增长。

20世纪兴起的福利经济学、发展经济学、穷人经济学,都是着眼于缓解贫富差距问题。

在这些经济思想的影响下,西方国家率先采取多种社会保障性的政策,如养老保障、医疗保障、失业保障、累进制所得税、遗产税等,在缓解贫富差距方面,发挥了积极作用。

中国当前的贫富差距是相当大的。根据联合国2008年公布的反映贫富差距的基尼系数数据,中国是0.469,明显地超过警戒线(0.4)。有学者指出,如果在考虑到中国当前普遍存在的灰色收入(即不正当、不合法的收入),中国的基尼系数,很可能在0.5以上,是世界上贫富差距最大的国家之一。这个情况,与中国所要实现的有中国特色的社会主义目标,明显是违背的

缓解与缩小贫富差距,是全社会关注的问题,需要进一步加快经济体制与政治体制改革,积极建立社会保障制度;这一切都需要执政的党和政府,以及全社会各界人士,充分发扬对于社会各阶层的爱,特别是弱势群众的爱和对人民大众的爱。

六、创新之爱是经济发展的原动力

熊彼特的创新理论是国际经济学的重要发展。他所谓创新,就是要建立

一种新的生产要素的组合,将新组合引进生产体系中去。企业家的职能就是实现创新,引进"新组合;资本主义的经济发展就是这种不断创新的结果。

他把资本主义经济的发展分为三个时期。

1. 1787—1842 年是产业革命发生和发展时期。

2. 1842—1897 年为蒸汽和钢铁时代。

3. 1898 年以后为电气、化学和汽车工业时代。

20 世纪 40 年代后,又进入信息技术(IT)革命的时代。

的确,蒸汽化、电气化与信息化,带动着整个世界的经济发展与社会进步。

爱迪生是电气化时代的代表。而他热衷于发明创造,完全是出于他对于发明与创新的热爱。他一生中,有两千多项发明创新,例如:留声机、白炽电灯、晶体管、电影、有轨电车,等等。他的一系列发明创新,推动了时代向电气化的前进,对于经济发展和人们生活的丰富多彩,做出了巨大贡献。

美国汽车大王福特是企业家创新的代表。

福特出生于一个普通的农场主家庭,幼年在农场协助父亲劳动,非常艰苦。他从小就对手表等机械有浓厚兴趣。17 岁时,他去底特律的汽车工厂工作,同时做手表修理工作,以增加收入。他从手表的装修中发现,许多手表零件都可以批量生产,而减低价格。后来他将这个思路,应用于汽车生产,发明了流水作业法,获得巨大成功。从此汽车价格大幅度下降,实现了他要使工人都买得起汽车的理想。

从爱迪生与福特的事例,可以理解:科学家与企业家对于科技与管理创新的热爱,是经济发展的强大推动力。

小结:

唐代刘晏提出的"理财以爱民为先",今天来看,仍然是经济建设与经济治理的正确原则。

经济发展,必须要从"爱民"出发,从人民大众的利益出发。首先要承认每个人(或家庭)的财产权。剥夺个人财产的计划经济体制,是必然要失败的。

市场经济与必要的政府调控都应立足于对人民大众的爱,创造让人民大众,包括大、小企业家发家致富的条件。

经济发展必须与社会发展相结合,建立健全的社会保障制度,特别要关爱弱势群体——基层工人、农民工、贫困者、残疾者、无依靠者和老人。"仁者爱人"、"老吾老以及人之老"的中国传统思想,依然应大力弘扬。

要积极提倡对创新之爱,发扬创新精神,促进科技创新、管理创新、服务创新,这是经济发展的永恒动力。

爱与和谐

"和"是中国传统哲学的核心理念之一;"和"是中华文化的优秀传统。

"和谐"两字,自 2005 年以来,已经成为我们国家的主导性思想。在国内要建立"和谐社会";在国际上倡导"和谐世界"。

在当代世界,和谐是一种适应时代总趋势的价值观,是世界与中国人民的正确的努力目标。对每个人来说,人生和内心的平衡与和谐,也是最大的幸福。

本章论述爱与和谐世界、和谐中国、和谐人生与和谐内心的关系,作为全书的尾声。

一、爱与和谐世界

(一)人类之爱与世界政治和谐。

在人类的长期历史发展中,形成了一系列为全世界绝大多数国家和人民接受的普世价值。

普世价值是符合人类本性的,是建设现代化国家所必需的,也是载入联合国宪章与国际公约的。

和平、平等、自由、民主、法治、人权等是普世价值的重要内涵。所有的普世价值，都来源于对人类之爱。

和平、正义、平等、自由、民主、法治、人权等普世价值，与世界的政治和谐直接相关。

人类历史上，人民饱受战争的伤害。20世纪中叶，军国主义的德国、意大利与日本，发起侵略战争，使全世界遭受浩劫。二战中，有5500万～6000万人死亡，1.3亿人受伤，合计死伤1.9亿人。

二战以后成立了联合国，《联合国宪章》在"宗旨"中对"和平"与"正义"作出了规定：

维持国际和平及安全；并为此目的：采取有效集体办法，以防止且消除对于和平之威胁，制止侵略行为或其他和平之破坏；并以和平方法且依正义及国际法之原则，调整或解决足以破坏和平之国际争端或情势。

关于"平等与自决"，它规定：

发展国际间以尊重人民平等权利及自决原则为根据之友好关系，并采取其他适当办法，以增强普遍和平。

国际争端，只能以和平、正义来处理。世界各国，不论大小，都是平等的；在行使国家权利上，都是独立而自由的。这些都是普世价值在国际关系中的体现。

二战以后，特别是1979年冷战结束之后，世界没有发生世界性的战争，世界的和谐有较大的进展。

但是，局部战争还不断发生，国际强权主义与恐怖主义对于世界的和谐，还构成严重威胁。

在人类互爱的基础上，实现全世界的政治和谐，还任重而道远。

（二）人类之爱与世界经济和谐。

二战以后，世界明显地区分为两大部分，即发达国家（也称为世界北方）与发展中国家（也称为世界南方）。

发达国家（地区）主要是在欧洲、北美、日本与澳洲。发展中国家主要分布在亚洲、非洲、拉丁美洲。发展中国家的土地面积占全世界三分之二，人口占全世界的四分之三。

发展中国家的经济水平与人民生活水平都明显地落后于发达国家。

这两类国家差别的形成的主要原因是：由于 17—19 世纪以来的欧美国家经历工业革命后，在政治上与经济上较早地实行资本主义制度，使科技、经济与军事实力得到快速的发展。他们采用帝国主义的政策，侵略亚、非、拉广大地区与国家，将这些国家变成殖民地或半殖民地，掠夺这些国家的物力资源与人力资源，严重地抑制了这些国家的经济的发展。

二战以后，殖民地国家与人民经过不断的斗争先后取得了独立。但是由于在资源与经济上长期受西方国家的掠夺与剥削，经济发展比西方落后了许多年，在当前全球化的经济中，普遍处于非常不利的地位。西方社会占全球百分之五的人口消费着全球三分之一的资源。而全世界有 10 亿以上人口严重营养不良。

历史发展到今天，世界经济已经呈现出新的格局。西方发达国家，不论是美国、西欧或日本，都出现了经济发展相对迟缓的趋势。西方国家只依靠本国的市场已经不够容纳它们的生产能力，他们必须要依靠全世界的市场。而发展中国家经济发展不上去，就不可能有广阔的世界市场。

当代世界，只有发展中国家的经济繁荣，才能挽救发达国家。而发展中国家的经济进步，也需要有发达国家在科技、管理与资金上的帮助。从世界经济来看，必须要有发达国家与发展中国家的共同发展，也就是世界各国的共同富裕，才是人类进一步发展的唯一途径。

在世界经济中，既需要发达国家与发展中国家的合作与相互支持（南北合作），又需要发展中国家的合作与相互支持（南南合作）。

追忆一下墨子的学说是有益的。墨子说："兼相爱，交相利……夫爱人者，人必从而爱之；利人者，人必从而利之。"（《墨子·兼爱中》）

人类需要互相的爱，才能有互相的利益。

有人可能认为，人类的互爱是一种空想，是乌托邦思想。其实并非如此。

2008 年 5 月 12 日，中国四川的汶川县发生 7.8 级强地震，2010 年 1 月 12 日海地发生 7.3 级大地震，2010 年 4 月 14 日青海玉树发生 7.1 级大地震。

这几次地震后,全世界都伸出援手。汶川地震时,美国、德国、英国、法国、日本、俄罗斯等发达国家,印度、塔吉克斯坦、巴基斯坦、伊拉克、巴勒斯坦、也门、几内亚等发展中国家,都立即提供资金或物质的援助,对于解救受难灾民和灾后重建,发挥了积极作用。

这是人类互爱的体现。从长远看,世界各国的自爱与互爱,必将使全世界走向和谐,全世界经济愈益繁荣。

(三)人类之爱与世界文化和谐。

世界文化的多元性,不仅过去存在,现在存在,未来很长时期内,也将存在。不同文化之间的相互融合是人类历史上的长期现象,正是这种多元文化的融合促进了人类的进步。

不同文化为什么有可能融合?

本书在前面几篇中已经阐明,不同文化融合的基础是它们具有一些非常相似或相同的理念,主要的共同理念就是人类的爱。

中国哲学与西方哲学,都以"仁爱"作为最高价值。

世界各主要宗教(基督教、伊斯兰教、佛教、道教等),都以"自爱"与"爱人"作为最高信念。

可以认为,爱,就是东西方文化的共同语言,是全人类文化的共同语言。

因此,人类之爱,就是世界文化和谐的共同基础。

在当代,应当承认世界文化的多元性,同时,也不应当将各种文化孤立起来。不同文化之间不应该互相歧视、敌视、排斥,而应该互相学习、取长补短,共同形成全球性的和谐多彩的人类文化。

需要指出,在文化的多元性中,确实存在进步与落后的区别,例如,科学比迷信进步,民主比专制进步,自由比奴役进步等。欧洲文艺复兴以来逐步形成的以科学、民主、自由、人权、法制等为主要内涵的文化,无疑是人类文化中的主流性的进步方向。这种进步文化,并不只适用于西方国家,而且适用于世界所有国家。中国古代传统体制与哲学中,是缺乏这种文化思想的。20世纪初期,中国的"五四"运动,为什么被认为是中国现代史的开始,就是因为"五四"运动为中国引进了德先生(民主)与赛先生(科学)。今天,中国正处在改革开放的新时期,我们需要继承"五四"的传统,继续宣扬科学、民主、自由、人权、法制等人类共同的价值论与进步思想。

人类的进步文化,虽然许多内涵来自西方国家,但并不能认为只限于西方文化,它也需要吸收世界其他文化中的优秀内涵。我认为,中国古代传统文化中的优秀因素,应当被容纳在人类进步文化之中。例如以"和而不同"为内涵的哲学思想、"仁者爱人"的人本主义思想、"己所不欲,忽施于人"的社会伦理思想等,不仅对于中国,而且对于全世界来说,也是十分有价值的。.

人类的互爱并不是抽象的,它体现在不同文化的互爱中。

唐代高僧玄奘(602—664),十八岁出家皈依佛门,经常青灯夜读。二十来岁便名冠佛教界。他决心前往天竺(今印度)学习佛法,跟随过许多有名的僧人,受到天竺佛教界的尊重。他将当地的 657 部佛经带回中国,翻译成中文。玄奘是同时具有对于西域与中国文化的热爱的。由于他与其他高僧的翻译工作,使佛教在中国得到极大发展,使千万民众接受并爱好来自西域的佛教文化。

民国时期,中国大批知识分子留学去日本(陈独秀、鲁迅等)、去美国(胡适、竺可桢等)、去欧洲(徐悲鸿、徐志摩等)。应该说,他们都是既爱中国文化,又爱西方文化的。通过他们对东西方文化的融会贯通,将西方文化的进步部分(科学、民主、自由、艺术等)向中国年轻知识分子与广大人民作了介绍,对于现代中国的进步起到了重大作用。

随着中国国力的增强,到 2009 年,已经在全世界建立了 327 所孔子学院(包括课堂),分布在 81 个国家。这些学院讲授汉语,传播中华文化。

不同国家、不同民族之间,文化之互爱,必将推动世界文化的繁荣。

二、爱与和谐中国

(一)爱与中国的经济和谐。

中国自改革开放以来,国内生产总值迅速增长,目前经济总量已经位居世界第二位。中国的经济腾飞,为全世界所瞩目。

中国经济的迅速增长,最主要的原因是:它改变了从苏联学习来的计划经济模式,推行了市场经济。

市场经济的理论基础是亚当·斯密的《国富论》,斯密的学说提倡通过个人致富,实现国家致富。从爱的哲学来说,就是自爱与他爱的结合。

欧洲文艺复兴与启蒙运动最大的贡献就是发现并肯定了"人"的价值。而所谓"人",首先就是个人,即每一个人。

自爱是人类爱的出发点。农民有了土地承包的权利,城市居民有了创立民营企业或个体经营的权利,有了自己的财产权,才激发出中国广大人民的致富热情和积极性。这是中国经济迅速发展的根本动力。

但是,在经济发展的同时,也带来几个严重问题:一是贫富差距的悬殊;二是官员贪污的普遍;三是环境的恶化。

根据中国几个权威部门(国务院研究室、中央党校研究室、中宣部研究室、中国社科院等)一份联合调查报告的数据显示,中国0.4%的人(约500万人)掌握了70%的财富,财富集中度明显高于美国。

贫富差距问题的缓解,需要采取多项措施,而最根本的,是要从中央到各级地方政府的执政者,树立起关爱全体民众,特别是弱势民众的思想。在经济发展的同时,更加重视社会发展,即社会保障、医疗保障、慈善事业等社会事业。

美国是一个典型的资本主义国家,根据笔者2010年去美国探亲时所作的调查,它在社会保障与医疗保障中,特别重视照顾老年人、贫困者与残疾人。在美国,任何人有急病去医院,医院必须立即给予医疗,而不先考虑收费。穷人接受治疗后,如无法付钱,会有各种基金会或教会协助解决。

美国巨富比尔·盖茨在2010年向全体美国富人提出创议:将自己财产的一半捐献给慈善事业。

美国在社会事业方面,所信奉与遵循的原则,并不是"利润至上"的资本主义经济原则,而是基督教的"爱人如己"的信念。

因此,在中国要推进社会事业,当然要有政府的重视和投入,而在社会舆论导向上,需要大力提倡关爱社会、关爱弱势民众的人类之爱的高尚情操。

（二）爱与中国的政治和谐。

2004年党的十六届四中全会提出了"构建社会主义和谐社会"的命题，得到全国上下热烈响应。

2005年2月19日，胡锦涛在中央党校的讲话中提出："我们所要建设的社会主义和谐社会，应该是民主法治、公平正义、诚信友爱、充满活力、安定有序、人与自然和谐相处的社会。"

建设和谐社会，当然要在经济发展的同时，注意缓解贫富差距、根除腐败、保护环境等，而逐步地推进政治体制的改革，也非常重要。

与中国30年来的经济改革相比，中国的政治体制改革是比较迟缓的。政治体制改革的滞后，带来的最严重的后果就是腐败问题。此外，还影响人民当家做主权利的实施，影响人民参与国家建设的积极性，影响人民对国家与政府的认同感，影响政府各种决策的正确性，因此，必然影响中国经济建设与文化建设的进程，也影响到中国的国际形象与国际地位。

在本书"爱与政治"一章中，已经阐明：自由是从人类本性出发的，是立足于对于人类之爱的。

人类有要求自由的天性。随着人民生活水平的提高，人民必然要求更多的自由。在当前，最重要的是开放言论、新闻、出版、学术的自由。

从国外的经验来看，新闻自由与新闻监督是杜绝腐败的重要保障。美国的新闻自由是可以监督总统的。尼克松的"水门事件"，克林顿的性丑闻，都是由新闻界首先揭露出来。

中国新闻自由的开放与舆论监督的加强，必将在抑制腐败方面发挥重要作用。

目前中国出版业的限制还很多。当然，对于鼓吹暴力与色情、破坏民族政策等的书籍，应有所限制。但没有必要限制学术性的著作。控制学术，就是控制思想。而思想是不可能被控制的。

许多受控制的学术著作与政治体制改革有关，或与历史人物的评价有关。这类问题，只是学术界讨论中的问题，并不会危害国家，也不会影响国家安全与稳定。学术界的公开的、和平的讨论，只会使真理越辩越明，而有利于国家的进步。

在"爱与政治"一章中,已经阐明:民主与法治是人类爱的必然要求。

应该说,近几年来,中国的民主与法治是有所进步的。

2007年党的十七大,胡锦涛的报告在关于干部人事制度改革中,提到:"坚持民主、公开、竞争、择优,形成干部选拔任用科学机制。"

"竞争"原则在党的正式文件中提出,是中国当代在政治理念上的进步。

近几年来,乡级干部一把手的公开差额选举,已经在越来越多的地方推进。中央与省两级的局长级干部,也在推行竞争上岗。

当然,中国的民主进程,还有很长的路要走;需要执政党更果断的决心和行动。

人民民主权利的逐步扩大与落实,必将进一步推进中国的政治改革进程,从而促进中国社会的和谐发展。

平等、自由、民主、法治、正义、和平等人类的普世价值在中国的落实与推进,是中国政治和谐的根本保证。

（三）爱与中国的民族和谐。

中国是有56个民族的多民族国家。民族之间的和谐对于国家的安定与发展有着特别重要的意义。

最近几年,在西藏与新疆地区,都发生过骚乱事件,引起国内与国际的广泛关注。中央政府已经采取多种措施,力图缓解民族矛盾,实现安定团结。

在实现民族和谐的过程中,非常重要的问题,是要树立政府与汉族人民对于少数民族人民关爱的感情。

西藏的藏教是佛教的一个分支,它所信奉的教义来自佛教。因此,佛教的"自觉觉人"、"普度众生",也是藏族人民的信念。

新疆人民主要信奉伊斯兰教（回教）。他们的信念是:"孝敬父母、善待近亲、和睦邻里、怜恤孤儿、救济贫民、款待旅客、宽待奴仆。"（《古兰经》）

因此,不论是藏民或回民,他们在宗教信仰上,都是仁爱的、友善的、和平的。

政府与汉族人民,如果用热情的爱心来对待他们。尊重他们的宗教信仰,以更大的努力,帮助他们发展经济与教育,摆脱贫困与落后,必然能实现中国境内的民族大和谐。

(四)爱与海峡两岸和谐。

台湾海峡两岸的分治,是中国的历史造成的。

分治 60 多年来,经历过"解放台湾"与"反攻大陆"的尖锐对立,也经历过李登辉的"两国论"与陈水扁的"去中国化"的年代。

从国民党在台湾重新执政以来,两岸关系已经有明显的好转,实现了"三通";台湾开放了大陆人的旅游;2009 年 6 月还签订了海峡两岸经济合作框架协议。

海峡两岸都以汉族人民为主;两岸人民都深受儒学的文化熏陶;两岸在语言、文化与生活习惯上有非常多的相似之处。

分治以来,两岸在经济、政治、文化上有相似的经验,也有不同的成就。应当承认,大陆近 30 年来,在经济发展速度与经济总量上胜于台湾;而台湾在人民生活水平,在民主进程等方面,有自己的优势。

两岸人民是同胞,是兄弟,是亲人。因此,两岸执政当局,如果坚持目前正在推行的和解方针,在两岸人民之间发扬互爱互助、互相学习的精神,两岸的和谐必会有更好的发展。中华民族的振兴,将在两岸人民的和谐合作中实现。

三、爱与和谐人生、和谐内心

(一)爱人与爱己。

不仅世界需要和谐,中国需要和谐,每个人的人生和内心也需要和谐。人生和内心和谐的首要问题,是将自爱与爱人相结合。

自爱,着重应在健康、才智和道德三方面爱护自己。

自幼到老,人都应关注自己的健康,争取较长的寿命。

才智方面,人在学生时期发奋学习,提高才智;走上社会后,在工作中最大限度地施展自己的才智;年老退休后,在自己的爱好中(写作、书画、摄影、音乐等），继续发挥自己的才智；这也是保持老年健康的重要方法。

道德方面，人应该一生重视自己的人格与操守。最重要的道德就是：爱人如己。

自爱绝不是自私自利，而要将自爱与他爱密切结合。

关爱家人、关爱他人、关爱社会的人，会有最大的内心快乐。

（二）爱与社会和谐。

每个人周围，都会有一个小社会。

你的朋友、同学、同事，邻居，就构成你的小社会。你所在的工作单位，你参加的社会团体（校友会、各种学会、协会），你居住地的社区，也是你的小社会。

朋友、同学、同事和邻居之间的互相关怀、互相交流、互相帮助，是人生的一大乐事。

为你参加的社团或社区做一些力所能及的事，会使你感到生活的意义。

不管你在什么年龄段，你的小社会中都会有比你年轻的和比你年长的人。对于比你年轻的人，例如儿童或青少年，你与他们相处，会有朝气蓬勃的感觉，使你自己也感到年轻了。比你年长的人，你会从他们那里学习到宝贵的人生经验和各种知识。尊老爱幼，是中国的传统道德，即使是今天，仍然很有价值。

（三）爱与家庭和谐。

父母养育了你。你的诞生，你的成长，父母都付出了许多艰辛。

对于父母的孝爱，不只是你的责任，这也使你感到报恩的安慰。

你的伴侣（妻子或丈夫）是你一生中，与你共同生活时间最长的亲人。在你的事业或工作中，你的伴侣给予你鼓励和帮助；在建立家庭与养育子女中，夫妻共同付出了难忘的辛劳；在你的病痛中，是你的伴侣给予你最温馨的安慰。

夫妻之间的恩爱，无疑是每个人一生中最大的幸福。

你的子女（孙子女）是你生命的延续。从他（她）们的诞生与成长中，你感受到最大的欣慰。是你们的慈爱，给予他（她）们成长的力量，引导他（她）做人的正确方向。

（四）爱与生死和谐。

每个人都不能回避死亡。

从肉体来看，死与活是对立的。但是从精神来看，死与活是一体的。

孔子死了吗？基督死了吗？牛顿死了吗？莫扎特死了吗？曹雪芹死了吗？

是的，从肉体上讲，他们早死了。但是从精神讲，他们的学说、他们的教诲、他们的科学、他们的艺术、他们的爱，永远地活在世界上，活在人们的心中。

你心中存有爱，你爱自然、爱人类、爱社会、爱家人，你会感到精神的永恒。生与死，在人类之爱的前面，并没有区别。

从基督教来说，你的爱就是你的天国；从佛教来说，你的爱，可以使你超脱生死。从道教来说，你的爱使你感到像仙人一样的幸福。

从科学与哲学来说，你对于人类与自然的爱。使你感悟到与人类与自然融为一体，从而得到生命的永恒。

小结

人类之爱将会推进全世界各国之间的政治和谐、经济和谐、文化和谐和宗教和谐，最终走向和谐世界。

中国国内人与人之间的自爱与互爱的结合，政府与各界人士对于人民大众的关爱，落实普世价值，将会推进社会和谐，最终实现和谐中国。

每个家庭成员之间的夫妻恩爱、父母慈爱、子女孝爱、兄弟姐妹间的同胞爱，将会推进家庭和谐，建立和谐家庭。

每个人自己的自爱与爱人的结合，将使你达到内心和谐，最终领悟生与死的和谐，从而得到生命的永恒。

参考文献

一、关于爱的专著

Irving Singer. Philosophy of Love. The MIT Press,2009.

T. Lewis, F. Amini, R. Lannon. A General Theory of Love. Random House,Inc. ,2000.

霭理士. 性心理学. 潘光旦译注. 北京：商务印书馆,2008.

克里希那穆提. 爱的寂寞. 罗若蘋译. 北京：九州出版社,2009.

黛安娜·阿克曼. 爱的自然史. 张敏译. 广州：花城出版社,2008.

弗洛伊德. 性爱与文明. 刘丛羽译. 延吉：延边人民出版社,2004.

埃里希·弗罗姆. 爱的艺术. 赵正国译. 北京：国际文化出版社,2004.

赫伯特·马尔库塞. 爱欲与文明. 黄勇等译. 上海：上海译文出版社,2008.

德·亚米契斯. 爱的教育. 夏丏尊译. 上海：译林出版社,1997.

王春学编. 爱心物语. 呼和浩特：远方出版社,2002.

二、中国哲学与历史部分

韩路主编. 四书五经. 沈阳：沈阳出版社,1996.

夏廷章等. 四书今译. 南昌：江西人民出版社,1990.

梁海明译注. 易经. 太原：山西古籍出版社 ,1999.

李镜池编. 周易通义. 北京：中华书局,1981.

钱世明编. 周易象说. 上海：上海书店出版社,1999.

吴兆基编译. 诗经. 北京：长城出版社,1999.

梁海明译注.老子.沈阳:辽宁民族出版社,1996.

沙文海等译注.老子全译.贵阳:贵州人民出版社,1989.

老子、庄子、列子.张震点校.长沙:岳麓书院,1989.

彭亚非选注.论语选评.长沙:岳麓书社,2006.

孔令河等.论语句解.济南:山东友谊书社,1988.

曲春礼.孔子传.济南:山东友谊书社,1990.

毕沅校注.墨子.吴旭民标点.上海:上海古籍出版社,1995.

梅季等译.白话墨子.长沙:岳麓书社,1991.

韩维志译评.庄子.沈阳:吉林文史出版社,2004.

李申译.白话庄子.长沙:岳麓书社,1990.

杨任之译.白话荀子.长沙:岳麓书社,1991.

梁海明译注.韩非子.呼和浩特:远方出版社,2004.

章太炎讲.曹聚仁整理,国学概论.上海:上海古籍出版社,1997.

章太炎.国学略说.上海:上海文艺出版社,2001.

董仲舒.春秋繁露.北京:中国经济出版社,2002.

汪荣宝.法言义疏.北京:中华书局,1987.

王弼.王弼集校释.北京:中华书局,1990.

韩格平注译.竹林七贤诗文全集译注.长春:吉林文史出版社,1997.

顾久译注,葛洪.抱朴子内篇全译.贵阳:贵州人民出版社,1995.

韩愈.韩昌黎全集.北京:中国书店,1991.

张载撰.张子正蒙.上海:上海古籍出版社,2000.

程颢、程颐.二程集.北京:中华书局,1981.

朱熹注.四书集注.南京:凤凰出版社,2005.

陆九渊.陆九渊集.北京:中华书局,1980.

王阳明.传习录.南京:江苏古籍出版社,2001.

钱穆.宋代理学三书随札.北京:三联书店,2002.

张立文.宋明理学研究.北京:人民出版社,2002.

黄宗羲.黄宗羲全集.沈善洪主编,杭州:浙江古籍出版社,2002.

戴震撰.戴震集.上海：上海古籍出版社,1980.

康有为.大同书.汤志钧导读.上海：上海古籍出版社,2005.

梁启超.新民时代—梁启超文选.侯宜杰选注.天津：百花文艺出版社,2002.

罗炳良主编.孙中山建国方略.北京：华夏出版社,2002.

孟庆鹏编.孙中山文集.北京：团结出版社,1997.

彭明等主编.近代中国的思想历程.北京：中国人民大学出版社,1999.

郑大华.民国思想史论.北京：社会科学文献出版社,2006.

陈独秀.独秀文存.合肥：安徽人民出版社,1987.

梁漱溟.陈独秀学术文化随笔.北京：中国青年出版社,1999.

黄克剑主编.梁漱溟集.北京：群言出版社.1993.

冯友兰.冯友兰学术论著自选集.北京：北京师范学院,1992.

熊十力.熊十力集.黄克剑主编.北京：群言出版社,1993.

胡适.中国哲学史大纲.北京：东方出版社,2004.

张东荪.科学与哲学.北京：商务印书馆,2004.

蔡元培.中国伦理学史.上海：上海古籍出版社,2005.

冯友兰.中国哲学史新编.北京：人民出版社,1998.

刘文英主编.中国哲学史.天津：南开大学出版社,2002.

劳思光.新编中国哲学史.桂林：广西师范大学出版社,2005.

任继愈主编.中国哲学史.北京：人民出版社,1963.

张岱年主编.中华的智慧.上海：上海人民出版社.1999.

张文儒等主编.中国现代哲学.北京：北京大学出版社,2001.

李泽厚.中国近代思想史论.天津：天津社会科学出版社,2003.

颜炳罡.当代新儒学引论.北京：北京图书馆出版社,1998.

李泽厚.己卯五说.北京：中国电影出版社,1999.

刘鄂培主编.综合创新——张岱年先生学记.北京：清华大学出版社,2002.

宋晓梦.李锐其人.郑州：河南人民出版社,1999.

于光远.漫谈聪明学.北京：中国文联出版社,2000.

萧岛泉.一代哲人杨献珍.太原：山西人民出版社,2006.

薛德震.人的哲学论纲.北京：人民出版社,2005.

夏松凉等主编.史记今注.南京：南京大学出版社,1994.

吕振羽.简明中国通史.北京：人民出版社,1955.

林汉达等.上下五千年.北京：少年儿童出版社,1991.

周时奋.中国历史十一讲.济南：山东画报出版社,2004.

柏杨.中国人史纲.长春：时代文艺出版社,1987.

高望之.儒家孝道.高亮之、高翼之译,南京：江苏人民出版社,2010.

三、西方哲学部分

文德尔班.哲学史教程.罗达仁译,北京：商务印书馆,1997.

罗素.西方哲学史.马元德译.北京：商务印书馆,2003.

罗素.西方的智慧.马家驹等译.北京：世界知识出版社,1992.

G.希尔贝克等.西方哲学史.上海：上海译文出版社,2004.

威尔·杜兰特.哲学简史.梁春译,北京：中国友谊出版社,2004.

杨适.古希腊哲学探本.北京：商务印书馆,2003.

柏拉图.柏拉图全集.王晓朝译.北京：人民出版社,2003.

柏拉图.柏拉图对话集.王太庆译.北京：商务印书馆,2004.

亚里士多德.形而上学.吴寿彭译.北京：商务印书馆,1996.

奥古斯丁.忏悔录.应枫译.长春：时代文艺出版社,2000.

杜丽英.人性的曙光.北京：华夏出版社,2005.

汪子嵩等.希腊哲学史.北京：人民出版社,1987.

第欧根尼·拉尔修.名哲言行录.马永翔等译.长春：吉林人民出版社,2003.

亚里士多德.尼科马亥伦理学.刘国民译.北京：光明日报出版社,2007.

周伟驰.奥古斯丁的基督教思想.北京：中国社会科学出版社,2005.

奥古斯丁.论信望爱.许一新译.北京：三联书店,2009.

北京大学哲学系编译.西方哲学原著选读上卷.北京：商务印书馆,1981.

培根.新工具.许宝骙译.北京：商务印书馆,1984.

洛克.人类理解论.关文运译.北京：商务印书馆,1959.

曼弗雷德·康德.康德传.黄添盛译.上海：世纪出版集团,2008.

斯宾诺莎.伦理学 知性改进论.贺麟译.上海：上海人民出版社,2009.

休谟.道德原则研究.曾晓平译.北京：商务印书馆,2001.

卢春江.时间和感情.上海：上海三联书店,2007.

叔本华.作为意志和表象的世界.石冲白译.北京：商务印书馆,1997.

李毓章等选编.人·自然·宗教——中国学者论费尔巴哈.北京：商务印书馆,2005.

费尔巴哈.费尔巴哈哲学著作选集.荣震华等译.北京：商务印书馆,1984.

休谟.人性论.关文远译.北京：商务印书馆,2005.

周晓亮.休谟.长沙：湖南教育出版社,1999.

笛卡尔.第一哲学沉思集.庞景仁译.北京：商务印书馆,1998.

笛卡尔.探求真理的指导原则.管震潮译.北京：商务印书馆,1991.

笛卡尔.谈谈方法.王太庆译.北京：商务印书馆,2000.

斯宾诺莎.知性改进论.贺麟译.北京：商务印书馆,1986.

斯宾诺莎.笛卡尔哲学原理.王荫庭译.北京：商务印书馆,1997.

伏尔泰.哲学通信.高达观译.上海：上海人民出版社,2002.

伏尔泰.伏尔泰中短篇小说集.曹德明译.上海：译林出版社,2000.

卢梭.社会契约论.何兆武译.北京：商务印书馆,2003.

卢梭.论人类不平等的起源和基础.李常山译.北京：商务印书馆,1982.

卢梭.论科学与艺术.何兆武译.北京：商务印书馆,1963.

卢梭.忏悔录.陈筱卿译.北京：中国书籍出版社,2005.

卢梭.卢梭民主哲学.陈惟和等译.北京：九州出版社,2004.

康德.纯粹理性批判.蓝公武译.北京：商务印书馆,2003.

康德.未来形而上学导论.庞景仁译.北京：商务印书馆,1997.

康德.法的形而上学原理.沈叔平等译.北京：商务印书馆,2003.

康德.历史理性批判文集.何兆武译.北京：商务印书馆,2003.

李泽厚.批判哲学的批判——康德述评.天津：天津社会科学院出版社,2003.

邓晓芒.康德哲学演讲录.桂林：广西师范大学出版社,2005.

康德.康德三大批判精粹.杨祖陶等编译.北京：人民出版社,2001.

杨河等.康德黑格尔哲学在中国.北京：首都师范大学出版社,2002.

费尔巴哈.费尔巴哈哲学著作选集.荣振华等译.北京：商务印书馆,1984.

马克思恩格斯选集.北京：人民出版社,1975.

恩格斯.路德维希·费尔巴哈和德国古典哲学的终结.北京：人民出版社,1972.

列宁.论马克思恩格斯及马克思主义.北京：中国人民解放军战士出版社,1974.

尹星凡等编.现代西方人文哲学.南昌：江西人民出版社,2003.

张祥龙.当代西方哲学笔记.北京：北京大学出版社,2005.

孔德.论实证精神.黄建华译.北京：商务印书馆,2001.

叔本华.作为意志和表象的世界.石冲白译.北京：商务印书馆,1997.

尼采.瞧！这个人.刘崎译.北京：中国和平出版社,1986.

尼采.尼采文集.梁结编.北京：改革出版社,1995.

尼采.权力意志.贺骥译.桂林：漓江出版社,2000.

弗洛伊德.精神分析引论.彭舜译.西安：陕西人民出版社,2001.

海德格尔.存在与时间.陈嘉映等译.北京：三联书店,2000 版.

海德格尔.人.诗意地安居.郜元宝译.上海：上海远东出版社,1995.

海德格尔.面向思的事情.陈小文译.北京：商务印书馆,2002.

阿尔图塞.保卫马克思.顾良译.北京：商务印书馆,1984.

福柯.福柯集.杜小真译.上海：上海远东出版社,1998.

皮亚杰.发生认识论原理.王宪钿等译.北京：商务印书馆,1997.

波普尔.科学知识进化论.纪树立编译.北京：三联书店,1987.

拉卡托斯.数学、科学和认识论.林夏水等译,北京：商务印书馆,1993.

波普.历史决定论的贫困.杜汝楫等译.北京：华夏出版社,1987.

波普.开放社会及其敌人.杜汝楫等译.太原：山西高校联合出版社,1992.

哈耶克.通往奴役之路.王明毅等译.北京：中国社会科学出版社,1997.

马克思·韦伯.新教伦理与资本主义精神.于晓等译,北京：三联书店,1987.

马克思·韦伯.经济、诸社会领域及权力.李强译,北京：三联书店,1998.

哈贝马斯.交往行为理论.曹卫东译.上海：上海人民出版社,2004.

伯林.自由论.胡传胜译.上海：译林出版社,2003.

约翰·罗尔斯.正义论.谢延光译.上海：上海译文出版社,1991.

德里达.马克思的幽灵.何一译.北京：中国人民大学出版社,1999.

斯图亚特·西姆.王昆译.北京：北京大学出版社,2005.

王潮选编.后现代主义的突破.兰州：敦煌文艺出版社,1996.

波林·罗斯诺.后现代主义与社会科学.张国清译.上海：上海译文出版社,1998.

熊彼特.资本主义、社会主义与民主.吴良健译.北京：商务印书馆,2002.

赵敦华.现代西方哲学新编.北京：北京大学出版社,2001.

张传开等主编.西方哲学通论.合肥：安徽大学出版社,2003.

孙正聿.哲学通论.沈阳：辽宁人民出版社,1998.

严春友.西方哲学新论.北京：中国社会科学出版社,2001.

叶秀山、王树人总主编.西方哲学史.南京：凤凰出版社、江苏人民出版社,2004.

341

黄见德. 20 世纪西方哲学东渐史导论. 北京：首都师范大学出版社,2002.

苗力田等. 西方哲学史新编. 北京：人民出版社 1990.

彭越等. 西方哲学初步. 广州：广东人民出版社,1999.

刘放桐等. 现代西方哲学. 北京：人民出版社,1990.

周晓亮主编. 西方哲学史. 南京：凤凰出版社,2004.

王雨辰. 西方哲学的演进与理论问题. 北京：中国财政经济出版社,2003.

文聘元. 西方哲学的故事. 天津：百花文艺出版社,2001.

文聘元. 现代西方哲学的故事. 天津：百花文艺出版社,2005.

周一良. 世界通史. 北京：人民出版社,1962.

四、美学部分

黑格尔. 美学. 朱光潜译. 北京：商务印书馆,1997.

朱光潜. 西方美学史. 北京：人民出版社,1964.

朱光潜. 谈美书简. 北京：人民文学出版社,2001.

王旭晓. 美学原理. 上海：上海人民出版社,2000.

李泽厚. 美学四讲. 上海：三联书店,1989.

李泽厚. 美的历程. 天津：天津社会科学院出版社,2001.

五、科学部分

牛顿. 自然哲学的数学原理. 王克迪译. 西安：陕西人民出版社,2001.

达尔文. 物种起源. 舒德干等译. 西安：陕西人民出版社,2001.

达尔文. 人类的由来. 潘光旦等译. 北京：商务印书馆,2003.

里德雷. 时间、空间和万物. 李泳译. 长沙：湖南科技出版社,2003.

阿西莫夫. 阿西莫夫最新科学指南. 朱岚等译. 南京：江苏人民出版

社,1999.

赵树智等.科学的突破.北京：科学出版社,1998.

吴国盛.科学的历程.长沙：湖南科学技术出版社,1995.

斯科特.数学史.候德润等译.桂林：广西师范大学出版社,2002.

里德雷.时间、空间和万物.李泳译.长沙：湖南科技出版社,2003.

方舟子.进化新篇章.长沙：湖南教育出版社,2002.

方宗熙.古猿怎样变成人.长沙：湖南教育出版社,1999.

六、宗教部分

圣经.中国基督教三自爱国运动委员会、中国基督教协会.2007.

梁工等.圣经解读.北京：宗教文化出版社,2003.

贾玉虎.圣经智慧书.呼和浩特：内蒙古人民出版社,2002.

古兰经.马坚译.北京：中国社会科学出版社,1981.

金刚经.鸠摩罗什译.南京：江苏古籍出版社,2001.

慧能.坛经校译.北京：中华书局.1983.

费勇.空了—金刚经心读.上海：上海人民出版社,2009.

许地山.许地山讲道教.南京：凤凰出版社,2010.

吴云贵.伊斯兰教义学.北京：中国社会科学出版社,1995.

斯维德勒.全球对话的时代.L.刘利华译.北京：中国社会科学出版社,2006.

安伦.理性信仰之道.上海：学林出版社,2009.

七、传记与其他部分

李兆荣编.哥白尼传.武汉：湖北辞书出版社,1998.

杨建邺等.迦利略传.武汉：湖北辞书出版社,1998.

龚时中.牛顿传.武汉：湖北辞书出版社,1998.

343

艾芙·居里.居里夫人传.左明彻译.北京：商务印书馆,2003.

张武等编.爱因斯坦.沈阳：辽海出版社,1998.

李尊玉等编.达尔文.沈阳：辽海出版社,1998.

许鹿希等.邓稼先传.合肥：安徽人民出版社,1998.

杨达寿.竺可桢.杭州：浙江科技出版社,2009.

顾准.顾准文集.贵阳：贵州人民出版社,1994.

陈丹晨.巴金全传.北京：中国青年出版社,2009.

罗曼·罗兰.名人传.傅雷译.上海：译林出版社,2001.

苗妍.罗斯福传.北京：中国华侨出版社,2007.

史荣新编.比尔·盖茨传.呼和浩特：内蒙古科学技术出版社,2004.

中国共产党第十六次全国代表大会文件汇编.北京：人民出版社,2002.

高亮之.农业系统学基础.南京：江苏科技出版社,1993.

高亮之.农业模型学基础.香港：天马图书有限公司.2004.

高亮之.综合哲学随笔.北京：中国文化出版社,2005—2008.

高亮之.漫游西方哲学.北京：中国文化出版社,2007.

高亮之.浅谈中国哲学.北京：中国文化出版社,2007.